LA
QUESTION D'ALGER.

DE L'IMPRIMERIE DE CRAPELET,
RUE DE VAUGIRARD, N° 9.

LA QUESTION D'ALGER.

POLITIQUE.

COLONISATION.

COMMERCE.

PAR A. DESJOBERT,

DÉPUTÉ DE LA SEINE-INFÉRIEURE.

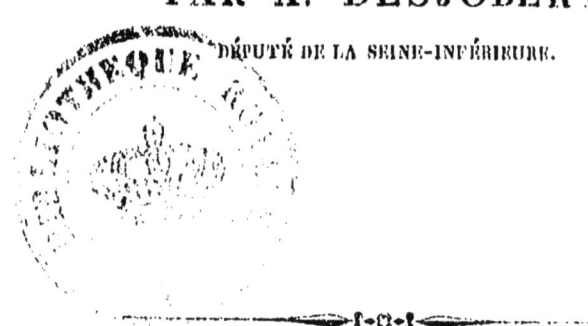

A PARIS,

CHEZ P. DUFART, LIBRAIRE,

QUAI MALAQUAIS, N° 7.

1837.

PRÉFACE.

En exprimant mon opinion sur la question d'Alger, j'ai rencontré bien des personnes qui, ne la partageant pas, résumaient leurs objections de détail en ce peu de mots : « Vous n'êtes pas allé en Afrique! »

La question d'Alger doit être appréciée sous le rapport :

1°. De l'économie politique, qu'on n'apprendra pas par un voyage dans la régence;

2°. De l'augmentation de puissance que la nation peut fonder sur la possession et la colonisation de l'Algérie, question politique qui se résout par le raisonnement tout aussi bien en France qu'à Alger;

3°. Du bienfait de la civilisation. à y propager, question de morale et d'humanité qui intéresse la dignité de la France, et dont l'intelligence n'est pas subordonnée à la vue de la côte d'Afrique.

Quant aux faits dont l'appréciation a une influence plus ou moins grande sur les résolutions à prendre, est-il indispensable d'aller en Afrique pour les bien connaître, et les recueillir? Non sans doute.

Un historien écrit sur des mémoires, des témoignages ou des renseignemens qu'il étudie et compare. Il n'y a point d'homme universel; et lorsqu'on entreprend de démêler ce qui est vrai dans l'infinie variété des faits qui s'accomplissent pendant six années dans un pays tout à fait en dehors du nôtre par sa physionomie, ses habitans, ses mœurs, au milieu des orages de la conquête et de la guerre, le récit des témoins, des intéressés, des hommes spéciaux n'est-il pas préférable aux notions qu'un homme isolé ira chercher lui-même sur les lieux, où le passé n'a plus laissé de trace près des habitans, qui n'ont que de vagues et d'incomplets souvenirs?

Pénétré de l'inutilité d'un pareil pèlerinage, j'ai cherché la lumière même dans les rapports de ceux qui, soit par erreur ou par intérêt, provoquaient une conclusion contraire à la mienne.

Ainsi sur l'état du pays, la constitution de la société, j'ai étudié les divers auteurs qui ont traité ces questions. Sur la partie militaire, j'ai consulté les écrits des officiers qui ont été sur les lieux; sur la partie administrative, j'ai lu ce qu'ont écrit les administrateurs qui ont essayé d'avoir action sur ce pays; sur la partie maritime, ce qu'en pensent les marins; sur la partie agricole, ce qu'en promettent les colons et les partisans de la colonisation; sur la partie commerciale, ce que réclament les chambres de commerce, et ce que nous apprennent les états de douane et autres documens commerciaux.

Dans l'examen de ces divers intérêts, j'ai eu recours aux documens officiels, aux actes du gouvernement, aux procès-verbaux des commissions d'enquête, au *Moniteur algérien* et au *Moniteur universel;* enfin, aux débats parlementaires. J'ai mesuré la difficulté de mon entreprise ; je lutte contre une opinion publique étrangement abusée : une profonde conviction, née d'une étude sérieuse et longue, m'a dicté le devoir que je remplis.

Nota. Voir la Table analytique à la fin du volume.

LA QUESTION D'ALGER.

CHAPITRE PREMIER.

OPINION PUBLIQUE.

Les hommes qui exploitent l'Afrique se sont fait une arme puissante de l'opinion publique : ils ont dit que la France était unanime sur les avantages immenses que présentaient la conquête d'Alger et sa colonisation, et ils ont entraîné avec eux deux classes d'hommes très nombreuses, et toujours faciles à persuader : ceux, en grand nombre, qui adoptent une opinion toute faite dès qu'elle flatte leur amour-propre sans blesser leurs intérêts; ceux qui, se trouvant mal à l'aise en France, ont vu dans des promesses brillantes et mensongères la fin de leur misère et un avenir de prospérité.

L'opinion publique est toujours respectable

Opinion publique abusée.

parce qu'on la suppose l'expression d'une vérité ; mais l'opinion publique peut être quelquefois l'expression d'une erreur ou d'un mensonge.

§. Ier. *Exemples de ses erreurs.*

Serait-ce chose nouvelle qu'une erreur généralement accréditée? N'a-t-on pas vu, à d'autres époques, des populations entières soumises à un prestige funeste?

Le mot *colonie*, en France, représente aux esprits quelque chose de doré qui séduit les imaginations, probablement par suite du préjugé héréditaire que nous avons tous, de la richesse minérale des pays d'outre-mer.

A la fin du seizième siècle, « un bruit s'était répandu, sans que l'on en sache l'origine, qu'il y avait dans l'intérieur de la Guyane un pays, désigné sous le nom d'Eldorado, qui renfermait des richesses immenses. Cette fable n'enflammait pas seulement l'imagination, naturellement ardente, des Espagnols, elle échauffait tous les pays de l'Europe.[1] » En 1595, Walter Raleigh fait le voyage de la Guyane; et, pour n'être pas la seule dupe, il en donne une relation remplie des plus brillantes impostures. Les Français continuent les recherches de l'Eldorado, et

Recherche de l'Eldorado

---

[1] *Histoire philosophique.* Liv. XIII, chap. 4. 1776.

aboutissent à faire, en 1635, leur établissement de Cayenne. Trois compagnies, créées en 1643, 1651 et 1663, périssent successivement. Cette colonie est prise par les Anglais en 1667, et par les Hollandais en 1676. En 1763, malgré ces désastres, des hommes audacieux, que leur présomption égarait, et qui sacrifiaient la fortune publique à leurs intérêts particuliers, trompent le gouvernement et abusent encore l'opinion publique : douze mille Français sont débarqués au Sénégal avec des vivres pour deux ans; « ils finirent leurs destinées dans les horreurs du désespoir. Leurs cendres crieront à jamais vengeance contre les inventeurs ou fauteurs d'un projet funeste, qui a fait périr à si grands frais tant de malheureux à la fois ! [1] »

Aujourd'hui, des hommes aussi audacieux, aussi présomptueux, renouvellent ces entreprises et sacrifient aussi la fortune publique à leurs intérêts particuliers. Déjà s'élèvent contre eux les mânes des colons et de quinze mille soldats français que l'Afrique a dévorés...

Faut-il rappeler les déceptions honteuses dont nous fûmes le jouet lors de nos expéditions à Madagascar, à la fin du dix-septième siècle? Ne s'appuyait-on pas alors sur l'intérêt général pour demander des subsides pour la Compagnie des Indes, *Déceptions à Madagascar.*

[1] *Histoire philosophique.* Liv. XII, chap. 4.

et l'opinion publique ne favorisait-elle pas ces entreprises ?

<small>Illusions sur le Mississipi.</small> Au commencement du dix-huitième siècle, l'opinion publique avait été frappée de l'idée de prétendues mines de Sainte-Barbe, qui devaient exister dans la Louisiane. Law excite cette crédulité en envoyant des ouvriers pour les exploiter. A l'idée de mines succéda l'idée de colonisation. Tout le pays du Mississipi devait être colonisé ; le Mississipi devint la fin et le mobile de toutes les combinaisons. « Soit intérêt, soit conviction, soit flatterie, ce furent les hommes de la nation qui passaient pour les plus éclairés, pour les plus riches, pour les plus accrédités, qui parurent les plus empressés à former ces établissemens..... Les colons furent déposés sur les bords du Béloxi, où ils périssaient par milliers de faim et de chagrin... Le quartier-général fut le tombeau de ces tristes et nombreuses victimes d'une imposture politique... Lorsque le charme fut rompu, il ne resta que la confusion d'avoir embrassé des chimères ! [1] »

L'opinion publique était si aveugle à cette époque, que chacun voulait un petit morceau du Mississipi. Daguesseau fut exilé par suite de son opposition aux idées de Law : lui seul conserva sa raison au milieu de cette folie générale. Un

---

[1] *Histoire philosophique.* Liv. XVI, chap. 15.

autre, cependant, fut aussi sage et ne fut pas exilé; il spécula sur les spéculateurs : ce fut le petit bossu de la rue Quincampoix, qui devint millionnaire en prêtant son dos pour la signature des actions, qui se négociaient en pleine rue.

Plus récemment, lorsque l'ambition du général Bonaparte imposa l'expédition d'Égypte à la faiblesse du Directoire, la première nécessité fut de fasciner les yeux de la nation, et d'empêcher que la connaissance des faits arrivât jusqu'à elle. La défaveur du pouvoir poursuivit les officiers éclairés, tels que le général Regnier, qui ne savaient pas comprendre les romans de colonisation du général Menou. Une flotte et une armée périrent; mais le général Bonaparte avait frappé les esprits, le peuple battait des mains. Le résultat pour la France fut la conquête de Malte par les Anglais.

Espérances sur l'Égypte.

« Pour Alger comme pour l'Égypte, le gouvernement est comme entraîné par une opinion qui, faute de vraies lumières, est obligée d'en suivre de fausses et d'intéressées, qui lui viennent de passions diverses d'ambition et de cupidité coalisées pour le tromper. Même enthousiasme irréfléchi, mêmes illusions démenties par l'événement, mêmes projets décrétés d'avance, et sans examen, et condamnés par les faits; mêmes moyens de déception pratiqués envers le public et le gouvernement par des correspondances anonymes, pour faire à l'un et à l'autre une complète illusion ; enfin, même volonté de le commettre dans un système de conduite intérieure et extérieure, avant qu'il ait pu mûrement délibérer ses résolutions. [1] » C'est ainsi que s'exprime M. le baron Pichon, intendant civil d'Alger, après avoir été pendant six mois aux prises avec les mauvaises passions qui prétendent exploiter la régence ; et il ajoute : « Les auteurs des romans sur Alger ne sont pas nos maîtres, et le gouvernement de la France est libre de les réduire à leur juste valeur et de les répudier. »

Essai au Guazacualco.
En 1828, n'avons-nous pas encore vu des sociétés se former pour l'exploitation de la colonie du Guazacualco, au Mexique? L'on conçoit, au moins, que cette position exceptionnelle et qu'un terrain aussi riche aient séduit l'opinion publique.

Le rio de Guazacualco est destiné à mettre en communication les deux Océans : il est probable qu'il suffirait, pour arriver à cet immense résultat, d'un canal de six lieues, qui unirait les eaux du rio de Chimalapa, qui descendent dans l'Océan-Pacifique, à celles du rio del Passo, affluent du Guazacualco, qui se jette dans l'Atlantique. Cette position est l'isthme de Suez du Nouveau-Monde, mais l'isthme de Suez rendu vivant par

[1] *Alger sous la domination française*, p. 9.

des eaux abondantes coulant sur un terrain fertile [1].

Et cependant, quel résultat a-t-on obtenu jusqu'alors? Quelques émigrations eurent lieu; des personnes aisées y prirent part; et combien de mécomptes n'ont-elles pas éprouvés lorsqu'elles ont été aux prises avec les choses? Un convoi part de Marseille le 5 février 1831, arrive à l'embouchure du Guazacualco en avril; et voici comment raconte la fin de cette entreprise l'un des infortunés qui s'y étaient livrés : « Le gouvernement français avait appris le malheureux sort des colons du Guazacualco; il envoya, pour nous recueillir et nous ramener en France la gabare *la Dore,* du port de Toulon, qui mouilla dans la rade de Vera-Crux en septembre 1831. Avis de son arrivée fut donné dans tous les villages habités par les colons. Plusieurs bénirent le ciel, qui leur fournissait le moyen de se tirer d'un pays où ils avaient ruiné leur santé et perdu leurs ressources pécuniaires [2]. » Mais les plus malheureux ne purent profiter de cette aide du gouvernement, n'ayant pas le moyen de se rendre à Vera-Cruz; ils disaient : « Pourquoi le navire n'est-il pas venu au Guazacualco?

---

[1] *Essai politique sur la nouvelle Espagne,* de Humboldt. Liv. V, chap. 12.

[2] *Voyage au Mexique ou le colon de Guazacoalco.* T. II, p. 108.

§. II. *Moyens employés pour l'abuser.*

On a invoqué l'honneur national.

Mais de quelle manière les hommes intéressés à la colonisation d'Alger sont-ils parvenus à fausser l'opinion publique? D'abord ils ont parlé de l'honneur national, de notre gloire militaire ; à l'aide des mots qui ont toujours en France le privilége de faire vibrer les cœurs, ils ont exalté les sentimens les plus nobles. Par une adroite confusion de langage, la question de colonisation s'est transformée en un projet d'abandonner notre possession. Ils ont dit que par la soumission et par la colonisation de toute la régence la puissance militaire de la France serait accrue, et qu'il en résulterait des avantages matériels immenses. Réchauffant habilement de vieilles rivalités, ils ont insinué que l'Angleterre avait grand intérêt à cet abandon, et que si nous avions la lâcheté de l'effectuer, elle était prête à s'emparer de notre conquête, et à en faire sortir à son profit tous les élémens de puissance et les avantages commerciaux qui y sont recélés. Par un parallèle injuste entre la Restauration, dont ils parlent dans toute autre circonstance avec mépris, et la révolution de juillet, ils ont abaissé celle-ci pour glorifier l'autre ; ils ont dit que la Restauration elle-même n'eût jamais consenti à faire aux puissances la moindre concession au sujet d'Alger.

Pour savoir si l'on serait en droit de reprocher à la révolution de juillet son peu de dignité quant à la conservation de la conquête, il faut se reporter aux faits qui ont précédé notre expédition.

L'intention du gouvernement était, d'après l'article du *Moniteur* du 20 avril 1830, avoué par M. de Polignac, d'après la dépêche de lord Stuart au comte Aberdeen, du 23 avril, « de venger la dignité de la couronne, de délivrer la France et l'Europe du triple fléau que les puissances chrétiennes ont enduré trop long-temps : l'esclavage de leurs sujets, les tributs que le dey exige d'elles, et la piraterie, qui enlève toute sûreté à la navigation dans la Méditerranée. » Vues de la Restauration.

C'est dans ces termes que l'opinion publique a été saisie de la question, et que les communications diplomatiques ont été faites, ainsi que l'on peut s'en convaincre par la correspondance publiée dans le *State-Papers* 1831-1833, pages 942 et suivantes, par les lettres de M. de Polignac à M. le duc de Laval, des 12 mars et 17 mai 1830, lettres communiquées à lord Aberdeen.

Après la prise d'Alger, le prince de Polignac donne à lord Stuart, qui venait le complimenter, l'assurance que le succès ne changeait rien aux dispositions du gouvernement; et lord Stuart transmet cette assurance au comte Aberdeen le

17 juillet. Ces dispositions se trouvent encore confirmées par la lettre du président du conseil à M. de Bourmont, du 4 juillet 1830, et par la réponse de ce général, du 25 du même mois.

Dans les communications diplomatiques que nous venons de citer, l'on voit que la Restauration était convenue de s'entendre avec les puissances alliées sur le nouvel ordre de choses qu'il serait convenable d'établir dans la régence. La révolution de juillet, au contraire, a pensé que la France s'étant emparée d'Alger à la suite d'une guerre juste, elle avait acquis plein pouvoir sur sa conquête; que nul n'avait eu le droit de l'engager antérieurement. Toujours et en toutes occasions, le gouvernement de juillet a proclamé qu'il entendait disposer d'Alger à son gré, selon ses intérêts et les convenances de la France. Il l'a dit à la tribune par l'organe du maréchal Soult, président du conseil, le 1er mai 1834. Et depuis six ans, personne n'a contesté à la France son autorité souveraine sur les possessions d'Afrique. Mais si la France est libre, vis-à-vis de l'étranger, de disposer à son gré de sa conquête, qui, dans l'intérieur, oserait prétendre qu'elle a perdu cette liberté à l'égard de quelques spéculateurs?

Déclarations du gouvernement de juillet.

L'Angleterre intéressée à la colonisation.

Quant à l'Angleterre, réclame-t-elle l'exécution des engagemens pris avec la Restauration? Prétend-elle que la France ne puisse disposer de la régence qu'avec l'agrément de ses alliés? C'est le maréchal Clausel, dont le témoignage ne peut être suspect, qui se charge de répondre à ces questions. Il disait à la tribune les 21 et 22 mars 1832 : « L'Europe souhaite, l'Angleterre désire que la France conserve cette colonie.—L'Angleterre désire que vous colonisiez : elle s'est occupée de cette question par son ambassadeur. Au Parlement M. Peel s'en est expliqué ; il a dit qu'il ne faisait pas de la politique de sentiment, mais de la politique d'intérêt ; et cette politique veut que vous colonisiez Alger ; car Alger reçoit aujourd'hui plus de bâtimens anglais en six mois, qu'il n'en recevait autrefois en trois ans. — J'ai passé cinq mois à Alger, et je n'ai jamais entendu les ministres ou les agens consulaires étrangers se plaindre de notre projet de coloniser. L'agent anglais est venu me trouver à mon quartier-général d'Alger pour me dire qu'il avait des recommandations très expresses de son gouvernement de ne contrarier en rien ce que ferait le général français pour coloniser, et ce général français, c'était moi. »

Toutes les personnes qui ont eu quelques relations avec les membres du Parlement britannique, savent que tel est le sentiment universel, sauf quelques exceptions qui se rattachent encore aux idées coloniales, ou qui dans cette question trouvent un moyen d'opposition au ministère wigh; nous verrons à la partie commerciale que l'Angleterre a intérêt à ce que nous tentions la colonisation, et même à ce que nous puissions l'opérer. Nous verrons à la partie coloniale qu'elle est loin d'ambitionner, je ne dis pas une colonie (elle ne pourrait pas avoir une idée aussi désastreuse pour elle), mais de nouveaux points maritimes dans la Méditerranée.

Au chapitre sur la puissance militaire, on établira que la colonisation et la conquête du surplus de la régence ne pourraient donner à la France aucun accroissement de force.

<small>Le Moniteur algérien.</small> Un journal officiel avait été établi à Alger : *le Moniteur algérien.* On devait en attendre la vérité; il fut employé à répandre les illusions. La presse trop crédule de France, reproduit, malheureusement sans contrôle, les colonnes intéressées de la feuille locale.

<small>Officiers persécutés.</small> Un contrôle cependant s'était formé, menaçait de dévoiler les déceptions, et de présenter à la France la vérité sur l'Afrique. Les gens de cœur et de mérite éminent, qui avaient fait preuve d'indépendance et de dévouement à leur pays sont persécutés; l'on a la prétention d'assermenter au silence les officiers français condamnés à être témoins des maux de l'Afrique, et à assister à la déconsidération de leur patrie; plus tard, elle leur saura gré de leur courage et de leur loyauté.

Terminons ce qui reste à dire sur les moyens employés pour tromper l'opinion publique par le chef-d'œuvre de nos spéculateurs.

Chambre de commerce d'Alger et de Marseille.

Pour persuader à la France que son intérêt commercial était au plus haut point engagé dans les affaires d'Afrique, et faire parler un être collectif qui eût quelque rapport avec ce qui existe en France, ils imaginèrent une chambre de commerce à Alger. Cette chambre de commerce fit des circulaires à toutes les chambres de commerce de France. Dans celle du 9 mars 1835, nous lisons : « La chambre de commerce d'Alger remplit un devoir sacré en éveillant la sollicitude de toutes les chambres de commerce de France, et en invoquant leur appui et leur concours auprès du gouvernement et des chambres législatives, pour repousser des attaques non moins calamiteuses qu'anti-nationales. »

De son côté, Marseille qui se considère comme la métropole de la régence, et qui a le monopole naturel du commerce qui s'y fait, seconda parfaitement les efforts des colons. Sa chambre de commerce fit aussi des circulaires aux chambres de commerce de France. Celle du 11 avril 1834, porte : « Comme cette préoccupation pourrait être partagée par quelques députés, il nous a paru convenable de recourir à vous, Messieurs et chers collègues, pour en obtenir une manifestation favorable à notre colonie. » Une autre circulaire du 3 mars 1835, faisant rappel de la précédente, s'exprime ainsi : « Nous venons aujourd'hui solliciter de nouveau votre concours dans une question qui se lie si essentiellement à nos intérêts commerciaux. » La même chambre, à la même époque, envoya aux autres chambres des missionnaires chargés de prêcher la colonisation. Voici un extrait du diplôme dont ils étaient pourvus :

« Nous avons l'honneur d'introduire auprès de vous MM......., chargés par le comité algérien de Marseille de vous développer les motifs qui militent en faveur de notre établissement d'Alger. »

Il y aurait eu mauvaise grâce aux chambres de commerce de France, de refuser à leurs sœurs d'Alger et de Marseille la manifestation qu'elles sollicitaient. Aussi presque toutes les chambres de commerce de France, écrivirent-elles à M. le ministre du commerce. Nous aurons à examiner au chap. VII les vœux qu'elles exprimaient; toujours est-il que les notables commerçans se sont ainsi trouvés *entraînés*, comme je l'expliquerai, parmi les partisans de la colonisation.

Conclusions sur opinion publique.

Tels ont été les moyens employés pour abuser l'opinion publique, et ils n'ont que trop bien réussi. En vain les deux commissions d'enquête chargées d'examiner la question, en vain les commissions de la chambre ont-elles constamment cherché à rétablir la vérité; l'erreur, jusqu'à ce jour, a triomphé, soutenue qu'elle était par la chaleureuse persistance de l'intérêt privé; aujourd'hui elle porte ses fruits, l'on commence à réfléchir : la vérité se fera jour. Pour nous, nous continuerons notre tâche, nous avons reçu mandat du peuple pour veiller à ses intérêts, et nous les défendrons envers et contre tous, contre le peuple lui-même dont on exploite les passions les plus généreuses. Plus tard, il saura reconnaître ses véritables amis de ses flatteurs intéressés.

CHAPITRE II.

CONSIDÉRATIONS GÉNÉRALES.

Aperçu géographique.
Le littoral de l'ancienne régence d'Alger est soumis, en moyenne, au 36° degré de latitude nord; son étendue, de l'est à l'ouest, est d'environ deux cent vingt lieues : Alger se trouve vers la moitié de cette ligne, à peu près sous le même méridien que Paris. Les limites de la régence du côté du sud ne sont pas déterminées : le pays relevant de l'autorité du dey d'Alger pouvait s'étendre à quarante lieues du littoral.

Parallèlement à la Méditerranée, et sur ses bords, se trouve le pays de plaine; au-delà s'élèvent, jusqu'à douze et quatorze cents toises, les monts Atlas, qui, parallèles aussi à la Méditerranée, traversent la régence dans toute son étendue de l'est à l'ouest, jetant dans plusieurs endroits à travers la plaine des ramifications qui descendent jusqu'à la mer.

Cet état du sol n'admet pas de rivière importante; aucune n'est et ne peut être navigable.

Le territoire actuel de l'Algérie correspond à

peu près à l'ancienne Numidie. Ce pays fut ré- Notions historiques.
duit à l'état de province romaine, en 708 de
Rome, après deux cent quarante ans de lutte
contre la maîtresse du monde. Mais cette réunion
à peu près nominale interrompit à peine les
guerres qui semblent être la vie de cette contrée.
En 428 après J.-C., les Vandales s'y établissent,
et y demeurent quatre-vingts ans : ils sont expulsés par Bélisaire et Salomon, qui font rentrer
l'Afrique septentrionale sous les lois de l'empire
d'Orient.

Dans le cours du septième siècle, Mahomet se
révèle au monde; ses sectateurs, armés du glaive
et de l'Alkoran, subjuguent une partie de l'Asie et de l'Afrique. Moussa, l'un d'eux, soumet
en 706 la partie de l'Afrique qui constitue la
régence d'Alger. Les conquérans passent bientôt
en Espagne, mais là commence la dissolution de
la puissance arabe. Les kalifes d'Asie ne peuvent
d'aussi loin maintenir leur autorité, et les Arabes, conquérans de l'Espagne, se déclarent indépendans en 753, et fondent l'empire maure;
la réaction se continue en Afrique; en 774, l'autorité des kalifes était partout méconnue : prennent alors naissance la plupart des États qui constituent aujourd'hui la Barbarie.

Au onzième siècle commencent les guerres des
Espagnols contre les Maures, qui sont expulsés
de la Péninsule en 1472. Les Espagnols et les

Portugais portent à leur tour la guerre sur les côtes d'Afrique, Ximenès s'empare d'Oran en 1505, et de là les chrétiens cherchent à se fortifier sur plusieurs points. L'établissement qu'ils veulent créer sur la petite île qui, alors en face d'Alger, est aujourd'hui liée au continent par les travaux du port, inquiète les habitans, qui se mettent sous la protection du fameux corsaire Barberousse.

Celui-ci s'empara bientôt du pouvoir. Son frère, Khaïr-Eddin, qui lui succéda, pour assurer sa puissance, rendit hommage au Grand-Seigneur, qui le nomma pacha d'Alger, et lui envoya un petit corps de troupes : telle fut l'origine de la puissance turque à Alger.

Le court historique qui précède indique l'origine des différentes populations qui habitent la régence.

Populations. Les habitans des monts Atlas peuvent être considérés comme les indigènes de toute la région du Maghreb; ils ne furent jamais complétement soumis par les divers conquérans qui passèrent sur l'Afrique. Leur race, qui évita tout contact avec les étrangers, fut peu modifiée. Dans la *Kabaïles.* régence d'Alger, ils portent le nom de *Kabaïles*. Voici le portrait qu'en trace la commission d'Afrique :

« Les Kabaïles ont un instinct parfait de la justice ; néanmoins la force est chez eux l'unique loi; ils ont un caractère éminemment national, peu d'idées, mais positives; abandonnés à l'état naturel, le sentiment de la personnalité dirige leurs passions : la vengeance des injures les domine toutes. Braves dans les combats, ils sont féroces après la victoire. L'autorité émanée des villes leur est insoutenable; ils repoussent avec mépris toute idée de civilisation; ils n'en sentent pas le besoin, et ne veulent pas le sentir; ils sont Numides en un mot, et il est à présumer que jamais nous n'amènerons les Numides à comprendre un état social fondé sur un échange de procédés, de douceur et de bienveillance. Ils ont du reste conservé cette finesse d'instinct qui s'use chez les peuples civilisés; et dans leur amour de l'indépendance, ils ont trouvé assez de sagesse pour n'avoir qu'un très petit nombre de besoins, et assez d'industrie pour les satisfaire sans avoir recours à personne; ils resteront dans leurs montagnes s'ils n'y sont pas inquiétés[1]. »

Les Arabes habitent principalement les pays de plaine; ils ont conservé les mœurs de leurs ancêtres, et sont principalement nomades, vivent en tribus qui acceptaient, sauf révolte, les kaïds ou chefs que les Turcs leur imposaient.

Arabes.

« L'Arabe de la plaine tient beaucoup du Kabaïle; un contact journalier, une communauté

[1] *Rapport sur la colonisation*, par M. de Lapinsonnière, p. 27.

d'habitudes, de goûts établissent une certaine ressemblance entre l'ancien peuple conquérant et celui qu'il a refoulé, mais qu'il n'a pas vaincu; il est plus traitable peut-être, mais il n'a pas l'élévation de caractère du Kabaïle; il sera difficilement amené à des dispositions moins hostiles [1].

« Les Arabes que l'on rencontre entre la mer et la première chaîne de l'Atlas ont des demeures fixes ou pour le moins un territoire déterminé; ceux des princes qu'enlacent les ramifications de l'Atlas sont plus enclins à la vie nomade, qui est l'existence ordinaire des Arabes du Sahara. Ces derniers, libres, fiers et indépendans, n'ont jamais courbé la tête sous un joug étranger; ils ont pu être les alliés, mais non les sujets des Turcs [2]. »

Maures.

On donne le nom de *Maures* aux habitans des villes; on ne peut leur assigner une origine commune; il est probable qu'ils ont été le produit des nombreux mouvemens de populations qui eurent lieu dans la régence; l'expulsion des Maures d'Espagne a dû contribuer à l'accroissement de cette classe de la population algérienne. Les Maures sont riches, mais ils n'ont pas l'in-

[1] *Rapport sur la colonisation*, par M. de Lapinsonnière, page 28.

[2] *Annales algériennes*, par M. Pellissier, capitaine d'état-major, chef du bureau des Arabes, à Alger, en 1833 et 1834. T. I, p. 4.

fluence que donne en général la richesse. La commission d'Afrique ajoute : « Le Maure, peuple mou, intrigant et dissimulé, ne consomme rien ou presque rien ; mais il ne produit rien ; il ne lui reste de son ancienne célébrité que la haine du nom chrétien ¹. » Les purs Arabes regardent encore avec dédain les Maures habitans des villes, et les mettent dans leur estime très peu au-dessus des Juifs ².

« Les Juifs sont très répandus dans toute la régence, mais dans les villes seulement ; leur existence est là ce qu'elle est partout ³. » Juifs.

La population turque ne naissait pas sur le sol de l'Afrique ; elle était peu nombreuse, et entretenue par les recrues qui chaque année arrivaient de Constantinople ou de l'Asie-Mineure ; les Turcs n'offraient donc pas de population appréciable ; ils n'ont jamais pu être considérés que comme des dominateurs gouvernant le pays, et non comme des habitans du sol. Turcs.

Les Maures étaient riches et faibles, les Turcs étaient forts et pauvres en arrivant dans la régence, puisque tous étaient des aventuriers. Le résultat de cette position respective était que les Maures achetaient la protection des Turcs, et le principal moyen était de leur donner leurs filles Conlouglis.

---

¹ *Rapport sur la colonisation*, p. 26.
² *Annales algériennes*, t. I, p. 6.
³ *Ibid.*

en mariage. De ces unions sortaient, non des Turcs, mais des *Coulouglis;* ils ne conservaient pas la position politique de leurs pères, mais étaient, sauf de rares exceptions, assimilés aux Maures, et prenaient la position politique de la famille de leurs mères.

On est loin d'être d'accord sur la force de la population de l'ancienne régence. Les évaluations varient de quinze cent mille à deux millions d'âmes. L'opinion des derniers administrateurs la fixe à environ deux millions huit cent mille, en presque totalité Arabe et Kabaïle, car les Maures et Coulouglis réunis ne peuvent y entrer que pour quarante mille, les Juifs pour dix-huit mille, la population mêlée de nègres Mozabites, etc., pour cinq mille, et les Européens pour dix mille. Quant aux Turcs, ils ont disparu de la régence; le plus grand nombre s'est retiré dans l'Asie-Mineure; il ne reste plus qu'un petit nombre de vieux et pauvres janissaires sans consistance.

État politique d'Alger.

L'état politique d'Alger était fondé sur ce principe que les gouvernans devaient être étrangers au sol. Cet état était une république militaire composée d'environ huit à dix mille miliciens, dont le chef était électif, et dont les membres devaient être Turcs. Cette troupe se perpétuait par le recrutement fait, comme nous avons dit, dans l'empire ottoman. Tout individu Turc transporté de cette manière à Alger entrait dans la milice, devenait membre de l'État, et pouvait parvenir à la position la plus élevée.

Les affaires de l'état étaient conduites par le Dey, qui avait le pouvoir exécutif, et le Divan ou grand-conseil, qui délibérait et nommait les deys.

Gouvernement

Cette nomination était soumise à l'approbation du Grand-Seigneur.

L'armée de terre se composait de la milice turque, recrutée comme nous avons dit, et d'auxiliaires Arabes que les deys entretenaient dans les tribus soumises.

L'armée navale se recrutait dans toutes les classes des habitans de la régence et des aventuriers de tous les pays.

Le dey d'Alger administrait directement la province d'Alger et faisait administrer par des beys les provinces ou beyliks de Constantine, Titterie et Oran.

Les relations diplomatiques de la régence n'étaient pas les mêmes avec tous les peuples de l'Europe. La France et l'Angleterre traitaient directement d'affaires avec la régence, sans l'intervention de la Porte. Les Russes et les Autrichiens suivirent une ligne différente; ils ne reconnaissaient pas l'indépendance des états qui ne la soutenaient pas eux-mêmes. Comme la Porte réclamait la souveraineté sur eux, ils lui demandaient directement satisfaction de chaque tort reçu, et

Relations diplomatiques.

l'on ne cite pas d'exemple où ils aient manqué d'obtenir une satisfaction pleine et entière [1].

Shaler évalue les revenus de la régence en 1822 à 434,800 dollars. Ce revenu était augmenté par les bénéfices que faisait l'état par le monopole qu'il se réservait d'une partie du commerce, et il était augmenté encore de la part des trésors dans les prises maritimes [2].

Suivant Shaler, les dépenses de l'état s'élevaient en 1822 à 859,000 dollars.

Les droits d'importation étaient de 5 pour cent sur les marchandises étrangères, et de 10 pour cent lorsque l'importation était faite par juifs ou étrangers.

Suivant le même auteur, les importations en 1822 auraient été de 1,200,000 dollars. Le maréchal Clausel en donne une évaluation semblable pour 1826.

Livourne y serait entrée pour	1,440,000
L'Angleterre et l'Inde	1,344,000
La France	1,200,000
Gibraltar et Malte	768,000
Le Levant	432,000
Gênes et la Toscane, etc.	384,000
Les ports du Nord	144,000
Maroc, Tunis et Tripoli	120,000
	5,832,000

[1] *Esquisses de l'état d'Alger*, par M. Shaler, consul des États-Unis à Alger. Paris, 1830.
[2] *Portfolio*. T. III, p. 560.

L'on n'a pas de document exact sur les exportations ; les chiffres que l'on donne sont trop éloignés de ceux représentant l'importation, pour que l'on puisse y avoir confiance.

La propriété immobilière est répartie entre l'état, les janissaires, les fontaines, les mosquées, les corporations, les particuliers et les tribus. Propriété.

Les biens des particuliers sont ou libres ou grevés de substitutions au profit des établissemens publics ou religieux, ou grevés de rentes perpétuelles, au profit de corporations pieuses.

Certaines tribus occupent un terrain dont la limite est vague. D'autres tribus plus puissantes, fixées depuis long-temps sur le territoire qu'elles habitent, ont des limites qu'elles font respecter. La plus grande partie de ce territoire est un bien commun ; mais autour des habitations il peut y avoir des propriétés particulières, et souvent un Arabe peut posséder une grande étendue de terres qu'il tient, soit de ses pères autrefois propriétaires, soit de ses alliances avec des familles maures ou turques [1].

Les limites des propriétés de chaque tribu sont réglées par des actes authentiques. La plus grande partie de la Métidja appartient aux habitans d'Al-

---

[1] *Procès-verbaux de la commission d'Afrique.* P. 21.

ger. Il n'y a que dans l'intérieur du pays que le sol est en commun ¹.

« Le pays se divise en biens domaniaux, en propriétés privées, en circonscriptions particulières à chaque tribu, pour lesquelles elles ont des titres, et en terrains vagues et communs, qui servent au parcours des troupeaux et tribus les plus voisines ². »

Depuis l'occupation, de nombreuses acquisitions ont été faites par les Européens; mais la propriété n'a pas dû et n'a pas pu être modifiée; l'état a seulement été substitué à l'ancien domaine de la régence.

Religion.

« Les Arabes, hommes à foi vive, sont persuadés qu'il vaut encore mieux avoir une mauvaise religion que de ne pas en avoir du tout. L'indifférence que nous affectons sur cette matière les étonne; et s'ils y voient une garantie de tolérance, il faut dire qu'elle est d'un autre côté une des causes qui diminuent leur estime pour nous : en parlant des Français, ils ne disent pas : il est fâcheux qu'ils soient chrétiens, mais ils disent : il est fâcheux qu'ils ne soient pas même chrétiens ³. »

¹ *Déclaration de Bouderbah à la commission d'Afrique.* P. 43.

² *Rapport sur la colonisation à la commission d'Alger.* P. 39.

³ *Annales algériennes.* T. II, p. 291.

CHAPITRE III.

OCCUPATION FRANÇAISE.

Quelles qu'aient été les vues politiques de la Restauration, soit à l'intérieur soit à l'extérieur, lors de l'expédition d'Alger, et quelque sentiment politique que l'on puisse avoir, tous reconnaissent que la France n'avait pu laisser impunies les injures à elle faites par le dey. Le blocus qu'elle avait d'abord établi, et qui en trois ans avait coûté 20 millions, ne pouvait d'ailleurs être que très imparfait : l'expédition fut résolue.

Expédition.

Elle fut confiée à M. le général de Bourmont, qui eut sous ses ordres trente-quatre mille combattans.

M. de Bourmont.

M. l'amiral Duperré commandait les forces navales, composées de cent bâtimens de guerre et trois cent cinquante bâtimens de transport.

La flotte réunie à Toulon mit à la voile le 25 mai 1830. Le débarquement s'opéra à Sidi-Féruch le 14 juin, et le 5 juillet l'armée française faisait son entrée à Alger.

L'expédition a été habilement et heureusement

conduite : nos armées de terre et de mer ont conquis une gloire nouvelle, gloire pure, qui aurait été féconde en résultats civilisateurs, si la cupidité et l'intérêt personnel n'avaient profité de l'ébranlement causé par la révolution de juillet, pour dénaturer les vues premières du gouvernement et entraîner la France dans la voie qu'elle suit depuis lors sans système et sans but.

Ce fut le 11 août, à peu près un mois après la conquête, que la nouvelle de la révolution de juillet parvint à Alger. L'on conçoit que dans cet espace de temps rien n'avait pu être décidé relativement à la régence. Nous avons vu que le ministère maintenait sa volonté de se concerter avec les alliés de la France. Par sa dépêche du 15 juillet, M. de Bourmont pensait aussi qu'il faillait entrer en négociation; mais on n'avait pas cru s'éloigner des engagemens pris en préparant l'agrandissement de nos anciens établissemens d'Afrique et leur consolidation. C'est dans ce but que M. de Bourmont, par l'ordre du ministère, s'empara de Bone, qui était la ville importante de leur voisinage. Mais M. de Bourmont commença déjà à subir l'influence inévitable de sa position. Il voulut ajouter à sa gloire. Sa course malheureuse à Belida, l'occupation intempestive qu'il fit faire d'Oran, et son essai d'autorité à Bougie furent également funestes. Dès ce moment nous avions fait faute sur tous les points de la régence. Le prestige était détruit, et notre influence eut encore bien autrement à souffrir lorsque la probabilité d'une guerre européenne à la suite des événemens de juillet nécessita l'abandon de Bone et d'Oran.

Le général Clausel succéda à M. de Bourmont. Autant celui-ci s'était abstenu d'actes d'administration, autant son successeur mit d'activité à constituer tous les services publics. La justice, les domaines, les douanes reçurent une organisation régulière. Il n'entre pas dans notre plan d'examiner tous les actes des différens administrateurs qui se sont succédé en Afrique. Nous n'en étudierons que ceux qui se rattachent à notre idée dominante, à savoir : la colonisation est impossible. Or toutes ces créations du maréchal Clausel tendaient à la colonisation. Il nous apprend lui-même, qu'arrivé le 2 septembre à Alger, *peu de jours lui suffirent pour fixer ses idées sur le parti avantageux que la France pouvait tirer de sa conquête*[1]. Il s'était cru autorisé à encourager les établissemens industriels et agricoles, et à leur promettre pour l'avenir sûreté et protection[2]. En réponse à ses rapports, M. le maréchal Gérard, alors ministre de la guerre, lui mande dès le 30 octobre : « Le gou-

Le général Clausel.

[1] *Observations du général Clausel sur quelques actes de son commandement à Alger.* P. 8.
[2] *Ibid.* P. 32.

vernement, déjà déterminé à conserver la possession d'Alger, a vu avec satisfaction *par les rapports que vous* m'avez adressés, qu'il était possible de pourvoir à l'occupation de cette ville et des principaux points du littoral de la régence avec un corps de dix mille hommes et des dépenses peu considérables. Ces considérations l'ont confirmé dans l'intention de fonder sur le territoire d'Alger une importante colonie. » Toute la lettre est dans le même sens; l'on y voit clairement que le gouvernement a été entraîné par les rapports du général Clausel, dans une voie dont il eut beaucoup de peine à sortir plus tard.

Le général Clausel pensait avoir des pouvoirs illimités. *Des pouvoirs et des instructions! pouvait-on et aurait-on pu m'en donner?* disait-il dans l'ouvrage que nous venons de citer. Aussi crut-il pouvoir sans le concours du gouvernement faire avec le dey de Tunis des traités par lesquels des princes de cette maison auraient reçu l'investiture des beylicks de Constantine et d'Oran. Pour terminer une difficulté qui s'était élevée avec Maroc, il aurait désiré lancer une flotte contre Tanger, et regrette encore « que cette occasion de donner une idée de la puissance de la France aux barbaresques de l'ouest, ait été perdue par des susceptibilités de bureau. »

[1] *Observations du général Clausel.* P. 14.

L'expédition de Medeah nous fit entrer dans le funeste système d'expédition qui nous domine aujourd'hui. Il devait prendre plus tard une extension plus funeste encore dans les deux provinces de Bone et Oran.

Le général Berthezène remplaça le maréchal Clausel. Sa mission était toute pacifique, et son caractère s'accordait avec les vues du gouvernement. Il fut néanmoins entraîné à faire une nouvelle expédition à Medeah pour en ramener le bey d'institution française qui ne pouvait plus s'y maintenir. Une tentative sur Bone échoua, et les Français remplacèrent les Tunisiens à Oran. L'ensemble des relations avec les Arabes, sans être satisfaisant, était entretenu principalement au moyen de l'agha.

Le général Berthézène.

Jusqu'alors le général en chef avait été la seule autorité dans la régence. L'ordonnance du 1er décembre 1831 sépara l'autorité civile de l'autorité militaire par la création d'un intendant civil indépendant du général en chef. M. le duc de Rovigo fut nommé général en chef, et M. le baron Pichon intendant civil.

Ordonnance du 1er décembre 1831.

Le duc de Rovigo, général en chef.

Le baron Pichon, intendant civil.

L'expérience ne fut pas favorable à cette nouvelle organisation. M. de Rovigo apportait à Alger des habitudes impériales, que son âge ne lui permettait plus de modifier. La direction de son administration était dure. Plusieurs mesures impolitiques avaient déjà éloigné de nous les Arabes;

le massacre de la tribu el Ouffias, et l'inconcevable exécution juridique de ses deux chefs les irritèrent au dernier point. La guerre sainte fut proclamée, et s'étendit d'Alger à l'Atlas. Elle fut calmée par quelques succès. Mais nos relations avec les Arabes n'avaient plus le même caractère.

M. de Rovigo, qui aurait volontiers appelé de toutes les contrées de l'Europe ce qu'on appelle l'excédant de population, fit une cruelle expérience de ces idées de colonisation aux villages de Kouba et Dehi-Ibrahim. Nous en parlerons plus tard.

M. Pichon se montra administrateur éclairé. Dès les premiers momens, la mésintelligence s'éleva entre les deux pouvoirs rivaux. Une ordonnance du 12 mai 1832 modifia celle du 1er décembre 1831, et l'intendant civil fut mis sous les ordres du général en chef : M. Pichon se retira, et M. Genty de Bussy fut nommé intendant civil.

M. le duc de Rovigo étant tombé malade, revint en France en mars 1833 : le général Davizard prit le commandement provisoire, comme le plus ancien général, et peu après le général Voirol fut nommé commandant par intérim.

Son administration fut l'une des meilleures que l'Afrique pût espérer : elle fut prudente vis-à-vis des Arabes. Il ne put échapper à la nécessité de la guerre qui ressort de notre position dans le pays, mais il la fit avec modération. Les intermittences de guerre donnèrent aux spéculateurs la faculté de se répandre dans la plaine, ce qui nous prépara les difficultés dont nous aurons occasion de parler.

Ce fut sous son commandement, mais contre sa volonté, qu'eut lieu la funeste occupation de Bougie.

La mésintelligence qui avait existé entre MM. de Rovigo et Pichon, s'était glissée entre MM. Voirol et Genty de Bussy. L'ordonnance de 1832 n'avait pu établir l'harmonie entre le pouvoir militaire et le pouvoir civil. Jusqu'alors le chef supérieur avait le titre de général en chef, ce qui impliquait une idée de gouvernement militaire ; une nouvelle ordonnance du 22 juillet 1834, sembla indiquer un changement dans les idées du gouvernement ; elle constitua le gouvernement des *possessions françaises dans le nord de l'Afrique*, établit un gouverneur-général, un intendant civil, et un chef de service à la tête de chacune des branches de l'administration.

<small>Ordonnance du 22 juillet 1834.</small>

M. le lieutenant-général comte d'Erlon, fut nommé gouverneur-général, et M. Lepasquier intendant civil : ils arrivèrent à Alger en septembre 1834.

<small>Le comte d'Erlon, gouverneur général. M. Lepasquier, intendant civil.</small>

Certes le nouveau gouverneur a donné de nombreuses preuves de son désir de pacification, et cependant la lutte avec les Arabes avait toujours son cours. Le gouverneur-général jugeait l'occupation de Medeah nécessaire ; le ministère eut la sagesse de ne pas consentir à ce projet.

M. le comte d'Erlon et M. Lepasquier dirigèrent les affaires avec modération et justice. Différentes branches d'administration reçurent des améliorations réelles qui auraient porté des fruits si elles avaient été appliquées à un pays moins rebelle.

Le maréchal Clausel, gouverneur-général.

M. d'Erlon fut remplacé par le maréchal Clausel, en août 1835. Notre échec de la Macta nous entraînait dans de nouvelles luttes. Les expéditions se succédèrent avec une rapidité déplorable.

Le maréchal Clausel et M. Lepasquier furent loin de s'entendre pour l'administration de nos possessions. M. Lepasquier ayant appris que le gouverneur-général avait demandé la suppression des fonctions d'intendant civil, demanda à rentrer en France, ce qui eut lieu en mars 1836.

M. Bresson, intendant civil.

M. Bresson lui succéda en juillet 1836, en la même qualité d'intendant civil ; nous doutons qu'il y ait eu plus d'accord entre le nouvel intendant civil et le gouverneur-général.

Le général Damremont gouverneur général.

Le 12 février 1837, le général de Damremont est nommé gouverneur-général. Il est le neuvième administrateur que l'Afrique ait eu en moins de sept ans.

ÉVÉNEMENS D'ORAN.

Les événemens qui se sont passés dans la province d'Oran, méritent une sérieuse attention. Les deux systèmes de pacification et d'expédition ont tour à tour essayé de se produire dans cette partie de la régence ; nous en traiterons dans des chapitres spéciaux. Nous nous bornons ici à rappeler les événemens généraux.

Oran avait été occupé une première fois sous le gouvernement de M. de Bourmont au commencement d'août 1830, mais aussitôt abandonné, M. de Bourmont ayant pensé que les événemens de juillet devaient rendre nécessaires en France les troupes de notre armée d'Afrique. Le maréchal Clausel fit de nouveau occuper la ville par le général Damremont, qui y entra le 4 janvier 1831. Par suite du traité qui conférait le beylick d'Oran à Sidi-Ahmed, prince de la maison de Tunis, le lieutenant de ce prince prit possession du beylick, et y resta sous la protection du 21ᵉ régiment de ligne, commandé par M. le colonel Lefol, jusqu'au moment où le traité n'étant pas ratifié par le gouvernement, le général Boyer fut appelé au commandement d'Oran : celui ci arriva à Oran au milieu de septembre 1831. Les difficultés avec Maroc venaient d'être levées par les négociations de M. de

Mornay. Ce fut dans le cours de 1832 que commença à s'élever Abd-el-Kader. Les Arabes de Mascara et des environs, après avoir chassé les Turcs, le reconnurent pour chef. Le général Desmichels, qui succéda au général Boyer en avril 1833, mit en application un système nouveau fondé sur l'alliance avec les Arabes. Ce fut probablement dans la vue de ce système qu'il crut devoir s'emparer d'Arzew le 4 juillet, et de Mostaganem le 28. La guerre continua toute cette année 1833; ce fut au commencement de 1834 que le général put amener les négociations qui se terminèrent par le traité signé avec Abd-el-Kader, le 26 février; le général Desmichels est rappelé en février 1835, et remplacé par le général Trézel. Survint la journée du 28 juin 1835. La Macta fut le signal de toutes les expéditions qui affligèrent cette province, aujourd'hui encore la guerre désole cette contrée; si nous avons étendu nos armes sur elle, nous y avons aussi porté la désolation, et, de son côté, l'Arabe a pu contempler nos misères.

ÉVÉNEMENS DE BONE.

Bone avait été occupée le 2 août 1830, par le général Damremont; mais M. de Bourmont fit rentrer cette expédition en même temps que celle d'Oran, et pour les causes que nous avons données. En septembre 1831, une nouvelle expédition fut confiée au commandant Houder, qui échoua et y perdit la vie : M. d'Armandy fut plus heureux en mars 1832. Le général Monk-d'Uzer prit le commandement de la province le 15 mai. Son équité et son esprit de conciliation lui attirèrent la confiance d'un grand nombre de tribus voisines; lorsqu'il était obligé de sévir, il le faisait, mais avec l'intelligence du bien.

Le général d'Uzer.

Les intrigues qui s'agitaient autour du général d'Uzer lui indiquaient assez que Joussef serait nommé bey de Constantine : il demanda un congé temporaire. Joussef fut en effet promu le 21 janvier 1836, alors qu'il était collecteur de l'impôt de Tlemecen. Le général d'Uzer fut mis en disponibilité le 4 février. Le colonel Duverger remplit l'intérim jusqu'au 9 août, époque à laquelle le général Trezel a été nommé au commandement de la province. La funeste expédition de Constantine eut lieu au mois de novembre.

ÉTAT ACTUEL DU PAYS.

Quel est aujourd'hui, en mars 1837, l'état général de notre situation en Afrique?

État actuel du pays.

Dans la province d'Alger, on est à peine en sûreté dans le massif; dans la Metidja la sécurité est plus précaire que jamais : des escortes sont nécessaires pour communiquer avec le camp de Bouffarik.

Dans la province d'Oran, à la Tafna, Arzew, Mostaganem, nous sommes maîtres du terrain occupé par la semelle de nos souliers ; à Tlemecen nous sommes bloqués. Les cent onze jours de vivres apportés par le général L'Étang expirent : il faut y retourner; mais avant de ravitailler Tlemecen, il faut ravitailler Oran. Abd-el-Kader, cent fois détruit, interdit à ses tribus toute communication avec cette ville où notre garnison manque de vivres. Elle attendait naguère des bœufs d'Espagne ou ceux que Durand aura pu obtenir d'Abd-el-Kader.

Dans la province de Constantine, nous avons par l'imprudence de la dernière expédition compromis notre dignité : le bey Joussef nous a fait perdre les bonnes relations que la sagesse du général d'Uzer nous avait ménagées avec les Arabes. Les ruines de la Kasba de Bone sont l'image du pays.

A Bougie, le Kabaïle continue une guerre implacable.

Partout le commerce est réduit à celui qu'entretiennent la guerre et notre armée.

La colonisation est plus que jamais en roman : nous défions ses partisans de mettre sous les yeux du public l'état de situation des principales entreprises.

CHAPITRE IV.

LA COLONISATION PRÉSENTE DES DIFFICULTÉS PARTICULIÈRES A LA FRANCE.

§. Ier. *Les Français sont-ils colonisateurs?*

On a bien souvent répété que les Français n'avaient pas d'aptitude à coloniser, et l'on a sous-entendu probablement que les autres nations avaient été plus habiles ; cependant, il serait facile de démontrer, par l'histoire de tous les pays explorés par les Européens depuis le seizième siècle, que ces faits de colonisation ont été fort rares, si on veut laisser à ce mot l'acception qui lui appartient, et si on ne confond pas dans la même pensée de vagues idées d'émigration sans but, de domination sur des peuples existans, ou d'entreprises propres à assurer le monopole commercial. Pour apprécier à leur juste valeur tous ces grands établissemens dont nous attribuons la création au génie d'autres nations, nous renvoyons le lecteur au chap. VI, où l'on voit la lenteur avec laquelle se sont développés le plus grand nombre des établissemens pouvant avoir le nom de coloniaux.

Les Français ne sont pas colonisateurs.

Il est vrai que certaines nations ont encore moins que d'autres le génie nécessaire pour conduire heureusement une entreprise aussi difficile : ainsi, M. Say pense que « les nations qui se distinguent par les talens de société plutôt que par les talens utiles à la société, ne sont pas propres à former des colonies, et n'y réussissent pas ; celles qui ont le courage du moment plutôt que celui de tous les momens, n'y réussissent pas ; celles où l'on n'agit bien que pour être regardé et pour être applaudi, n'y réussissent pas. » Il ajoute : « Je connais des peuples dont la bravoure est reconnue, même par leurs ennemis, dont les talens excitent l'envie de leurs rivaux, et où les vertus ne sont pas moins communes que chez quelque peuple que ce soit, et qui n'ont presque jamais réussi à former des établissemens coloniaux [1]. »

Qualités nécessaires.

Les Français possèdent, certes, la plus grande partie des brillantes qualités dont parle ici M. Say ; et, si certaines imperfections qui peuvent accompagner ces qualités doivent leur rendre plus difficile l'œuvre de colonisation, ils peuvent envisager avec gloire l'influence qu'ils ont eue sur les peuples leurs rivaux en civilisation. Leur mission humanitaire a été grandement remplie : la France n'a rien à envier à aucun pays.

[1] *Économie politique pratique.* Tom. IV, p. 460.

Notre caractère national est essentiellement démocratique, peu croyant dans les autres, et nous porte vers l'examen et la discussion, et peu vers la religion et la soumission d'esprit. Ce n'est pas d'aujourd'hui que nous avons ce caractère; à toutes les époques, nous l'avons apporté dans la conduite des affaires politiques : par lui, nous avons fait de grandes choses; mais avec lui aussi, nous n'avons pu faire, en établissemens coloniaux, ce qu'a fait l'aristocratie anglaise, l'aristocratie marchande de la Hollande, et encore moins l'esprit religieux de la Compagnie de Jésus. L'aristocratie et la religion sont essentiellement persévérantes; les hommes qu'elles emploient meurent, mais elles vivent en dehors de ces instrumens de leur puissance; leurs systèmes se perpétuent, et, après des efforts suivis, amènent les choses au but indiqué. La démocratie est inquiète, personnelle, pressée d'arriver, et exige des changemens fréquens dans les personnes, et souvent dans les idées; mais nous ne pouvons modifier ce caractère national; et, nous le pourrions, que pour ma part je n'y consentirais pas, même avec la certitude d'arriver à la colonisation de l'Algérie.

§. II. *Le gouvernement représentatif est-il un obstacle au succès de la colonisation?*

Le gouvernement représentatif est-il un obstacle à la colonisation?

Nous reconnaissons encore que de nouvelles difficultés peuvent venir de la pratique du gouvernement représentatif, c'est-à-dire du gouvernement de discussion. Il est possible qu'en admettant que la colonisation soit praticable et utile, et, en admettant aussi que ceux qui s'en chargent emploient les moyens les plus humains pour les indigènes, les moins prodigues du sang français, les moins ruineux pour la patrie, enfin, les plus honorables pour la France; il est possible, dis-je, que la discussion, qui est l'essence du gouvernement représentatif, donne quelque embarras aux administrateurs d'Afrique.

Mais nos adversaires voudront bien admettre, à leur tour, qu'il est possible que la colonisation est impraticable, que les essais en sont désastreux; ou bien, que les moyens employés jusqu'à présent sont déplorables. Dans ce cas, la discussion devient notre sauve-garde contre tous ces maux; elle éclaire le sentiment public, dissipe ses illusions, et le ramène au vrai et à l'utile.

Et que diraient ceux qui réclament aujourd'hui le silence, si, dépositaires du pouvoir, faisant sur l'Afrique l'application de nos idées, nous leur interdisions de les discuter?

Apparemment, ils n'accorderaient pas qu'une question d'aussi grand intérêt fût soustraite aux conséquences du gouvernement représentatif.

Pourquoi aurions-nous donc aujourd'hui à leur faire des concessions qu'ils ne nous accorderaient pas si nous étions dans une position inverse? Sommes-nous moins qu'eux animés de sentimens patriotiques et généreux? Ils ne le prétendent pas. Sommes-nous moins éclairés? C'est ce que la discussion doit résoudre.

Donc, il faut discuter.

Un ministre disait, l'an passé, à la Chambre des Pairs, à l'occasion d'Alger : « Si je n'étais pas en présence de ces difficultés que je signalais moi-même tout à l'heure, *celles de faire de ces grandes entreprises avec la presse et les Chambres*, je conseillerais, moi, un système encore plus *hardi*, peut-être, que celui que l'on suit maintenant[1]. »

La discussion empêchera-t-elle les grandes choses?

C'est surtout ici qu'il faut discuter.

Qui nous garantira, sans cela, que *les grandes entreprises*, que *ces conceptions hardies* d'un ministre sont bonnes et utiles pour le peuple? Qui nous garantira que *ces grandes entreprises* ne sont pas, au contraire, de grandes folies, destinées à être expiées par le malheur de toute une génération? Manque-t-on d'exemples de grandes

[1] *Moniteur* du 6 juillet 1836. P. 1574.

entreprises faites souvent par passion ou entraînement, et, plus souvent encore, avec la pensée du bien, dont les tristes résultats ont fait condamner leur auteur?

Et, pour ne pas en chercher la preuve bien loin, si, au moment où le ministre s'exprimait ainsi, on eût mis en discussion sérieuse l'expédition de Constantine, elle n'aurait pas eu lieu, et nous n'aurions pas à déplorer ses suites désastreuses.

Ainsi, nous discuterons.

Faut il sacrifier le gouvernement représentatif à Alger?

La discussion est l'élément du gouvernement représentatif : la question d'Alger, non plus que toute question intérieure ou extérieure, ne peut lui être soustraite. Chaque année, cette discussion s'ouvrira; chaque année, les adversaires du système suivi présenteront au pays, à l'appui de leur conviction, les nouveaux faits qui viendront se grouper avec les anciens, déjà trop nombreux pour le malheur de la France.

Il ne manquerait plus, en vérité, que d'offrir en holocauste à l'Algérie la plus importante de nos libertés!

CHAPITRE V.

COLONISATION.

Il est difficile de combattre les colonistes, ils sont insaisissables dans leurs projets; leur imagination, chaque jour, enfante de nouveaux systèmes qui se détruisent l'un l'autre. Les uns veulent coloniser comme le faisaient les Grecs et les Romains; les autres se contenteraient du système adopté par les Anglais dans l'Inde; d'autres entrevoient déjà pour les côtes d'Afrique la brillante destinée des États-unis d'Amérique ou de l'Égypte. Les plus modérés se cramponnant au système colonial français, désirent ajouter l'Algérie aux colonies que nous possédons encore; enfin, quelques esprits bienveillans désireraient voir Alger affecté à une colonie pénale. Nous allons tâcher de découvrir ce qu'il peut y avoir d'applicable à la régence dans les exemples que l'on nous donne à suivre.

Différens systèmes de colonistes.

A ceux qui désirent que les Français agissent en 1837 comme agissaient il y a deux ou trois mille ans les Grecs et les Romains, l'on pourrait se bor-

Colonies anciennes.

ner à répondre que les Français ne sont ni des Grecs ni des Romains ; que leur constitution sociale n'a aucun rapport avec celle de ces peuples ; que tout a changé depuis ce temps, le monde d'abord qui a doublé d'étendue par les découvertes du seizième siècle, l'humanité, qui alors avait pour droit commun l'esclavage, puis les relations entre les peuples, par suite d'une transformation complète de l'industrie ; et qu'en conséquence, l'exemple des peuples anciens ne peut nous être d'aucune utilité. Cependant disons un mot de leurs colonies.

§. Ier. *Colonies grecques et Alger.*

<small>Colonisation comme faisaient les Grecs ?</small>

Les Grecs, auxquels un territoire peu étendu ne permettait pas un grand accroissement de population, avaient souvent recours à l'émigration et fondèrent de nombreux établissemens sur presque toutes les côtes de la Méditerranée [1]. La politique amenait souvent le même résultat. Quelques-uns de ces établissemens ont été formés par des chefs de faction renversés par leurs rivaux, ou par des ambitieux mécontens du rôle qu'ils jouaient dans leur patrie. « Les meneurs ont cru avoir besoin de distraire le peuple par ces entreprises ; mais ce dernier les perdait de vue après

---

[1] *Richesses des nations.* Liv. IV, chap. 7.

en avoir décidé l'exécution ?¹ » Alexandre employait aussi ce moyen pour se débarrasser des mécontens de son armée ². Personne, sans doute, ne voudra reconnaître dans ce qui précède rien qui puisse être applicable à l'état actuel de la France.

Les émigrans n'éprouvaient pas de difficulté sérieuse de la part de peuplades faibles et rares qui se trouvaient dans le voisinage des côtes où ils abordaient. Ils étaient tellement supérieurs à ces peuplades par la civilisation, qu'elles trouvaient tout avantage dans ces relations nouvelles; par la guerre, qu'elles ne la croyaient même pas possible avec eux; il n'en est pas ainsi en Alger. Puis encore, la colonie grecque était complètement indépendante de la métropole : elle suivait la direction que lui indiquaient ses intérêts individuels. Les colonistes n'entendent probablement pas que la France doive abandonner l'Algérie à elle-même.

§. II. *Colonies romaines et Alger.*

La conquête était la vie politique de Rome. Dans toutes ses institutions se révélait ce principe de sa destinée. L'aristocratie possédant toutes les terres

Colonisera-t-on comme faisaient les Romains ?

---

¹ *Économie publique des Grecs.* Chap. 3.
² *Quinte-Curce.* Liv. VII, chap. 10 et 11.

et les faisant exploiter ainsi que toutes les industries par les esclaves, les citoyens pauvres ne pouvaient pas atteindre à la propriété et ne trouvaient aucune occupation utile.

Pour apaiser leurs clameurs, les gouvernans leur faisaient assigner des terres dans les provinces conquises. L'envoi d'une colonie satisfaisait ainsi à un besoin de politique intérieure et concourait à la consolidation de la conquête, en ce que souvent elle tenait lieu de garnison. Il ne faut pas confondre la colonie avec les municipes qu'établissaient les peuples conquis, et auxquels participaient souvent les colons. Du reste, la colonie restait inhérente à l'empire et lui était soumise ; c'était simplement une exploitation de terres. Qu'y a-t-il donc de commun entre les colonies romaines et ce que les colonistes ont le désir d'établir à Alger ?

§. III. *L'Inde et Alger.*

Ces possessions ne sont pas des colonies.

L'on ne devait pas s'attendre, à propos d'Alger, à un rapprochement avec ce que l'on veut appeler les colonies anglaises de l'Inde. L'Angleterre, bien loin d'avoir adopté dans cette contrée le régime colonial, en a proscrit la base, la possession du sol par les citoyens anglais. Ce n'est que par la Charte, renouvelée en 1833 au profit de la Compagnie des Indes, que cette sage disposition a été légèrement modifiée. L'Algérie aurait probablement moins de partisans, si un principe analogue y était consacré.

Les Européens, qui avaient précédé les Anglais ou qui sont encore établis dans cette partie du monde, ont eu en vue le commerce, et ce n'est qu'accidentellement et par rapport à ce commerce, qu'ils ont développé quelques intérêts coloniaux. Ce fait est important ; et nous devons, pour l'établir, rappeler en peu de mots les évènemens de l'occupation de ce pays par les Européens.

Avant l'arrivée des Portugais dans l'Inde, en 1498, le commerce avec l'Europe se faisait par l'Égypte et la mer Rouge, par l'entremise des Vénitiens. Pour obtenir le monopole de ce commerce à sa nation, Albuquerque s'empara de toutes les positions militaires importantes. L'île de Socotora lui livrait la mer Rouge, l'île d'Ormus le rendait maître du golfe Persique, et il établit dans l'île de Goa le siége de sa puissance, qui s'étendit sur presque tout l'archipel indien. L'on voit qu'il n'est pas question ici de colonie, mais de conquêtes destinées à assurer le monopole du commerce. Les successeurs d'Albuquerque continuèrent son œuvre, mais ils la rendirent tellement horrible, que les Indiens disaient : « Heureusement la Providence a voulu qu'il y eût peu de Portugais, comme il y a peu

Domination des Portugais.

de lions et peu de tigres, afin qu'ils ne détruisissent pas l'espèce humaine[1]. »

Domination des ollandais. En 1602, les Hollandais paraissent dans l'Inde, établissent d'abord des comptoirs fortifiés à Java et Sumatra, et s'emparent successivement de presque tous les établissemens des Portugais. Dans le principe leur modération leur donna l'alliance de plusieurs souverains du pays; mais leur domination constituée pour le monopole commercial devait les entraîner dans les excès qui avaient rendu les Portugais si odieux. Pour maintenir le monopole, il fallut prohiber toute production autre que celle assurée au commerce de la compagnie, et dans les proportions qui lui donnaient le plus grand bénéfice. Il fallut faire détruire le girofle partout, excepté à Amboine; la culture du muscadier fut réservée aux îles Banda. Ces îles furent les seuls points que l'on peut considérer comme coloniaux. Les naturels y sont détruits et remplacés par des propriétaires blancs qui font cultiver par des esclaves. L'œuvre des Hollandais se bornait donc à concentrer la production, afin qu'une surveillance plus facile pût leur assurer le monopole des produits à acheter aux indigènes au plus bas prix possible, ce qui était facile, puisqu'ils étaient les seuls acquéreurs, et qu'ils étaient plus forts que leurs vendeurs; et

---

[1] *Histoire philosophique.* Liv. I, chap. 16.

enfin à vendre cher aux consommateurs d'Europe, ce qui était facile encore, puisqu'ils étaient les seuls vendeurs. Je ne sais si MM. les Algériens trouvent jusqu'à présent dans ce qui précède quelques erremens à suivre pour leur colonie. L'Algérie possède-t-elle un produit privilégié comme les Indes possèdent les épices, et est-on en mesure de s'en assurer le monopole?

Les bénéfices que faisait la compagnie hollandaise lui attirèrent des concurrens chez les autres nations d'Europe. Toutes eurent leurs compagnies commerciales privilégiées, qui toutes se ruinèrent malgré les subsides que leur accordèrent presque toutes les métropoles. Mais aucune n'entreprit l'œuvre coloniale.

La France eut un moment la prépondérance européenne dans l'Inde. La lutte entre elle et l'Angleterre finit en 1759, à la bataille de Plassy. *Rivalité de la France et de l'Angleterre.* Dans cette lutte terrible nous avons dépensé plus d'un milliard, nous avons sacrifié près de cent mille soldats, et il nous reste, pour prix de ces sacrifices, Pondichéry qui n'a ni port, ni fortifications, ni commerce; Chandernagor, sur le Gange, qui est dans une position encore plus désavantageuse; ce n'est plus qu'un village sans commerce, sans canons pour rendre même un salut[1]. Mahé, Karikal et Yanaon ne sont plus

[1] *Aperçu de nos colonies*, par M. le comte d'Angeville. P. 2.

connus que dans les dictionnaires géographiques. Depuis lors la compagnie des Indes poursuivit ses conquêtes malgré les décisions du parlement britannique. L'Inde presque entière lui est à peine soumise, et déjà l'ambition de la Russie lui donne des alarmes.

Mais revenons à Alger : on nous propose d'appliquer dans cette contrée le mode de gouvernement établi par les Anglais dans l'Inde. Examinons les rapports que ces deux pays peuvent avoir entre eux.

<small>Caractère des Indiens.</small> « Les Hindous, un des peuples les plus doux et les plus paisibles du globe, ont été depuis l'antiquité, la proie des nations conquérantes, attirées par les richesses de leur territoire, et ont passé d'une domination à l'autre [1]. » Darius, Alexandre, Sandrocotus, Mahmoud, Gengiskan, Kootoul, Tamerlan, Balcer, Aurengzeb et Koulikan, envahirent l'Inde, sans autre résistance que celle que pouvait opposer le dernier conquérant. Les Indiens étaient indifférens à ces changemens de maîtres. Le despotisme qui pesait sur eux avait énervé toutes les classes de la société. Le climat contribue aussi à développer cette indolence physique et morale qui les accable; et enfin la religion fortifie ces dispositions à la lâcheté en conseillant le suicide et en défendant l'effusion du sang. Dans la disette de 1770, « les

---

[1] *Malte-Brun.* Liv. LXX.

malheureux Indiens, sans moyens, sans ressources, périssaient tous les jours par milliers, faute de pouvoir se procurer la moindre nourriture. On les voyait dans leurs aldées, le long des chemins, au milieu de nos colonies européennes, pâles, défaits, exténués, déchirés par la faim, les uns couchés par terre et attendre la mort, les autres se traînant avec peine pour chercher quelques alimens autour d'eux, et embrassant les pieds des Européens, en les suppliant de les recevoir pour esclaves. Durant tout ce temps le Gange a été couvert de cadavres, les campagnes et les chemins en ont été jonchés [1]. »

Depuis que nous sommes en contact avec les Arabes, avons-nous reconnu chez eux, cette mollesse, cette lâcheté indienne, cette horreur du sang? Dans cette affreuse disette, les Indiens mouraient en implorant leurs maîtres. Ils ne tentèrent aucune révolte, et ne cherchaient à piller aucun magasin. C'était sous la surveillance de vingt-cinq mille Anglais, que trois ou quatre millions d'Indiens périrent de faim. Pourrait-on nous indiquer quelle serait la force armée qu'il faudrait faire peser sur l'Afrique, pour obtenir le même résultat?

D'après les lois du législateur indien Menou, les agriculteurs étaient, après le souverain, les

<small>Constitution de la propriété dans l'Inde</small>

---

[1] *Histoire philosophique.* Liv. III, chap. 64.

véritables propriétaires du sol. Aujourd'hui la constitution de la propriété et l'impôt foncier ont été réglés différemment dans les trois présidences.

Dans la présidence de Calcutta, Cornwallis, en 1786, déclara propriétaires du sol les zemindars, qui étaient les percepteurs du Grand-Mogol. Toute la propriété fut bouleversée par la simple volonté d'un gouverneur [1]. Les zemindars paient l'impôt; je conçois que ce mode, essentiellement gouvernemental, puisse sourire à quelques-uns de nos Algériens; mais pour l'appliquer en Afrique, il faudrait d'abord qu'il y eût un impôt établi de longue main, et ensuite que les Arabes consentissent à le payer à des chrétiens, chose qui, défendue par le Koran, paraît également répugner à leur sentiment de la propriété.

Dans la présidence de Madras, Munro introduisit le riot-war, d'après lequel la compagnie prélève 45 pour cent des produits de la terre, le détenteur du sol conserve 45 pour cent, et les 10 pour cent restent pour subvenir aux dépenses et aux besoins du village [2]. Je ne pense pas que nous soyons près du moment où les Arabes nous abandonneront la moitié de leurs produits.

Le système dit *de village,* qui est suivi dans la

[1] *Histoire financière de l'empire britannique.* Tom. II. Inde. — [2] *Ibid.*

présidence de Bombay, est encore plus oppressif que le riot-war; un agent se charge de payer à la compagnie l'impôt établi sur un village, et il s'en rembourse au moyen de perceptions ou plutôt d'exactions arbitraires sur les habitans. Je doute que, même avec la bastonnade, on puisse obtenir des Arabes de fortes contributions.

Les taxes foncières fournissent à la compagnie à peu près les deux tiers de ses revenus, qui se sont élevés, en 1829 et 30, à... 22,054,416 l. st. à côté d'une dépense de........ 22,862,985

Excédant de la dépense...... 808,569 ou 20 millions de francs.

La compagnie est-elle en bénéfice

L'on voit que la compagnie n'est pas toujours en bénéfice. Aussi ses deux dettes, qui étaient en 1814 de 4,682,701 l. st., s'élevaient en 1828 à 21,716,890 [1], ce qui fait une augmentation de 17,034,089 l. st. en quinze ans, soit 28 millions de fr. par an; et cependant la compagnie jouissait alors du monopole du commerce du royaume-uni avec la Chine, ce qui lui donnait le monopole du commerce du thé en Europe et de l'opium en Chine.

Mais, nous dira-t-on, si la compagnie ne fait pas de grands profits, sa puissance assure aux produits anglais d'importans débouchés dans toutes ces régions. Cet avantage est réel, mais il

---

[1] *Histoire financière.* Inde, tableau XII.

ne faut pas en exagérer l'importance. Les exportations de la Grande-Bretagne aux Indes orientales, la Chine exceptée, se sont élevées en 1830 à 4,087,311 l. st., y compris les marchandises étrangères, où nous voyons figurer les vins pour 345,995 l. st.[1], et les exportations en Chine se sont élevées à 594,886 l. st.[2]. Or, qu'est-ce que quatre ou cinq millions sur les cinq cent quatorze auxquels est évaluée la production annuelle de la Grande-Bretagne?[3]

Non, ce n'est pas pour cet avantage que la compagnie entretient dans l'Inde une armée de deux cent vingt-trois mille hommes, et une administration qui coûte 500 millions de francs;

A qui l'Inde profite-t-elle? c'est pour disposer de places lucratives en faveur d'une multitude d'agens civils et militaires. C'est bien aussi ce que voudraient les partisans d'Alger; mais ce malheureux pays est rebelle à l'impôt; les Arabes n'ont pas la docilité et la soumission des Indiens.

Au reste, dans tout ce que nous venons de rapporter sur l'état de l'Inde, l'on ne peut trouver trace de colonie ni de colonisation.

L'Inde est un État occupé militairement; les travailleurs sont exploités au moyen de la force; aussi toutes les combinaisons de la compagnie et

[1] *Documens commerciaux.* P. 198.
[2] *Ibid.* P. 217.
[3] *Histoire financière.* Tom. II, p. 90.

du gouvernement tendent à obtenir une organisation militaire qui puisse maintenir l'état de choses actuel; il faut satisfaire à l'exigence des officiers anglais, qui ont tous les hauts grades dans l'armée indigène; il faut ne pas décourager les troupes du pays, et cependant ne pas leur donner une organisation qui leur révèle leur force. Le colonel Malcolm, dans son excellent ouvrage sur l'Inde, apprécie ces difficultés d'une manière remarquable, et nous ne devons pas être tentés de faire les mêmes essais dans un pays où il n'y a ni soldats faciles à façonner ni travailleurs à exploiter [1].

§ IV. *Les États-Unis et Alger.*

Si l'on nous accorde que l'Algérie ne peut être façonnée à l'image de l'Inde, on nous transporte aux États-Unis, et l'on nous dit : voilà notre destinée future. C'est bien; examinons encore.

Voici le tableau que donne Volney de l'Amérique du nord. « Une forêt continentale presque universelle, cinq grands lacs au nord; à l'ouest, de vastes prairies; dans le centre, une chaîne de montagnes versant à l'est et à l'ouest des fleuves d'un cours plus long, d'un lit plus large, d'un

Tableau du sol des deux pays.

[1] *History of India,* Tom. II. *Army and native troops of India.*

volume d'eau plus considérable que dans notre Europe [1]. »

En regard de ce tableau quel est celui que nous fait, de la régence, le rapport de la commission d'Afrique? « Là, point de forêts, si ce n'est peut-être sur les flancs de l'Atlas, où nous n'avôns point pénétré. Point de fleuves, seulement des rivières, tantôt gonflées par des pluies d'hiver, tantôt desséchées par les ardeurs de l'été, en tout temps impraticables à la navigation [2]. »

Balby ne nous en présente pas une peinture plus flatteuse. « A l'exception du versant boréal de l'Atlas, peu de pays au monde offrent une plus grande aridité et moins de fleuves que toute la région du Maghreb, qui s'étend de la région du Nil à l'Océan-Atlantique. »

Tandis que la colonisation dans l'Amérique du nord trouvait pour principal obstacle la végétation séculaire des anciennes forêts, tandis que l'Européen, pour prendre possession du sol occupé par quelques peuplades de chasseurs, était obligé de porter l'incendie dans leurs vivantes demeures; à Alger, le consommateur de bois, je ne dis pas le colon, car le colon ne consomme pas plus qu'il ne produit; mais le consommateur qui est l'armée principalement, est obligé de faire venir le sien de l'étranger. L'état de douane nous

[1] *Volney.* T. VII, p. 11.
[2] *Rapport de la commission d'Afrique.* P. 400.

apprend qu'en 1835 il en est entré pour 463,252 f., sans compter la houille qui entrait pour la plus grande partie d'une somme de 235,974 fr., comprenant les fossiles[1].

Mais que l'on ne croie pas que ce résultat soit dû à la guerre; non, c'est l'état du pays. Shaler, qui a exercé très long-temps les fonctions de consul des États-Unis à Alger, dit : « D'anciens écrivains nous représentent cette partie de l'Afrique comme dégarnie de forêts; rien n'y est changé aujourd'hui[2]. »

Sous le rapport de la navigation intérieure, l'Amérique est le pays le plus admirablement favorisé par la nature. Au nord, le Saint-Laurent et les cinq grands lacs; au centre, la baie de Chesapeak, alimentée par trois fleuves navigables, et dans laquelle tous les vaisseaux de l'univers seraient en sûreté; et enfin l'immense Mississipi qui, par ses cinquante-sept grands affluens, porte la vie dans le cœur du continent, unit le sud au nord, et établit les plus admirables communications.

La régence, barrée parallèlement à la mer par le grand et le petit Atlas, n'a pas une seule rivière navigable. Le Chellif seul peut porter quelques barques à quelque distance de son embouchure.

[1] *Documens statistiques de la guerre*. 1834.
[2] *Esquisses de l'état d'Alger*. P. 13.

Pendant l'été nos soldats, *souvent* ne trouvent dans ces rivières desséchées qu'une eau bourbeuse pour étancher leur soif.

Dans la campagne de Mascara, faite *cependant* en décembre, chaque jour fut marqué par des privations cruelles.

<small>Les États-Unis pays neuf, et Alger pays épuisé.</small>

Il y a véritablement aberration à comparer un pays neuf à un pays épuisé. Les personnes qui espèrent trouver sur la côte d'Afrique la richesse de végétation des États-Unis, ne savent probablement pas que les plantes, non plus que les êtres animés, ne se nourrissent pas de terre; il faut qu'elles y trouvent leur nourriture, qui est toute de matière animale ou végétale, comme la nourriture des animaux eux-mêmes; que si l'on entreprend la culture dans un pays comme l'Amérique du nord, où l'industrie humaine n'a pas exploité la richesse accumulée pendant des siècles, des détritus végétaux et animaux, l'on est certain de réussir jusqu'au jour où l'on aura épuisé ces richesses; mais si l'on arrive dans un pays à une époque où ces richesses ont été dévorées (comme elles l'ont été en Afrique) par une culture non réparatrice, l'on n'obtiendra que les misérables récoltes que l'on voit dans l'Algérie et dans les parties du monde soumises depuis long-temps à une culture de céréales non suffisamment soutenue par l'entretien d'un bétail fécondant.

Toutes les parties du monde explorées par les

hommes ont été traitées de même. Ils ne se sont avisés de donner à la terre, que lorsque la terre ne pouvait plus leur donner. L'on en est aujourd'hui en Europe à cette phase de culture. Quelques parties très rares, comme la Flandre, sont avancées dans cette voie; et partout, même en Algérie, on peut, avec beaucoup de dépenses, passer de la culture dévoratrice à la culture réparatrice; mais jusque là, les céréales ne rendront que quatre à cinq pour un, comme elles produisent en Algérie[1]; ou six et huit pour un, comme on obtient en moyenne en France et en Angleterre, tandis que dans les endroits bien cultivés de ces deux pays, la récolte s'élève à douze, quinze et même vingt pour un.

Les États-Unis, par les défrichemens, consomment une partie de leur capital. Lorsqu'ils auront réduit le sol à l'état de celui d'Alger ou du centre de la France, ils seront obligés, ou d'abandonner la culture des terres épuisées, ou d'avoir recours à la culture réparatrice, ou bien leurs récoltes baisseront à quatre, six ou huit pour un.

Que l'on ne vienne donc pas continuellement arguer de la fertilité passée de l'Afrique. En l'admettant pour réelle, on répondra toujours : si elle a beaucoup donné, on ne lui a jamais rendu, et

---

[1] *Procès-verbal de la commission d'Afrique.* P. 92.

elle est épuisée. Sans doute, sur quelques points, des circonstances particulières feront exception à cette loi générale, et l'on nous citera quelque belle végétation, mais nous ne parlons ici que de l'état général du pays.

Se propose-t-on de détruire les Arabes comme on a détruit les Indiens ?

Enfin, à force de temps et de dépenses, l'on pourrait, je le sais, arriver à des améliorations en fait de production agricole, mais un obstacle plus grave s'oppose à la colonisation, et ici je comprends encore moins la comparaison que l'on veut établir entre les deux pays. Les colonistes, en nous proposant d'imiter en Algérie ce que les Européens ont fait dans l'Amérique du nord, réservent aux Arabes le sort qu'on éprouvé les Indiens. Voici comment le dépeint l'un de nos publicistes les plus éclairés : « Les implacables préjugés des premiers habitans de l'Amérique du nord, leurs passions indomptées, leurs vices, et plus encore peut-être leurs sauvages vertus, les livraient à une destruction inévitable. La ruine de ces peuples a commencé le jour où les Européens ont abordé sur leurs rivages ; elle a toujours continué depuis, elle achève de s'opérer de nos jours [1]. » Il y a bientôt trois cents ans que les Européens poursuivent cette œuvre de destruction ; les Français et les Anglais d'abord, et le gouvernement des États-Unis en-

---

[1] *De la démocratie en Amérique*, par M. de Tocqueville. T. I, p. 14.

suite, ont successivement exterminé ou refoulé toutes les peuplades qui pouvaient leur faire obstacle ; aujourd'hui même se poursuit une guerre de mort dans le sud des États-Unis. La dernière heure est marquée pour les Creeks et les Indiens des Florides. Mais l'agonie de ces peuples est pénible pour leurs exterminateurs. « Les Indiens pillent, tuent et dévastent tout, leur nombre s'est élevé presque subitement à quatre mille combattans [1]. » « Cette guerre a été l'objet d'un rapport au congrès, et le 29 janvier il a été accordé 500,000 dollars sur le trésor public, pour protéger les émigrans vers la Nouvelle-Rivière [2]. » Mais la protection des émigrans, en tout pays, a été l'extermination des indigènes. Voici dans quels termes le *Courrier des États-Unis* du 8 octobre fait connaître le but de la nouvelle expédition du général Call dans la Floride orientale : « Pour arriver à la conquête de la Floride, et en chasser les malheureux Indiens, il faudrait une armée permanente qui s'échelonnerait de distance à distance, en travers de la presqu'île, et s'avancerait en établissant des blockhaus, et en chassant les Indiens devant elle, jusqu'à l'extrémité de la presqu'île, où ils seraient forcés de se rendre à discrétion [3]. »

---

[1] *Journal du Hâvre* du 3 mars 1836.
[2] *Journal des Débats* du 28 février 1836.
[3] *Moniteur* du 7 novembre 1836.

N'est-ce pas là le moyen que nous avons entendu invoquer nombre de fois à la tribune, pour implanter les colons sur le sol arabe? C'est pour soutenir ce système que l'on nous demande incessamment hommes et millions; mais non pas deux ou trois mille hommes et deux ou trois millions comme pour la guerre des Florides, mais bien une armée permanente de trente mille hommes, et des subsides de trente millions, et nous avons à peine commencé la grande œuvre. Rien ne manque à la comparaison; le même journal parle de « la prudente mesure d'enrôler les Indiens, et de les armer les uns contre les autres. » Telle est aussi la profonde et morale politique que nous suivons en Afrique.

Et cependant s'il fut un pays où une nouvelle population pût s'établir auprès d'une ancienne, ce fut certes l'Amérique du nord qui offrait de si vastes espaces, occupés par un aussi petit nombre d'individus. S'il fut jamais des émigrans capables de quelques sentimens généreux envers les hommes dont ils venaient occuper le pays, ce furent certes les Anglais qui quittaient leur patrie, non pour échapper à la misère, mais pour conserver la liberté, qui apportaient sur ces lointains rivages de véritables sentimens religieux, et non cette soif de l'or qui altère les colons de tous les pays. Ils achetaient, et le gouvernement actuel essaie encore d'acheter les pays nouveaux que les

Européens veulent habiter; malgré toutes ces circonstances favorables, la nature des choses l'a emporté, et toutes les meilleures intentions se sont résolues en refoulement ou extermination des indigènes : l'occupation de tout pays par une population nouvelle aura ce résultat inévitable; l'on ne peut citer un exemple contraire. Ainsi, en Algérie, il faut refouler ou exterminer la population arabe.

Mais cette œuvre n'est pas facile. Nous en examinerons au chap. VI la moralité et la possibilité.

§. V. *L'Égypte et Alger.*

Je ne sais si les Algériens, en invoquant successivement l'exemple de toutes les parties du globe, sont entraînés par un excès d'admiration pour leur conquête, ou si, comme le malheureux qui se noie, ils cherchent seulement une branche de salut. Mais enfin ils ont parlé de l'Égypte; et ici, comme toujours, ils se gardent de rien préciser. Dans la discussion, nous sommes donc obligé de subvenir à leur prudent laconisme, et de rechercher quelle analogie il peut y avoir entre la vallée du Nil et la région du Maghreb, que Balbi décrit ainsi : « A l'exception du versant boréal de l'Atlas, peu de pays au monde offrent une plus grande aridité et moins de fleuves¹.»

---

¹ *Adrien Balbi.* 1834. P. 876.

Cause de la fertilité de l'Égypte. Ce n'est pas arbitrairement sans doute que la civilisation, dès les premiers âges du monde, a planté ses drapeaux sur le riche empire des Pharaons et des Ptolémées. Ce pays, unique dans la nature, doit toute sa splendeur au fleuve qui en est pour ainsi dire la vie. Chaque année ses eaux bienfaisantes déposent sur le sol d'Égypte tous les détritus animaux et végétaux entraînés dans son cours par les pluies périodiques de la Nubie, de l'Abyssinie et des régions intertropicales. Chaque année la crue du Nil rend aux terres la fécondité que la récolte leur a enlevée, et ainsi s'opère naturellement la culture réparatrice dont nous avons parlé plus haut. En Égypte, cultiver c'est arroser; mais dans l'Algérie aucun fleuve bienfaisant n'y charrie une richesse étrangère. Ces détails seront bien vulgaires sans doute pour les esprits poétiques qui rêvent la colonisation algérienne. Mais s'il est permis, dans les romans, de faire voyager ses héros sans boire ni manger, l'on est obligé lorsque l'on se fait colonisateur, c'est-à-dire cultivateur, de se plier aux exigences d'une nature trop prosaïque, et de fournir à la terre les alimens sans lesquels elle demeure dans une classique stérilité.

Populations des deux contrées. Si le sol égyptien est prodigue, la population qui y est attachée, faible et chétive, n'a jamais su opposer de résistance aux dominateurs divers qui tour à tour ont passé par l'Égypte. Les Arabes, les Turcs, les Français, Méhémed-Ali, ont tous trouvé le Fellah malléable comme le limon du Nil. Sa position actuelle en offre une preuve nouvelle. « Réduit au rôle d'instrument passif, le Fellah ne conserva plus aucun droit sur la récolte du champ qu'il cultivait ; elle appartint tout entière au vice-roi, qui seul put en disposer et l'acheter au prix qu'il lui convint de fixer. Dès ce moment enfin, Méhémed-Ali se déclara possesseur absolu et sans réserve du sol et des productions de l'Égypte, et la vie entière de ce pays fut concentrée dans sa personne [1]. » Je ne pense pas qu'aucun gouverneur d'Alger, quelque illusion qu'il puisse se faire de son influence sur les Arabes, ait entrevu chez ces hommes quelque apparence du caractère du Fellah. Les impôts, qui étaient en 1799 de 35 millions de livres, se sont élevés à 48 en 1822, et en 1833 ils sont portés à 63, sans compter les bénéfices que fait le vice-roi sur la vente des marchandises, soit au-dedans, soit au-dehors [2]. De sorte que d'autres auteurs estiment à 100 millions les revenus de Méhémed pour l'Égypte et l'Arabie [3]. C'est donc avec le produit du travail de deux millions de Fellahs que Méhémed-

[1] *Égypte et Turquie*, par MM. de Cadalvene et de Breuvery, 1836. T. I, p. 171.

[2] *Coup d'œil sur l'état présent de l'Égypte*, par M. Jomard, 1836. P. 6 et suivantes.

[3] *Égypte et Turquie*. T. 1, p. 28.

Ali a pu faire l'expédition de Morée, de Candie, de Nubie, d'Arabie, et enfin porter la guerre dans l'Asie mineure. Je ne sais quand les Arabes de la régence consentiront à travailler pour nous ; en attendant, nous nous estimons heureux quand ils veulent bien nous vendre leurs denrées à des prix deux ou trois fois plus élevés qu'elles ne l'étaient sous l'empire du dey. Quant au revenu de l'Algérie, jusqu'à présent, nous y perdons annuellement environ 40 millions. Méhémed-Ali a successivement abattu les mamlouks, les beys, les ulemas, les multesims ; cette œuvre révolutionnaire plus tard portera ses fruits et profitera au peuple fellah. S'il en est ainsi, l'histoire comprendra le despotisme de Méhémed. Mais aujourd'hui cette malheureuse population succombe au travail et à la misère. « Sur près de trois millions de Fellahs que l'Égypte comptait lors de l'invasion française, il en reste à peine aujourd'hui deux millions [1]. » Ici seulement l'on peut reconnaître quelque analogie avec le résultat de notre intervention dans les affaires d'Afrique ; nous constaterons plus tard la dépopulation qui affecte certains points de la régence que nous occupons.

Position géographique des deux contrées.

Mais, ce qui à toutes les époques avait attiré l'attention des peuples sur l'Égypte, était la com-

---

[1] *Égypte et Turquie.* T. I, p. 171.

munication qu'elle offrait à l'Europe pour son commerce avec l'Asie : quelques lieues séparent le Nil de la mer Rouge; et si cet immense avantage a été paralysé par le passage du cap de Bonne-Espérance, nul doute que la science ne mette bientôt en valeur cette position exceptionnelle. En vérité, en nous reportant de l'isthme de Suez en Algérie, nous sommes obligés de reconnaître dans cette dernière contrée l'impasse le plus complet que la nature ait formé. Adossée au grand désert, et limitrophe de Maroc et Tunis, tous deux baignés par la mer, elle ne peut offrir d'accès que chez elle. Nous aurons à développer cette idée lorsque nous traiterons la partie commerciale.

§. VI. *Les Colonies modernes et Alger.*

Enfin le plus grand nombre des partisans de l'Afrique veut trouver dans l'Algérie une colonie moderne, c'est-à-dire un pays qui consomme et produise au profit de la mère-patrie. C'est en vain que le régime colonial, cette féodalité des peuples modernes, croule de toutes parts et fait place à la liberté. Les Algériens n'en sollicitent pas moins un rejeton du vieil arbre. Recherchons ce qu'il fut à son jeune âge, au temps de sa prétendue vigueur, et ce qu'il est aujourd'hui.

Nous avons vu que l'intervention des Européens dans les Indes orientales n'avait pas eu pour objet la colonisation, mais bien l'exploitation commerciale de ces contrées. Nous avons vu aussi quelles avaient été les commotions qui avaient accompagné et accompagnaient encore l'établissement des Européens dans l'Amérique du nord. Mais c'est dans le golfe du Mexique et dans l'Amérique du sud que l'esprit colonial paraît dans tout son entier. C'est là que l'extermination paraît être le droit commun des émigrans.

<small>L'extermination a été la loi des Européens aux Indes occidentales.</small>

Las Cases, qui avait assisté à cette destruction de l'espèce humaine, dit : « Nous pouvons donner bon et certain compte qu'il est mort, depuis quarante ans, par les tyrannies et actions diaboliques des Espagnols, plus de douze millions de personnes, hommes, femmes et enfans, et véritablement je ne pense point être abusé, qu'il en est mort plus de quinze millions[1]. »

Robertson, sur le témoignage d'Herrera, dit : « Lorsque Colomb découvrit Hispaniola (Saint-Domingue), le nombre de ses habitans était estimé à un million ; ils furent réduits à soixante mille dans l'espace de quinze ans![2] » Las Cases ajoute qu'après quarante ans il n'en restait pas deux cents ; et en fait, pour ne parler que

---

[1] *Histoire des Indes occidentales*, traduit de l'espagnol et imprimé à Lyon, 1642.

[2] *America Book*. III, p. 196.

de la race caraïbe, elle a complétement disparu de tout le golfe du Mexique, et est remplacée aujourd'hui, quant au travail, par les noirs arrachés à l'Afrique. Le premier fait colonial est donc celui-ci : Les Européens ont détruit les indigènes de toutes les îles du golfe, et les ont remplacés par des esclaves amenés d'Afrique. Les gouvernementaux ne manqueront pas de reconnaître dans ce revirement de population la marche de la civilisation. Quant à moi, je prétends que nous ne pouvons pas suivre les mêmes procédés en Afrique.

Las Cases, en parlant des Indiens, s'exprime ainsi :

Mais les populations indigènes étaient faibles.

« Dieu créa tous ces gens fort humbles, fort patiens, très pacifiques et paisibles, sans noises et remuemens, sans querelles, sans estrifs, sans rancune ou haine, nullement désireux de vengeance; ils sont aussi fort délicats et tendres, de petite complexion, qui ne peuvent porter travail, et meurent tost de quelque maladie que ce soit [1]. »

Reconnaît-on dans ce portrait celui des Arabes?

Robertson dépeint ainsi leur manière d'être :

« L'indolence dans laquelle ils aimaient à passer leur vie était l'effet de leur faiblesse, contribuait encore à l'augmenter, et les rendait,

---

[1] *Histoire des Indes occidentales.* P. 3.

d'après leurs habitudes et leur constitution, incapables de travail. Entraînés par le désespoir, un grand nombre se donnaient la mort[1]. »

Pense-t-on que la constitution des Arabes soit semblable à celle de ces Indiens? et quant aux suicides amenés par le désespoir, sont-ce les Arabes ou nos malheureux soldats qui en fournissent les exemples?

Raynal constate ainsi les moyens guerriers de ces populations :

« Ces insulaires n'avaient pour armes que l'arc avec des flèches d'un bois dont la pointe, durcie au feu, était quelquefois garnie de pierres tranchantes ou d'arrêtes de poissons[2]. »

Les Arabes sont-ils ainsi armés? avons-nous d'autres armes qu'eux? et sont-ils inhabiles à s'en servir?

Les Espagnols entreprennent avec trois cents hommes la conquête de Cuba, et l'achèvent sans la perte d'un seul homme[3]. Cortès fait avec six cent dix-sept combattans la conquête du Mexique, fort de cinq millions d'habitans. Pizarre commence la conquête du Pérou avec cent quatre-vingt-cinq soldats, et quelques renforts la lui assurent : le Chili offre seul un peu de résistance[4]. A Alger, des

---

[1] *America Book*, III, p. 197.
[2] *Histoire philosophique*, Liv. V, chap. 5.
[3] *America Book*, III, p. 208.
[4] *Histoire philosophique*, Liv. VII.

forces analogues pourraient peut-être servir à escorter des faucheurs; avec trente mille hommes, nous ne sommes maîtres que du terrain balayé par le canon.

Les indigènes ainsi subjugués sont répartis entre leurs conquérans pour être employés aux travaux des mines, et les femmes aux travaux des champs. Cette race faible périt tout entière. Les plus énergiques se donnaient la mort [1]. En 1586 Drake constate que ceux qui subsistaient alors avaient fait vœu de ne se reproduire jamais [2]. Suppose-t-on les Arabes ainsi disposés à nous abandonner leurs bras? Il y a loin de leur courage à la résignation des Indiens.

Les indigènes ayant été détruits jusqu'au dernier dans les îles du golfe, et en grande partie sur les côtes orientales, il fallut les remplacer : à cet effet on fit choix des noirs d'Afrique. Pendant trois siècles le commerce sacrilége de l'homme et l'odieux esclavage soutinrent les exploitations coloniales de l'Amérique.

C'est au milieu de ces événemens que se développa en Europe le régime colonial que quelques uns se proposent de suivre en Algérie. Ce régime fut consacré en Angleterre en 1651 par l'acte de navigation, dont les principales dispositions régissent encore le commerce de ce pays; et en

Régime colonial.

[1] *Histoire philosophique.* Liv. VI, chap. 6.
[2] *Ibid.* Liv. VIII, chap. 40.

France, par de nombreuses ordonnances rendues pendant les dix-septième et dix-huitième siècles, et rappelées dans l'arrêt du 30 août 1784, qui fait encore la règle des transactions commerciales de la métropole et des colonies.

La métropole se charge de la défense des colonies et leur donne le monopole de la fourniture de certains produits, tels que le sucre; en compensation, elle se réserve le commerce exclusif des colonies, c'est-à-dire que ces dernières doivent tirer de la métropole les objets dont elles ont besoin, et doivent lui réserver celles de leurs productions qui lui conviennent; enfin, elles sont obligées, pour ce commerce, d'avoir recours aux vaisseaux de la mère-patrie.

Contraire à l'intérêt de la métropole et des colonies.

Ces combinaisons, qui avaient paru profondes dans le principe, et auxquelles l'on avait attribué certaines prospérités, excitèrent bientôt les plaintes des deux parties intéressées : les métropoles regrettaient les sacrifices que leur imposaient les colonies, et les colonies prétendaient que la métropole avait abusé de son pouvoir en réglant ainsi leurs relations respectives. Toutes deux, en effet, avaient raison de se plaindre, car le contrat colonial était onéreux à toutes deux.

Condamné en Angleterre.

En Angleterre, l'un des hommes les plus éminens en savoir commercial, un membre du ministère actuel, établit que les colonies anglaises coûtent à la métropole environ 5 millions sterling (125 millions de fr.[1]); et les planteurs anglais, de leur côté, ont établi que le monopole forcé de la métropole impose à leur production de sucre un surenchérissement de 5 schill. 6 d. par cwt, ou 14 fr. 40 c. par 100 kil.[2]. La vérité se fait jour, et un principe nouveau préside à la promulgation des lois coloniales de 1822 et de 1825. Si une modification timide en ressort en pratique, les discours dont lord Goderich et M. Huskisson ont accompagné la présentation de ces lois ont établi l'utilité de la liberté commerciale, et la nécessité de mettre un terme au vieux monopole colonial[3].

En France, si nous ne sommes pas aussi avancés, nous marchons au moins dans la même voie. Dès 1829, l'enquête sur les sucres constate les plaintes unanimes des commerçans du Havre, de Nantes, de Bordeaux, de Paris, concernant le régime colonial. Suivant eux, la suppression du monopole de la mère-patrie vis-à-vis des colonies ne compromettrait en aucune manière nos exportations, et contribuerait au contraire à les étendre[4].

Attaqué en France par la métropole.

---

[1] *Réforme financière*, par sir Henry Parnell, 4ᵉ édition, 1832. P. 205.
[2] *Colonies à sucre*, par M. Rodet. P. 19.
[3] *Réforme financière*. P. 207.
[4] *Enquête sur les sucres*. P. 258, 259, 260, 261.

La métropole se plaint de ce que les colonies lui coûtent :

20,000,000, évaluation faite en 1829 par la commission d'enquête sur les sucres[1], de l'augmentation des prix du sucre colonial consommé en France, par suite de la surtaxe sur les sucres étrangers.

6,621,600 pour l'entretien aux colonies de sept mille douze hommes fournis par la France. (Budget 1838.)

1,000,000 pour subvention au service intérieur des colonies.

Et il conviendrait encore d'ajouter les dépenses extraordinaires de toute nature que les colonies occasionnent tous les ans, et la dépense de la partie de la force navale affectée spécialement à leur service.

De leur côté, les colonies se plaignent avec raison du monopole de commerce et de navigation que la métropole exerce contre elles; elles évaluent le préjudice résultant pour elles de cet état de choses à 12 millions[2], et nous pensons qu'il est plus considérable encore par toutes les entraves qui ne peuvent être appréciées. Elles sont prêtes à rompre le contrat commercial avec la métropole; elles réclament, et avec toute raison,

---

[1] *Enquête sur les sucres*. P. 264.

[2] *Lettre au Journal des Débats*, par M. le baron de Cools, délégué de la Martinique, du 26 janvier 1836, et *Colonies à sucre*, par M. Rodet, 1826. P. 23.

une juste réciprocité aujourd'hui que la fabrication du sucre de betteraves change le contrat, et par conséquent leur position.

Les délégués ont ainsi formulé le vœu des colonies; dans leur lettre du 4 janvier 1836, aux ministres du commerce, des finances et des colonies, ils en ont bien apprécié le véritable intérêt. Ils entrevoient pour elles l'ère de prospérité dans laquelle la liberté a fait entrer Cuba depuis son affranchissement en 1805 [1].

Tout le monde est donc d'accord sur la nécessité de la rupture du lien colonial, également lourd pour les colonies et la métropole; et c'est dans cette circonstance, c'est en face de cette expérience, qu'on vient, avec aussi peu de réflexion, nous proposer de contracter une union analogue!

Le rétablira-t-on à Alger?

§. VII. *Alger colonie pénale.*

Des personnes bien intentionnées, mais qui n'avaient pas suffisamment médité les conseils qu'elles donnaient, ont cru trouver dans Alger un débouché pour la population malfaisante de la France; d'autres ont cru pouvoir y établir une colonie pénale. Ces deux idées, confondues dans

---

[1] *Voir* la notice de M. de Humboldt sur Cuba, et *Essai de statistique sur les colonies européennes des tropiques*, par M. de Montveran, 1833. P. 60.

beaucoup d'esprits, doivent être séparées dans leur examen, car elles ont peu de rapport.

Alger peut-il occuper la population turbulente de France ?

La première idée n'est pas acceptable. Peut-on concevoir qu'il soit possible de maintenir dans un pays où notre action est aussi faible, une population de nature indomptable, que nous n'aurons pas pu maîtriser en France, avec tous nos moyens de gouvernement et de police? Nous avons en Afrique assez à démêler avec les Arabes, sans embarrasser encore notre position de la direction de la partie de la population de France la plus rebelle aux lois et aux bons exemples. Si elle n'a pas pu soumettre l'emploi de ses facultés au centre de notre activité agricole et industrielle, que peut-on attendre d'elle dans un pays où tout est difficulté, où la première condition de réussite est la prudence et la persévérance? certes, pas un gouverneur ne voudrait se charger d'une pareille entreprise. Cette idée faisait frissonner M. Genty de Bussy, intendant civil : « Ce n'est pas la première fois, s'écrie-t-il avec douleur, qu'on a fait à l'Afrique l'injure gratuite de la prendre pour l'égout de la France. Nous subissons déjà bien assez de ceux que l'action des tribunaux n'atteint pas, et il serait beau vraiment de montrer à la barbarie un semblable échantillon de notre civilisation [1] ».

[1] *Établissement des Français dans la régence d'Alger.* T. I, p. 270.

Quant à l'établissement en Afrique d'une colonie pénale légale, il n'y a que l'exemple de Botany-Bay qui ait pu faire naître une pareille idée. Mais si dans cette colonie, malgré son éloignement d'autres terres, les *convicts* dans un isolement complet, dans un dénûment presque absolu, ont souvent tenté et ont parfois réussi à rompre leur ban en s'abandonnant dans une frêle embarcation sur des mers inconnues; s'ils ont préféré se perdre dans les forêts de cet immense continent; si enfin ils ont pu faire la guerre à la colonie, faisant souvent cause commune avec les naturels; quels seraient donc à Alger les moyens de contenir les condamnés? {Y créera-t-on une colonie pénale?}

Chaque jour ils auraient un nouveau moyen de s'évader; chaque jour les rangs de nos ennemis seraient ouverts aux traîtres, et chaque jour nous aurions de nouveaux ennemis à combattre.

Mais en dehors même de ces difficultés locales, nous ne pourrions admettre le système des colonies pénales, ni sous le rapport de la déportation considérée comme peine, ni sous le rapport colonial.

Contrairement à l'opinion le plus généralement répandue, les publicistes et les criminalistes se réunissent pour réprouver la déportation comme peine : MM. de Barbé-Marbois, Rossi, Jérémie Bentham, Alhoy, Charles Lucas, Faustin Hélie, Chauveau, de Beaumont, de Tocqueville et de la {Colonies réprouvées comme moyen pénitentiaire.}

Pilorgerie, en ont développé l'inefficacité et les vices. Suivant ces publicistes, elle n'est pas exemplaire, elle ne réforme pas le coupable; souvent elle se présente à l'esprit de bien des malheureux, comme un avantage dont ils ne peuvent profiter que par un délit ; ainsi la loi, au lieu de contrebalancer la tentation, ajoute dans bien des cas à sa force. La déportation est inapplicable en temps de guerre, et très dispendieuse en tout temps. Elle n'ôte pas au condamné le pouvoir de nuire. Enfin, une colonie pénale ne peut être entretenue avec les seuls condamnés, la proportion des femmes n'étant que de douze à seize sur cent accusés. Dans un ouvrage spécial sur les colonies pénitentiaires [1], M. de la Pilorgerie justifie ces diverses opinions par l'exemple de Botany-Bay. L'enquête ordonnée en 1831, à ce sujet, par le parlement anglais, présente des résultats qui démontrent l'inefficacité du système.

Mauvais résultat de Botany-Bay comme colonie.

Sous le rapport colonial, l'exemple de Botany-Bay est peu favorable. Quant à la population, depuis la fondation de la colonie pénale en 1787, jusqu'en 1820, époque à laquelle la colonie commença à recevoir un certain nombre d'émigrans libres, celui des *convicts* transportés d'Angleterre en Australie fut de 22,217 individus mâles, et de 3661 femmes. Le nombre des émigrans libres avait été de 1317 :

[1] *Histoire de Botany-Bay*, par M. de la Pilorgerie. 1836.

Total des personnes importées. . . . 27,195
La population à cette époque était de 23,949 les enfans compris;
elle avait donc perdu. 3,246

Et cependant le gouvernement anglais avait fait les plus grands sacrifices pour ces établissemens, qui étaient entourés de faveur à cause de l'utilité qu'on en attendait. Les gouverneurs, gens d'énergie et dévoués, avaient grandement rempli leur mission; et cependant il fallait avouer qu'après trente années d'efforts et de souffrances, cette société ne pouvait pas même se sustenter avec les fruits de son travail [1]. Telles avaient été les difficultés intérieures et extérieures que la colonie avait eu à combattre.

Si l'on considère l'Australie dans son état actuel, il ne faut pas y voir la colonie pénale pure. Son état est grandement modifié par les émigrations de gens libres qui sont venus s'y fixer depuis 1820, à l'aide des encouragemens du gouvernement. Voici comment les apprécie l'auteur d'*England and America* : « Quant aux colonies pénales de l'Australie, on ne doit y voir que des sociétés tout-à-fait artificielles, créées et maintenues moyennant le produit des impôts payés par la nation anglaise. Des colons non déportés y sont établis; le gouvernement anglais les approvisionne

---

[1] *Histoire de Botany-Bay*, par M. de la Silorgerie. P. 228.

d'esclaves qui ne leur coûtent que les frais d'entretien. Ces esclaves, forcés au travail combiné, produisent plus qu'ils ne consomment; mais de quelle utilité serait ce surplus, sans un marché où l'on puisse l'échanger ? Ce marché, le gouvernement anglais a pris soin de le créer au profit des fermiers de la nouvelle Galles du Sud, en maintenant un établissement civil et militaire qui lui coûte 300,000 l. sterling (7,500,000 francs) chaque année. Ainsi, le gouvernement local paie le surplus du produit des colons, soit avec des billets du trésor, soit en espèces venues d'Europe. Avec cet argent ou le montant de ces billets, les planteurs se procurent divers objets de nécessité ou de luxe, tels que des produits des manufactures anglaises, des vins de France et d'Espagne, etc. Ainsi le gouvernement fournit d'abord du travail aux colons, et puis se rend acquéreur de leur surplus avec des valeurs échangeables.»

Cette profonde combinaison est de nature à séduire le colon de la côte d'Afrique. La traite des blancs lui conviendrait tout aussi bien que la traite des noirs convient au colon des Antilles. Mais je ne pense pas qu'au moment où nous sommes nécessairement amenés à détruire celle-ci, nous soyons disposés à en créer une plus odieuse s'il est possible.

CHAPITRE VI.

DIFFICULTÉS DE LA COLONISATION DE L'ANCIENNE RÉGENCE.

§. Ier. *Occupation du sol.*

Après avoir ainsi passé en revue les faits coloniaux de tous les temps et de tous les pays; après avoir établi quelles sont les difficultés ressortant du génie des Français, quelles sont celles qui découlent du gouvernement représentatif, nous devons aborder celles qui sont particulières à la régence et à ses habitans.

Pour coloniser, il faut des colons, ou, si l'on veut, des cultivateurs, qui seront indigènes ou étrangers. Nous avons vu, dans les chapitres précédens, que le travail par cultivateurs indigènes fait au profit d'une aristocratie coloniale étrangère n'avait eu lieu que dans l'Inde anglaise, et au moyen, d'un côté, de la proscription des nationaux anglais (mesure que ne réclament pas les colons d'Alger), et de l'autre, de l'asservissement d'une race abrutie, à laquelle personne, je pense, ne compare la population arabe.

<small>Les colons seront indigènes ou étrangers</small>

Arabes changent pas s habitudes.

Cette population, depuis six ans, a prouvé, par une résistance énergique, par tous les genres de sacrifices, combien elle mettait de prix à son indépendance. « Les Arabes ne peuvent voir en nous que des usurpateurs; malgré la similitude de mœurs, de religion et de langage, les Arabes ne peuvent vivre en paix avec le gouvernement égyptien, et leur vie entière se passe en incursions et en combats. Croyez-vous qu'ils supportent votre présence avec plus de résignation, vous qui venez pour les dépouiller?[1] » « Les Arabes sont encore ce qu'ils étaient au temps d'Abraham; jamais ils ne prendront vos mœurs ni vos besoins nés du climat rigoureux de l'Europe[2]. » « Cette population n'a pas changé, nous ne la modifierons jamais; les traités avec elle ne seront que le repos après la guerre, jamais la paix[3]. » Voici comment s'exprime le général Brossard, qui a constamment résidé dans la régence depuis la conquête : « Peuple guerrier, toujours en armes, les Arabes seront ennemis s'ils ne sont soumis ou alliés; et comme avec eux il faut toujours être en garde, que donner quelque chose à la confiance serait folie, il faut les éloigner, les tuer ou

---

[1] *Procès-verbal de la commission d'Afrique.* P. 225.

[2] *Rapport de la commission d'Afrique.* P. 399.

[3] *Procès-verbaux de la commission envoyée en Afrique.* P. 48.

les dominer [1]. » M. le capitaine Peyronny a pris, par ses relations avec eux, une conviction pareille; il n'en espère pas plus que M. le général Brossard; il pense qu'il faut faire un exemple sur Abd-el-kader. « C'est à ce prix qu'il faut mettre le pardon des tribus qui ont marché sous ses ordres: Sans cela on doit les battre, les désarmer, ne pas tuer pour le plaisir d'égorger, mais faire prisonnier tout ce qui est valide, l'envoyer dans nos bagnes en France, et partager les femmes et les enfans aux tribus qui sauront respecter nos arrêts. Ces moyens paraîtront terribles, sans doute; et quelques philanthropes qui ont tant protesté du coin de leur feu, ou quelques écrivains qui se sont élevés si souvent contre l'exposition des têtes, pourront bien encore crier à l'horreur, au scandale; mais quand ils voudront voir les Arabes d'un œil juste et de près, ils pourront se convaincre que c'est l'humanité même qui commande de semblables rigueurs [2]. »

Ces citations d'opinions d'hommes éclairés, et qui ont vécu avec les Arabes, suffiront, je pense, pour nous faire renoncer à trouver dans cette population des auxiliaires pour la colonisation. Les Kabaïles sont encore plus intraitables; et nous

---

[1] *Moyens d'assurer la sûreté du territoire de la colonie d'Alger*. 1833, par le général Brossard. P. 7.

[2] *Considérations politiques sur la colonie d'Alger*. 1836. P. 65.

avons vu, par ce que nous avons dit des Maures et des juifs, qu'ils sont absolument nuls pour l'œuvre de la terre.

Ne pouvant employer les indigènes, nous sommes obligés d'avoir recours à des cultivateurs étrangers, ainsi qu'il est arrivé aux îles Banda, dans tout l'archipel des Antilles et du Mexique, et dans l'Amérique du nord. De là résulte la nécessité de l'extermination de toute la population algérienne, à l'exemple de l'extermination complète des habitans de ces îles, ou tout au moins l'extermination partielle et le refoulement complet de la même population, comme il a été pratiqué sur les Indiens par les Anglais et le gouvernement des États-Unis.

Il faut donc le dire, c'est l'extermination que l'on veut; et que l'on ne se récrie pas encore : que l'on veuille suivre avec patience les raisonnemens et les faits, et l'on verra que nous sommes déjà entrés dans ce système plus avant qu'on ne le pense.

Le gouvernement a lui-même ouvert la discussion sur cette mesure, en consignant les paroles qui suivent dans les instructions pour la commission d'Afrique, au chapitre relatif aux moyens à employer pour s'assurer de la possession de la régence. « Le système de l'expulsion violente des indigènes, de l'occupation pure et simple du territoire, de la substitution actuelle, immédiate, d'une population européenne à celle qui existe, a été sérieusement proposé : la commission pourra se rendre compte jusqu'à quel point il serait praticable, et si, en admettant que la civilisation de nos jours pût consentir à procéder ainsi, la soumission de la régence, par un gouvernement qui avouerait ce système, n'exigerait pas un déploiement de force et une profusion de dépenses hors de proportion avec le résultat non moins qu'avec les moyens qu'il conviendrait à la France d'y consacrer [1]. »

M. le maréchal Clausel avait, en 1833, posé cette question à M. Desfontaines, qui avait fait en Afrique un voyage en 1784 :

« Le caractère des habitans vous semble-t-il tel qu'aucun rapprochement ultérieur ne soit possible entre eux et les colons, et qu'il faille de toute nécessité les détruire pour occuper le sol ? [2] »

M. Desfontaines répond que *cette question est embarrassante pour lui.* En effet, cet excellent homme, dont nous nous rappelons tous les si douces leçons, était allé en Afrique étudier la flore du pays.

Je ne me donnerai pas auprès des colonistes le ridicule d'invoquer ici des sentimens d'équité, de morale et d'humanité ; ils m'auraient bientôt fou-

---

[1] *Instructions pour la commission envoyée en Afrique.* P. 3.

[2] *Nouvelles observations* de M. le maréchal Clausel. P. 38.

droyé par ce terrible anathème : Vous n'êtes pas gouvernemental! Je veux seulement examiner quels seront les sacrifices en hommes et en argent que nous demanderont les spéculateurs pour détruire à leur profit les habitans de la régence.

Position du conquérant vis-à-vis du peuple conquis.

Des conquérans soumettent un peuple; ils lui donnent des lois, s'ils sont capables de le faire : s'ils ne le sont pas, leur volonté en tient lieu. Dans les deux cas, ils deviennent les gouvernans; et, si les nouveaux gouvernans sont plus capables que ceux que le peuple conquis aurait pu tirer de son sein, loin d'y avoir perdu, son avenir y aura gagné. Tel est le fait constaté par l'histoire de tous les pays, à une certaine époque de leur existence. A une époque plus avancée de civilisation, les vainqueurs trouvent, dans le peuple vaincu, des élémens de gouvernement qui répondent aux idées qu'ils veulent imposer, et alors, après avoir, par le pays lui-même, établi un nouvel ordre de choses, ils se retirent : c'est ce que nous voyons de nos jours en Europe.

Mais, dans les deux cas, les conquérans ou les vainqueurs ont grand soin de rassurer les intérêts particuliers : de là, ces proclamations qui doivent les garantir; ces promesses plus ou moins tenues. Le peuple conquis ou vaincu a perdu sa puissance politique, sa puissance collective; mais il se soumet : sa vie matérielle n'a pas été atteinte. Le nouveau gouvernement est quelquefois préférable à l'ancien. En appliquant ces réflexions à Alger, les Turcs étaient les gouvernans; ils avaient la direction des affaires politiques, et ils maintenaient, tant bien que mal, l'ordre intérieur. Les populations indigènes avaient conservé leurs mœurs et leur action individuelle. Les huit mille Turcs gouvernans, en un mot, n'avaient touché qu'au gouvernement, et avaient respecté la propriété; ils n'avaient pas proclamé, comme nous, la colonisation, c'est-à-dire qu'ils n'avaient pas menacé les indigènes de la dépossession du sol qu'ils cultivaient; et, pour mettre cette malencontreuse idée à exécution, ils n'avaient pas fait venir de l'Asie-Mineure les cultivateurs qui n'avaient pas su cultiver chez eux; ils n'avaient pas fait venir de Smyrne ou de Constantinople les citadins qui n'avaient jamais vu un champ; ils n'avaient pas conjuré une nuée de spéculateurs, qui, au moyen de la terreur inspirée par leur puissance, auraient acheté, en masse et sans le connaître, le pays des indigènes, dans cette louable intention de le revendre en détail et avec bénéfice, toujours sous l'influence de leur protection.

Les Turcs avaient compris que de telles pensées auraient soulevé les indigènes; ils avaient compris toute la force des idées de propriété, et ils n'avaient pas voulu se mettre en lutte contre ce principe palpitant de la vie des individus et des nations.

Pour nous, nous avons compris le contraire, et c'est pour cela que nous sommes condamnés à l'extermination des indigènes.

Le mot refoulement déguise l'extermination.

Personne, certes, jusqu'à présent, n'a formulé, par écrit du moins, le système d'extermination des Arabes, et les esprits bienveillans ont adopté le mode de refoulement, sans chercher la valeur de ce mot et sans approfondir la question.

Ainsi, le maréchal Gérard, dans sa lettre au maréchal Clausel, du 30 octobre 1830, pense que l'on peut « transformer en une vaste colonie la plaine de la Métidja, en refoulant vers le petit Atlas les tribus insoumises [1]. » M. le maréchal Clausel pense aussi que, si elles se retirent, leur terrain nous restera, et qu'alors on vendra leurs terres ou on les abandonnera [2].

M. Laurence a dit à la Chambre que, « lorsque l'Arabe ou le Maure sentira l'impossibilité de vivre dans notre voisinage, il vendra et ira acheter plus loin [3]. »

Un membre de la Commission envoyée en Afrique, appréciant bien la position, dit : « Quant aux Arabes, il ne faut pas dire : Nous les exterminerons, parce que cela est impossible ;

---

[1] *Observations* du général Clausel. P. 13.
[2] *Nouvelles observations* du maréchal Clausel. P. 27.
[3] *Moniteur* du 2 mai 1834.

il ne faut pas dire : Nous les refoulerons ; mais, que nous le voulions ou que nous ne le voulions pas, ils reculeront devant notre occupation[1]. »

Nous prétendons, nous, que ce système de refoulement nous conduit inévitablement à l'extermination ; et je m'étonne que des personnes graves qui doivent connaître les faits d'Afrique aient pu ainsi prendre le change. Il importe de combattre une erreur qui peut être aussi dangereuse.

On s'appuie, pour soutenir ce système, sur ce qui s'est passé dans l'Amérique du nord ; mais on a déjà vu, au chap. IV, quelle comparaison l'on pouvait établir entre ces deux pays. Est-il permis à des esprits réfléchis de confondre ainsi les différentes phases de la civilisation des peuples? de comparer un peuple agricole à un peuple chasseur? Si ce dernier peut abandonner quelques parties des immenses pays qu'il parcourt, dans lesquels il ne connaît pas d'établissement fixe, et auxquels il n'est attaché par aucun résultat de son travail accumulé, en est-il ainsi du peuple agricole, qui, même à l'état nomade, est entravé dans sa marche, ne fût-ce que par ses bestiaux? Est-il bien surprenant que le chasseur américain, inquiété sur les bords de l'Atlantique, se soit replié sur le continent, dont la profon-

Le refoulement est impossible.

---

[1] *Procès-verbal.* P. 51.

deur incommensurable lui offrait les mêmes ressources que la partie qu'il abandonnait? Son fusil était son seul mobilier; il quittait des forêts et des prairies pour des forêts et des prairies; il n'avait pas changé de demeure : partout il trouvait les mêmes vertes toitures, qui ne lui étaient disputées par personne. Et, cependant, l'on sait quelles guerres acharnées ces différentes peuplades ont faites aux Européens depuis trois cents ans. Nous voyons les convulsions qui agitent aujourd'hui les Florides; et l'on ne peut prévoir la résistance de ces nations lorsque, rapprochées les unes des autres par le refoulement, elles connaîtront mieux leur force et prendront plus d'inquiétude de leur avenir.

Ce danger du rapprochement des populations indiennes est senti par tous les peuples de ces contrées. Les assemblées du Texas, en autorisant le gouvernement à négocier avec les États-Unis pour la reconnaissance de l'indépendance de cette fraction du Mexique, ou pour son incorporation dans cet État, lui demandent la garantie de n'introduire aucune population indienne dans le territoire du Texas.

Mais dans l'Algérie, vous n'avez pas affaire à des chasseurs, mais bien à une population agricole. Tout le pays est occupé. Les cultivateurs sédentaires ont leurs habitations, qu'ils ne peuvent emporter comme le chasseur son fusil. Les cultivateurs nomades ont leurs tentes et leurs troupeaux : si une tribu est refoulée, elle arrive sur le territoire d'une autre tribu qui aussi a ses tentes et ses troupeaux, et derrière ces tribus se trouvent les sables du désert, c'est-à-dire la mort pour tous les êtres animés. Les colonistes pensent-ils, eux qui sont si ardens à conquérir des terres nouvelles, que les Arabes abandonneront les leurs et se dévoueront à la mort? Pour moi, je ne le pense pas, et voici la position respective des deux parties. Les colonistes chercheront à refouler les Arabes dans le grand désert, et les Arabes chercheront à refouler les colonistes dans la Méditerranée.

Cette idée de refoulement, qui n'a pu avoir d'accès que dans des esprits peu réfléchis, a été condamnée par toute personne qui tient à laisser aux mots leur valeur. Ainsi, le général Brossard, qui depuis six ans est au milieu des populations que l'on nous propose de refouler, et qui dispose des moyens avec lesquels le prétendu refoulement devrait avoir lieu, s'exprime ainsi : « Si, pour refouler les tribus et les tenir éloignées de nos établissemens, vous les attaquez avec des forces considérables, elles fuiront devant vous, ne laissant derrière elles que la terre, l'air, le feu et l'eau. Obligés de traîner les blessés et les vivres à la suite de l'armée, sans moyens de transports auxiliaires, sans routes et sans communications établies, la faim, la soif et la maladie feront leur office; l'armée expéditionnaire reviendra à Alger, mais les Arabes avec elle. Les catastrophes des temps anciens deviendront de l'histoire moderne; les enfans de la France seront décimés, la gloire de la patrie compromise, ses trésors épuisés, et la France lassée, abandonnera l'Afrique[1]. »

Saura-t-on comprendre, par ces paroles si nettes, quelles sont les difficultés du refoulement, expression mensongère destinée à déguiser les vues d'extermination?

On est conduit à l'extermination. Quant à ce dernier système, qui voudra l'ordonner? Il est déjà flétri par tous les hommes de sens qui ont vu le pays. Voici comment M. Genty de Bussy, ancien intendant civil, apprécie le système d'extermination : « Les partisans de ce système disent qu'il n'y a rien à obtenir de fanatiques indomptés et guerriers, et que le plus sûr est de s'en défaire. Mais, inadmissible dans l'état actuel de nos sociétés, repoussé par nos mœurs, et contraire à la foi jurée, l'adopter nous mettrait au ban de l'Europe et soulèverait contre nous des flots d'indignation. Les Français d'aujourd'hui descendraient du Nord, comme jadis les Huns et les Vandales, pour procéder au massacre de quelques milliers de familles ! Non, il n'y aurait pas assez de malédictions pour nous, si

[1] *Moyens d'assurer la sécurité du territoire d'Alger.* P. 11.

nous en agissions de la sorte ; et si sur cette terre, en définitive, il n'y avait pas place pour les indigènes et pour nous, il serait plus sage de la leur laisser tout entière ; notre orgueil pourrait en souffrir, mais notre caractère en serait rehaussé ; on nous saurait gré de nos efforts, et ni le meurtre, ni le carnage n'auraient au moins souillé nos lauriers. Nous ne commenterons pas davantage un tel système, la France ne pourrait le rejeter qu'avec mépris [1]. »

Et cependant, lorsque l'on nous parle d'adopter un système *plus hardi* que celui que nous suivons, lorsque l'on met en présence *les nationalités arabe et française*, ne sommes-nous pas fondés à craindre que nous ne soyons entraînés dans le système que nous combattons ; car si la nationalité arabe ne veut pas se soumettre, il faut que la nationalité française l'anéantisse.

Nous avons à examiner quels seront, pour les deux peuples, les résultats de cette guerre de destruction.

Dans cette lutte terrible, de quel côté pense-t-on que sera la plus grande énergie, le dévouement le plus soutenu, la conscience la plus impérieuse ? Les Arabes combattront pour leur propriété, leur famille, leur religion. Leurs chefs invoqueront tour à tour leur intérêt et leur pas-

Lutte entre les deux nationalités française et arabe.

[1] *De l'établissement des Français dans la régence d'Alger*, T. I, p. 66.

sion : ils exalteront leur fanatisme. Le Koran à la main, ils leur diront : « Grands et petits, marchez à la guerre sainte : consacrez vos jours et vos richesses à la défense de la foi ; la mort sera un bonheur pour vous, et le sort le plus glorieux. » En regard, quelle sera la situation d'esprit du soldat français? Est-ce en Afrique qu'il trouvera ses affections à protéger, sa liberté à défendre? L'esprit de prosélytisme s'emparera-t-il de lui pour faire adorer la croix aux Arabes? Et lorsque la fureur de la guerre n'obscurcira pas son intelligence, ne verra-t-il pas que, dans cette guerre sacrilége, l'on prostitue son courage? sa conscience ne lui dira-t-elle pas que son ennemi combat pour sa patrie, pour sa famille, comme il combattrait lui-même si un ennemi audacieux venait dans sa patrie attaquer sa famille? Que pourront lui dire ses chefs? lui parler gloire. Oh! sans doute, ce mot magique exaltera son imagination. Faire mettre son nom dans un bulletin? Sa tête s'exaltera encore ; mais si à côté de lui, sur le même bulletin, il voit le nom de quelque bandit indigène habituellement gorgé de sang, et du sang de ses frères, il aura horreur ; son contentement d'esprit sera moindre, et souvent dans le vide de son cœur il portera envie à son ennemi. Si les difficultés morales sont contre nous, les difficultés matérielles ne sont pas moins grandes.

Nous arrivons en Afrique avec notre tempérament du nord : il nous faut une nourriture régulière et abondante; pour peu que nous nous déplacions, nous devons emporter avec nous des vivres pour la campagne. L'Arabe, habitué au climat, l'estomac fait aux privations, supporte facilement celles que lui impose la défense de ses foyers, et il trouve les ressources que la guerre n'a pas détruites. Nous avons besoin d'établir des ambulances complètes; malheur au blessé qui resterait en arrière! L'Arabe blessé rencontre partout une main secourable, car il a sacrifié sa vie pour celui qui le secourt. Nous ne pouvons marcher qu'en colonnes serrées, qui sont autant de blockhaus ambulans; malheur, si nous étions entamés! la dispersion nous est impossible. L'Arabe est fort par son individualité, et lorsqu'un corps est dispersé, il se reforme autre part. Pour faire une expédition, la France entière doit s'émouvoir, les Chambres discuter, la marine enfler ses voiles, un nouveau général doit tenter une nouvelle tactique. Le chef arabe a la confiance des siens; il leur dit : « Nous serons vaincus une fois, deux fois, trois fois; mais il est un Dieu au ciel, et nous vaincrons les Français. » Son armée est dispersée à Tlemecen, son coursier l'emporte sur le Chelif, il se trouve ensuite sur la Tafna, partout il trouve des soldats, et des soldats croyant en lui.

Notre supériorité militaire est certes incontes-

7

table; mais que peut la tactique européenne contre un ennemi insaisissable qui fait la guerre aujourd'hui comme il la faisait aux Romains? « Dans sa guerre d'Afrique, César trouva des difficultés jusqu'alors inconnues; ses légions si fermes, indomptables dans les Gaules et à Pharsale, ses vétérans exercés par tant de victoires, s'épouvantèrent devant ces Parthes de l'Afrique, ces Numides insaisissables qu'ils dispersaient sans les vaincre, qui ne leur laissaient pas un seul moment de relâche, et qui, comme les insectes importuns de ces contrées, quand ils les avaient chassés loin d'eux, quand ils les croyaient en déroute, se retrouvaient en un clin-d'œil sur leur front, sur leur dos, sur leurs flancs [1]. Théodose rencontre les mêmes difficultés. » *Sollicitudine diducebatur ancipiti, multa cum animo versans, qua via quibusve commentis per exustas caloribus terras pruinis adsuetum duceret militem, vel hostem caperet discursatorem et repentinum, insidiis potius clandestinis quam præliorum stabilitate confisum* [2].

C'est véritablement traduire que de citer les auteurs qui, de nos jours, décrivent la manière actuelle dont les habitans de la régence font la guerre. Le général Brossard nous dit que « n'ayant que des hommes isolés à opposer à nos bataillons,

---

[1] *Recherches sur l'Histoire ancienne de la régence.* P. 31.
[2] *Ammian.* XXIX, p. 7.

les Arabes fuient devant nos attaques ; mais ils sont prompts à nous suivre au moment de la retraite ; elle n'est pas toujours sans danger : les obstacles que présente le terrain forcent souvent nos masses à se désunir ; alors ils attaquent avec une grande intrépidité [1]. » M. le général Desmichels ajoute : « Ce sont des nuées de cavaliers intrépides et insaisissables, qui ne cherchent jamais à arrêter une colonne dans sa marche, qui la harcèlent sans cesse sur toutes ses faces : ennemis infatigables, fuyant par tactique et non par crainte, sachant se dérober aux coups de ceux qu'ils combattent, pour revenir sur eux avec plus d'impétuosité, et toujours attentifs à profiter du moindre désordre, ou de la faute la plus légère, pour accabler ceux qui auraient l'imprudence d'en commettre [2]. » « Les Arabes, comme les Grecs d'Homère, cherchent à faire du mal à l'ennemi en s'exposant le moins possible, et n'attachent aucune idée de honte à la fuite, lorsque les chances ne leur paraissent pas assez avantageuses [3]. »

C'est cependant contre ces peuples que nous avons entrepris une guerre générale, une guerre d'extermination, mise à exécution par le système d'expédition.

Nous n'élèverons pas ici une polémique de stra-

[1] *Moyens d'assurer la sécurité du territoire d'Alger.* P. 6.
[2] *Oran sous le commandement du général Desmichels.* P. 2.
[3] *Annales algériennes.* T. I, p. 328.

tégie, mais nous devons examiner les faits de guerre par rapport à leurs résultats. Nous traiterons successivement la suite des opérations militaires de chacun des points de la régence.

<small>Expéditions dans les provinces du centre.</small> Le but des expéditions dans la partie centrale de la régence est Médéah, à vingt-deux lieues d'Alger ; pour y parvenir, il faut traverser la plaine de Métidja, et le petit Atlas au col de la Médéah Ténia. A son arrivée en Afrique, le maréchal Clausel destitue le bey Mustapha, et le 17 novembre 1830 il part avec sept mille hommes pour installer Ben-Omar son successeur : une partie de la population de Bélida est massacrée. « L'ordre fut donné de tout détruire et de tout incendier dans cette direction, où se trouvent les plus beaux jardins du pays. En ville on fusillait, presque sous les yeux du général en chef, tout ce qui était pris les armes à la main. Cette boucherie, présidée par le grand-prévôt, dura si long-temps, qu'à la fin les soldats ne s'y prêtaient plus qu'avec une répugnance visible [1]. »

Un détachement de nos soldats est surpris, les hommes sont égorgés, et leurs membres semés sur le passage de l'armée. Mais l'on s'est emparé de Médéah, et l'on y a abandonné douze cents Français, presque sans vivres, presque sans munitions. Le maréchal Clausel avait quitté Médéah

---

[1] *Annales algériennes.* T. I, p. 142.

le 26 novembre; le 27, la garnison était attaquée par trois mille Arabes, et le colonel Marion, qui la commandait, écrit au maréchal : « Je vous prie de m'envoyer des cartouches; je crains de me trouver au dépourvu, si jamais l'ennemi renouvelait son attaque. » Le 28 il insiste, et demande un bataillon pour réparer ses pertes. Le 29, la détresse augmente; il n'a plus de munitions, et est décidé à se battre à l'arme blanche. Le 30, nouvelles instances. « Faites en sorte, écrit-il au maréchal, qu'il arrive des munitions. » Enfin des renforts arrivent, mais les hostilités continuent; et la misère de la garnison était telle, que le général Danliou écrit le 26 décembre : « Si l'on ne vient pas au-devant de nous, il faudra encore lutter contre la faim, sans vin, sans eau-de-vie, suivant ce que durera le temps de la route. » Le maréchal Clausel fut donc obligé de faire rentrer ces troupes à Alger.

Après d'aussi tristes résultats, le maréchal se faisait illusion au point de dire : « Le succès le plus complet couronna cette opération; les résultats en furent immenses sous le rapport moral [1]. L'expédition de l'Atlas assure la domination de la France sur la totalité des tribus de l'arrondissement d'Alger, et sur le beylik entier de Titterie [2]. » N'est-il pas évident, au contraire, qu'ayant été con-

---

[1] *Observations du général Clausel*. P. 39.
[2] *Ibid*. P. 16.

traints à cette retraite, nous avions déjà perdu une partie du prestige qui nous entourait depuis la prise d'Alger? Mais poursuivons. Le malheureux bey que nous avions laissé à Médéah, bloqué dans la ville d'abord, ne peut bientôt plus sortir de sa maison, et s'adresse à nous pour avoir délivrance. Le général Berthezène, qui avait remplacé le maréchal Clausel, croit ne pas pouvoir abandonner ce chef, dont nous avions fait la position si critique. Il part le 25 juin 1831 avec quatre mille cinq cents hommes, et ramène le bey. Les choses restèrent dans cet état jusqu'en 1835, époque à laquelle le maréchal Clausel reprit le gouvernement d'Alger. Il nomme de nouveau un bey à Médéah, entreprend pour l'installer une nouvelle expédition en avril 1836. Le général Desmichels vient l'installer ; on lui laisse six cents fusils, cinquante mille cartouches et six mille francs ; un mois après arrive un lieutenant d'Abd-el-Kader, qui s'empare du bey, des fusils, des cartouches et de l'argent. Il est douteux que ce résultat nous ait donné de l'influence auprès des Arabes. Dans cette triste campagne nous avons incendié cinq tribus qui ne voulaient pas de notre bey, mais nous avons fait graver sur un rocher du col de la Porte de Fer :

1830 — 1836 :
ARMÉE FRANÇAISE,
MARÉCHAL CLAUSEL.

Si cette année on ajoute : 1837, ce ne seront pas les Arabes qui feront disparaître cette inconcevable inscription.

Nous avons vu dans le chapitre III quels événemens avaient amené le revers de la Macta, le 28 juin 1835. Cette fatale journée fut le signal de toutes ces désastreuses expéditions qui frappèrent la province d'Oran. Le maréchal Clausel venait d'être nommé gouverneur-général; l'expédition de Mascara fut résolue. Nul doute que nos armes outragées à la Macta ne dussent se montrer victorieuses aux Arabes ; ce n'est pas ce que nous contestons, mais nous voulons montrer dans cette expédition et dans les suivantes la justification de ce que nous avons vu au sujet du système, des difficultés de la guerre et de la nullité des résultats. *Expéditions dans la province d'Oran. Expédition de Mascara*

L'armée expéditionnaire était prête à Oran le 26 novembre 1835 ; elle devait emporter avec elle pour dix-sept jours de vivres. La proclamation du maréchal apprend à nos soldats qu'ils ont à *prendre part à des périls inconnus dans les guerres des peuples civilisés.* Au moment du départ, l'on s'aperçoit que les chameaux qui devaient transporter nos vivres sont entraînés par leurs propriétaires dans une autre direction. L'on est obligé de faire une battue qui en produit environ six cents [1].

[1] *Relation de l'expédition de Mascara*, par M. Berbrugger, secrétaire de M. le maréchal Clausel. P. 12.

L'armée manque d'eau dès le premier jour, et pendant toute la campagne[1]; le bois manque également. Le secrétaire de M. le maréchal reconnaît que tels sont les *inconvéniens inhérens à la plupart des bivouacs d'Afrique : nous manquions d'eau et de bois*[2]. Enfin, après dix jours de marche pénible, de privations, de combats multipliés, où l'on voit toujours avec peine la bravoure de nos soldats gaspillée pour une aussi pauvre cause, nous arrivons à Mascara. Le bey Ibrahim ayant paru très peu disposé à rester à Mascara, à cause de l'impossibilité d'entretenir d'un point si éloigné des rapports avec les établissemens français, et de s'appuyer sur une force respectable, on résolut de brûler la ville. On fit des amas de combustibles dans les édifices publics et dans les maisons particulières, et tout se prépara pour le départ et pour le vaste incendie qui devait, au moment où les dernières troupes quitteraient la ville, consommer la ruine de Mascara.

Après trois jours de séjour, le 9 décembre, à son départ, l'armée put voir une dernière fois les flammes qui dévoraient cette malheureuse cité qu'avaient abandonnée, presque en même temps,

---

[1] *Relation de l'expédition de Mascara*, par M. Berbrugger, secrétaire de M. le maréchal Clausel, p. 17, 20, 63, 66, 68.

[2] *Ibid.* P. 66.

ses défenseurs, ses habitans, et ceux qui venaient d'en faire la conquête.

Voici dans quels termes le secrétaire du maréchal nous peint la retraite, difficile par elle-même, difficile par les agressions continuelles des Arabes qui nous escortèrent jusqu'à Mostaganem. « On a vu dans cet affreux moment des êtres humains si profondément ensevelis sous la boue, qu'il était impossible de reconnaître, autrement que par le mouvement de la vase où ils s'agitaient, la place où ils venaient de tomber. Il faut renoncer à peindre cette scène de désolation ; mais on pourra en concevoir toute l'étendue et la force, en sachant que, dans une armée où se trouvaient nombre d'hommes que trente années de services et plus avaient bien familiarisés avec les misères humaines, il ne s'en trouva pas un qui ne convînt qu'il n'avait jamais rien vu de semblable [1]. »

« Une nuée d'Arabes suivait les derrières de l'armée, comme les corbeaux dévorans, se jetaient sur les malheureux qui ne pouvaient résister à la faim, à la soif et aux fatigues [2]. » Les pluies, le manque de vivres, les dyssenteries, avaient failli renouveler en Afrique les désastres de la retraite de Moskou.

Une armée est envoyée de France. M. le duc d'Orléans l'accompagne ; 13,000 hommes mar-

[1] *Relation de l'expédition de Mascara*. P. 85.
[2] *Estafette*. 19 janvier 1836.

chent sur Mascara; et le résultat est l'incendie d'une ville et la transplantation d'une partie de ses habitans dans une autre ville, dépeuplée par notre propagande civilisatrice.

Dans un pays où le manque de villes est le principal obstacle à la civilisation, où une ville est un commencement de progrès, on incendie la seule ville qui existe, la ville sainte! Dans un pays que l'on voudrait faire passer de l'état nomade à l'état sédentaire, où le premier progrès à faire est la construction d'habitations fixes, on incendie l'une des rares habitations qui existent, et l'on rejette ses habitans sous des tentes nouvelles!

<small>Expédition de Tlemecen.</small> Ces résultats étaient assez peu satisfaisans pour que le maréchal Clausel désirât en présenter d'autres. L'expédition de Tlemecen fut faite contre la volonté du gouvernement. Là, comme partout, les populations arabes fuient à notre approche, et nous laissent avec les Turcs du Mechouar, nos rivaux en conquête. Une contribution est frappée, dont on ne connaît pas le chiffre, et est recouvrée au moyen de la bastonnade. Voici en quels termes les habitans de Tlemecen rendent compte de cette exécution, dans une plainte qu'ils adressent au gouvernement : « En un clin d'œil nous avons été dépouillés de nos biens, de nos bijouteries et de nos vêtemens.... On nous mit en prison avec nos femmes et nos enfans, dont il

s'en trouvait qui n'avaient pas encore six ans.... Nous sommes sûrs que le spectacle de nos misères vous arracherait des larmes, car nous n'avons plus que l'apparence d'hommes.... Le commandant Joussef, le juif Lassery, Mustapha, étaient les agens dans cette affaire. »

L'on a prétendu à la Chambre qu'il n'y avait pas eu exaction, et l'on a établi que la contribution n'avait produit que 94,000 fr. Pourrait-on nous dire d'où provenaient et quelle valeur réelle avaient les lingots d'or et d'argent déclarés pour une valeur de 100,000 fr. à la douane d'Alger, par Lassery, à son retour de Tlemecen? Pourrait-on nous dire à quelle somme s'est élevée la vente des bijoux qu'à la même époque le même Lassery faisait, après exposition publique à Alger, dans la maison Bellart et Bacuet, je ne dirai pas sous la protection, mais sous les yeux de l'autorité française? Faudra-t-il dire dans quels ports de la Méditerranée, pour la plus grande gloire de la France, sans doute, le même Lassery a fait colporter les bijoux qui n'avaient été ni fondus à Tlemecen, ni vendus à Alger? Les habitans de ces ports ont dû croire que la piraterie était rétablie dans la régence.

Quel résultat a-t-on obtenu de cette expédition? On abandonne une faible garnison à Tlemecen, sans se rappeler les malheurs arrivés à Médéah, à la suite d'une opération semblable. Des malheurs plus grands encore accompagnent cette persistance dans un mauvais système.

Causes de la Tafna.

« Le maréchal Clausel ayant manifesté ses intentions pour l'établissement de postes retranchés à l'embouchure de la Tafna, dans le but de lier des communications régulières avec Tlemecen, et de ravitailler la garnison du Mechouar, M. le maréchal de camp Darlanges fit des dispositions en conséquence [1]. » Il part d'Oran le 7 avril, avec trois mille hommes. Abd-el-Kader, anéanti à Mascara et à Tlemecen, se retrouve sur la Tafna avec dix mille hommes, et le 16 nous sommes bloqués à l'embouchure de cette rivière. Nous nous rappelons tous la cruelle position de notre brave armée : sans abri pour elle, elle élève des retranchemens; sans vivres, elle est réduite aux dernières extrémités. Une tempête affreuse qui soulève la mer lui ôte l'espérance de recevoir les seuls secours possibles. Résignée, et reportant ses douleurs vers la patrie, elle se montre dans l'adversité encore plus héroïque qu'au milieu des succès. Quatre mille cinq cent soixante-quinze hommes sont embarqués en France, et, sous le commandement du général Bugeaud, vont au secours de leurs frères de la Tafna. L'on put alors regagner Oran. Notre colonne expéditionnaire, en se portant sur Tlemecen, retrouve Abd-el-Kader sur son

[1] *Rapport sur la Tafna. Moniteur* du 24 mai 1834.

passage; nous le battons à la Sicka, le 6 juillet. Cette expédition dure vingt-sept jours, mais enfin Tlemecen est ravitaillé. Un convoi de cinq cents chameaux et trois cents mulets a porté au brave bataillon du capitaine Cavaignac les vivres et munitions dont il avait si grand besoin.

En novembre, M. le général de l'Etang fait avec quatre mille hommes une nouvelle expédition dans le même but. Qu'on veuille bien lire le rapport du 3 décembre de cet honorable général; en voici le commencement, qui montre les moyens qu'il a fallu prendre pour déjouer l'ennemi. « Il est certain maintenant que si je n'avais pas remis mon départ pour Tlemecen, je trouvais des obstacles énormes, peut-être insurmontables sur ma route; non-seulement toutes les tribus de la province avaient été réunies par Abd-el-Kader pour nous disputer le passage; mais les Kabaïles de la Tafna et les Marocains devaient se joindre à lui sur l'Isser. Comme on ne nous attendait plus, tout s'est dissipé, mais avec l'ordre de se réunir dès qu'on apprendrait notre sortie. L'ennemi savait bien que prochainement il faudrait approvisionner Tlemecen. *Il m'a donc fallu donner beaucoup au hasard, à cause de la position critique de cette place.* » Et il était temps, car la malheureuse garnison de *Tlemecen ne mangeait que demi-ration d'orge depuis trop long-temps.*

Pour le retour à Oran, le général dut avoir recours à la même prudence ; il dit : « Je donnai le change sur mon retour à Oran en prescrivant, dès le jour de mon arrivée à Tlemecen, l'ordre pour une sortie le lendemain pour aller vider les silos des tribus à l'ouest de Tlemecen. Une lettre que je savais devoir tomber entre les mains de l'ennemi informait le commandant de la Tafna que je me rendrais ensuite à son camp. L'ennemi crut alors que je passerais au moins trois jours à Tlemecen ; et bien m'en prit d'agir ainsi, puisque la réunion de toutes les troupes d'Abd-el-Kader a tenu à vingt-quatre heures. »

Enfin le but a été rempli ; nous ne pouvions faire une meilleure expédition. Nous avons porté au bataillon de Tlemecen du pain pour cent onze jours, et la solde jusqu'à la fin de mai 1837, six mois d'avance. C'est avec la perspective d'une si longue absence que nos soldats de Tlemecen voient s'éloigner leurs frères.

Quels résultats de ces nouvelles expéditions ? la puissance d'Abd-el-Kader est-elle diminuée ? les bulletins bien souvent l'ont anéanti, l'ont présenté comme abandonné de tous ; et il reparaît partout où il est nécessaire. Ses Arabes ont été bien souvent détruits, et il les retrouve plus nombreux chaque fois qu'il prêche la guerre sainte. Deux mille ont péri à la Tafna, quinze cents à la Sicka. Nous ne doutons pas de ces vérités, aussi voyons-nous que dans cette partie de la régence l'extermination n'est pas un vain mot.

EXPÉDITION DE CONSTANTINE.

Nous avons vu au chap. III, que, grâce à l'administration du général d'Uzer, depuis le 15 mai 1832, l'état de la province de Bone avait été satisfaisant jusqu'en mars 1836, époque où il se retira. Après un intérimat du colonel Duverger, le général Trézel fut nommé commandant de la province, le 9 août suivant ; le tunisien Joussef avait été nommé bey de Constantine (résidant à Bone, bien entendu), sans que ses attributions aient été déterminées. La guerre succéda au calme. Le plus grand nombre des tribus, anciennement nos amies, s'éloignèrent ou nous devinrent hostiles. C'est dans cette position que nous entreprîmes la campagne de Constantine.*Expédition de Constantine.*

Nous ne connaissons pas encore aujourd'hui la funeste influence qui nous a poussés à cette expédition. Ce n'est certes pas la Chambre ni sa commission du budget qui avait été unanime contre un système d'extension. Nous pouvons penser que nous avons subi l'influence des différens agens du gouvernement en Afrique. L'on ne croirait pas que le premier cri de guerre contre Constantine soit sorti de la bouche d'un procureur-général : c'est cependant un magistrat qui,*Qui nous y a poussés ?*

le 22 février 1836, faisait entendre ces paroles à un tribunal de paix qu'il installait à Bone : « Les Arabes seraient-ils insensibles aux bienfaits dont nous les comblons tous les jours? je ne le pense pas : déjà les tribus arrivent de toutes parts pour ouvrir à nos soldats, qui ne respirent que la gloire, les chemins de Constantine où les habitans nous appellent de tous leurs vœux. »

M. le directeur des finances d'Alger se montre aussi belliqueux. Dans une brochure distribuée l'an passé à la Chambre, il émet ses espérances sur Constantine; et après l'éloge d'usage du bey Joussef, dont l'influence devait faire tomber les portes de la grande ville, il termine par ces mots : « Ainsi s'ouvre peu à peu le chemin de Constantine avec le seul appui du nom de la France. »

Le *Moniteur algérien*, fidèle à ses habitudes, avait aplani toutes les difficultés. Tout le monde était tranquille et devait l'être.

Comparaison avec la campagne de Mascara. Et cependant n'avait-on pas la funeste expérience de la campagne de Mascara, entreprise à la même époque? Comment la dépêche télégraphique peut-elle attribuer le désastre de Constantine *à un événement extraordinaire?* Il n'y a eu rien d'extraordinaire dans cette campagne; tout, au contraire, a été la répétition de la campagne de Mascara, avec des symptômes plus graves. Nous devons insister sur ce point. Nous avons dit que la guerre en Afrique était une guerre d'extermination. On va voir quels sont les auxiliaires que la nature du pays accorde à la nationalité arabe.

Nous avons vu dans la relation de la campagne de Mascara, que les plus anciens officiers de la vieille armée *n'avaient jamais rien vu de semblable.* Nous lisons dans le rapport sur Constantine : « Nous sommes exposés à toutes les rigueurs d'un hiver de Saint-Pétersbourg, en même temps que les terres entièrement défoncées représentaient aux vieux officiers les boues de Varsovie. »

La relation de Mascara s'exprimait ainsi : « Deux brigades avaient été exposées pendant quarante-huit heures à une forte pluie, sans pouvoir allumer de feux. Officiers et soldats accroupis dans la boue et immobiles, avaient dû attendre que le déluge cessât. » Le rapport sur Constantine répète : « Les troupes du génie étaient exténuées de fatigue, venant de passer trente-six heures dans la boue, sans feu et sans repos. »

Si, dans la campagne de Mascara, les chameaux disparaissaient dans la fange sans que l'on en vît trace; dans celle de Constantine des prolonges de l'administration ne purent être tirées des bourbiers dans lesquels elles se trouvaient enfoncées. »

On le voit donc : partout de la boue. Pas de feu : le bois manque. Tel est l'état normal du sol que l'Afrique offre à nos armées.

Dans toutes les expéditions de la province

d'Oran, un symptôme cruel révèle le malheur du soldat. C'est le suicide qui afflige nos armées d'Afrique : même chose à Constantine. La relation de cette campagne donnée par le *Moniteur algérien*, nous apprend que, « le 16 et le 17, on eut plusieurs exemples de cette singulière maladie, qui poussa quelques uns de nos jeunes soldats à se suicider pendant les marches. » Il faut que nos jeunes compatriotes soient bien malheureux.

A Mascara, nous avons vu dans quel embarras nous nous trouvâmes par suite du défaut que nous faisaient les chameaux destinés aux transports. Le *Moniteur algérien* du 23 septembre nous avait promis quinze cents mulets, qui devaient accourir à la voix du bey Joussef pour le service des transports : cent vingt-cinq se présentèrent, qu'il fallut payer fort cher et d'avance. L'administration put s'en procurer à Bone trois cent cinquante, ce qui fit quatre cent soixante-quinze, au lieu de quinze cents que l'administration avait reconnus nécessaires pour le service.

Aussi, les vivres manquèrent bientôt dans le cours de l'expédition : la brigade d'avant-garde eut à peine des distributions depuis le 16 novembre jusqu'au 29. Pendant sept jours, elle s'est battue, réduite au cheval et au blé cuit dans l'eau, lorsque l'on a eu du bois, et cru lorsque l'on n'en a pas eu. Le bois, qui n'a pas manqué dans la retraite de Moskou, manquait sur la terre promise d'Afrique.

L'ambulance étant incomplète, on est obligé de surcharger les autres services : « Les directeurs d'artillerie et du génie se mettront en mesure de faire charger, tous les jours, sur leurs voitures, avant le départ, tous les blessés et malades que l'administration sera dans l'impossibilité de transporter. Le régiment de chasseurs affectera journellement, à ce même service, les chevaux d'un escadron [1]. »

Il nous faut abréger ces tristes détails. Nous n'avons pas voulu suivre le fait militaire de l'expédition; nous avons voulu faire ressortir les difficultés de la guerre dans ce pays. « Le moment propice pour se mettre en campagne est très difficile à saisir. Pendant une partie de l'année, l'on a à craindre les pluies; pendant l'autre, la chaleur ardente du soleil et l'humidité des nuits, qui produisent des dyssenteries souvent mortelles. Le pays n'offrant aucun abri contre les intempéries des saisons, on est exposé à toute leur rigueur; souvent même, on ne trouve pas de bois pour faire du feu... On est obligé de porter avec soi des subsistances, *et même de l'eau*, pour faire vivre l'armée pendant toute l'expédition... On a calculé que, pour porter les subsistances, l'eau et

---

[1] Ordre du jour du 15 novembre 1836.

le matériel d'une armée de dix mille hommes qui serait en campagne pendant vingt jours, il faudrait deux mille cinq cents mulets, ou l'équivalent[1]. »

Quant aux résultats de l'expédition, quoique le *Moniteur algérien* nous dise qu'Achmet n'a pas osé défendre Constantine, et que Ghelma est une place beaucoup plus forte que celle que nous n'avons pu prendre, il nous paraît évident que cette funeste expédition ne peut qu'avoir jeté de la déconsidération sur nous, et amènera dans la province de l'Est tous les malheurs que la Macta a accumulés sur la province d'Oran.

ÉVÉNEMENS DE BOUGIE.

Bougie fut occupée sous le commandement du général Voirol; mais il ne faut pas le rendre responsable de la plus grande faute qui ait été commise dans la régence. La cupidité de quelques marchands appuyés par quelques ambitions secondaires entraîna le gouvernement dans cette funeste résolution. Il sut, au moins, se prémunir contre la légèreté de ces conseillers imprudens, qui n'auraient demandé que six cents hommes pour exécuter leurs projets. Une expédition six fois plus considérable, organisée à Toulon, se

[1] *Un mot sur la question d'Afrique*, par M. le comte Walewski.

présenta devant Bougie le 29 septembre 1833, et, en peu de temps, fut maîtresse de la ville, c'est-à-dire d'un monceau de ruines... Le général qui dirigeait cette affaire disait aux officiers du 59°, qui allaient faire partie de cette expédition : « Nos soldats sont appelés à remplir une mission plus agricole que guerrière; ils auront plus souvent à manier la pioche et la bêche que le fusil. C'est en introduisant chez les Kabaïles les bienfaits de la civilisation, et en leur enseignant à se mieux vêtir, à mieux se loger, que nous les gagnerons à notre cause [1]. »

Ces officiers devaient trouver à Bougie d'autres pensées que celles qu'appelaient ces paroles encourageantes! C'est à Bougie que la guerre a été incessante; c'est à Bougie que la configuration du sol devait nous être le plus désavantageuse, sous le rapport militaire; c'est à Bougie que le Kabaïle est plus féroce que sur aucun point de la régence. Que l'on suive, dans le *Moniteur algérien*, les événemens qui ont eu lieu sur cette terre dévorante : combien l'on est péniblement affecté en voyant la position de la brave garnison et de son commandant si distingué, le colonel Duvivier! Quel acharnement de la part des Kabaïles, et quel dévouement de la part des Français! Quelle tâche, tous, accomplissent-ils

[1] *Annales algériennes*. T. II, p. 93.

avec tant d'ardeur? Ont-ils donc un cimetière à combler, un ossuaire à élever? Je ne puis que citer les paroles de M. le comte d'Erlon sur ce chancre rongeur : « Qu'on se hâte, surtout, d'évacuer Bougie, cette plaie de notre établissement en Afrique; possession inutile, qui nous coûte déjà plus de 7 millions et trois mille soldats, morts victimes de l'insalubrité du climat. » Mais depuis que le respectable gouverneur d'Alger s'exprimait ainsi, la mort a fait de nouvelles victimes : le malheureux commandant Salomon a dû payer de sa tête, par un lâche assassinat, la confiance que réclamait auprès de ses compatriotes un chef kabaïle, soupçonné d'intelligence avec nous.

Résultats du système. Avons-nous eu tort de dire que nous étions entrés dans la voie de l'extermination? Que l'on récapitule, si on l'ose, le nombre des indigènes que nos bulletins officiels ont dévoués à la mort; que l'on récapitule ces incendies de villes, de villages et récoltes; l'incendie, genre de guerre importé par les Français en Afrique [1]; Mascara, Bougie, Mostaganem, Tlemecen, dépeuplés; Bone, Belida, Medeah, saccagés; les tombeaux violés, leurs pierres employées à bâtir [2], et les ossemens hu-

---

[1] *Discours de M. Laurence à la Chambre. Moniteur* du 22 mai 1835.

[2] « Les six moulins à vent sur la plage Bab-el-Oued. Bâtis sous M. le général Clausel avec des débris des tom-

mains exploités [1]. Notre présence en Afrique est résumée dans ces paroles de M. Pelissier : « Partout où nous nous établissons en Afrique, les hommes fuient et les arbres disparaissent [2]. » Un Maure avait dit avant lui, à l'aspect de la spéculation sur les ossemens humains : « Nous ne saurons bientôt ni où vivre ni où mourir. » L'on comprend actuellement ces paroles de M. Laurence : « Lorsque l'Arabe ou le Maure sentira l'impossibilité de vivre dans notre voisinage, il vendra, et ira acheter plus loin [3]. » Continuons, et cette prophétie sera réalisée. Les spéculateurs pourront s'établir en paix sur le cadavre de l'Afrique.

---

beaux des cimetières environnans ; ils ne tournent pas et ne font aucun service. » *M. Pichon*, p. 277.

[1] Déclaration de M. Segaud, docteur en médecine à Marseille.

Marseille, 1er mars 1833.

« J'ai appris par la voie publique que parmi les os qui servent à la fabrication du charbon animal, il s'en trouve qui appartiennent à l'espèce humaine. A bord de la bombarde *la Bonne-Joséphine*, venant d'Alger, et chargée d'os, j'ai reconnu plusieurs os faisant partie de la charpente humaine. J'y ai vu des crânes, des cubitus et des fémurs de la classe adulte récemment déterrés et n'étant pas entièrement privés des parties charnues. »

(*Sémaphore de Marseille*, du 2 mars 1833.)

[2] *Annales algériennes*. T. II, p. 152.

[3] *Discours à la Chambre. Moniteur* du 2 mai 1834.

§. II. *Par qui remplacer les indigènes détruits ?*

Qui remplacera les indigènes ?

Nous avons consommé l'œuvre d'extermination ; nous survivons seuls sur la régence. La mer au nord, le grand désert au sud. Pour ne pas être obligés d'exterminer tous les habitans de l'ouest, ce qui aurait cependant l'avantage de réunir notre nouvelle possession et notre ancienne des rives du Sénégal, nous avons construit sur la frontière de Maroc une muraille de la Chine ; pareillement à l'est, sur la frontière de Tunis, nous avons élevé un monument semblable, afin de ne pas être entraînés à appeler à notre civilisation les peuples d'Orient.

Il s'agit actuellement de repeupler la régence : nous allons adresser à tous les peuples de l'Europe quelques unes de ces proclamations dont nous connaissons l'esprit et les termes ; nous augmenterons en France le nombre des courtiers qui poussent en Afrique hommes et capitaux.

Colons de 1831.

Mais, pour préjuger l'avenir, voyons ce que ces moyens ont produit jusqu'ici, et écoutons l'intendant civil d'Alger, M. Genty de Bussy. « Trompés par le charlatanisme de quelques journaux, des gens sans aveu, sans industrie, sans argent, ramassés dans tous les coins de l'Europe, vinrent en 1831 fondre sur Alger, et ne tardèrent pas à connaître qu'ils n'avaient fait que changer de misère, avec l'éloignement de plus. Tels ont été nos premiers colons, dont la moitié mourut pendant que l'autre vivait d'aumônes et devenait une charge publique..... Plusieurs expéditions de colons se répétèrent dans le cours de 1832, et du Hâvre il fallut les renvoyer à Marseille, pour ne pas avoir à gémir du spectacle de tribulations nouvelles. Ainsi, quand la politique des puissances réunit ses efforts contre l'odieuse industrie de la traite des hommes, d'avides spéculateurs l'importent en Europe, et, dans la vue d'augmenter la valeur de terres qu'ils ont acquises à bas prix, ne craignent pas de compromettre la vie de quelques milliers d'individus [1]. » La commission d'Afrique n'a pas voulu indiquer quelle influence coupable avait détourné ces colons de leur destination, au moment où ils s'embarquaient pour l'Amérique, et les avait précipités sur cette côte inhospitalière d'Afrique [2]. Et M. Pichon, chargé de recueillir ces victimes de la spéculation, rend responsables de tous ces malheurs les personnes qui excitent ces émigrations [3]. Enfin, le capitaine Peyronny, que l'on n'accusera certes pas de tiédeur pour l'Afrique, trace en

---

[1] *De l'établissement des Français dans la régence d'Alger.* Chap. VIII, p. 283.

[2] *Procès-verbal.* P. 37.

[3] *Alger sous la domination française.* Liv. I, chap. 6.

1836 le portrait suivant des colons : « Des vagabonds de tous les coins de l'Europe; des malheureux sans énergie, traînant après eux la misère avec une foule d'enfans et de vieillards, vinrent, disait-on, pour cultiver les terrains : ils n'en firent rien; vauriens, mendians et paresseux comme ils l'avaient été toute leur vie, ils ne perdirent rien de leurs habitudes, et ce qu'on aurait pu prévoir arriva. Au lieu d'être utiles en la moindre des choses, ils ne furent qu'une charge et qu'un embarras de plus dans le pays. On leur montra quelques champs à défricher; un peu plus tard, on leur construisit deux villages; et ce ne fut point assez : il aurait fallu, pour ainsi dire, leur préparer les alimens. En un mot, c'était de la canaille qui devait disparaître comme elle avait vécu, dans la mollesse et la misère. La fièvre en décima les trois quarts, et le restant se traîne dans Alger, au milieu de toutes sortes de métiers. En 1832 et les années suivantes, si quelques Européens reparurent, qu'on veuille bien ne pas se les figurer excessivement préférables [1]. »

Cependant des efforts considérables avaient été faits pour exciter la colonisation. Le maréchal Clausel témoigne souvent, dans ses *Observations*, la sollicitude qu'il lui porte, car, suivant lui, Alger doit remplacer toutes nos colonies des Indes

---

[1] *Considérations politiques sur la colonie d'Alger*. P. 138.

orientales et occidentales [1]. Il avait travaillé sans relâche à coloniser ce beau pays [2]; il avait créé une ferme-modèle dont *le succès avait dépassé ses espérances,* suivant ses propres expressions [3]; et M. Genty de Bussy, dit formellement : « Cette expérience a complétement échoué, principalement à cause de l'insalubrité des lieux [4]. » Une compagnie algérienne de colonisation s'était établie en 1834, qui comptait parmi ses principaux actionnaires les personnes les plus éminentes. D'autres sociétés, depuis, ont encore cherché à émouvoir les espérances des populations et à pousser les capitaux en Afrique. Enfin, le maréchal Clausel disait à la Chambre, en 1832, que dans vingt ans la population d'Alger s'élèverait à dix millions d'habitans [5].

Population européenne en 1835.

Voyons ce qui a été obtenu. Au 31 décembre 1835, le dénombrement officiel avait indiqué une population européenne de dix mille quatre cent quatre-vingts individus [6]. Mais la plus grande partie de cette population est attachée à l'armée, ne vit que par les dépenses qu'elle fait, et que

[1] *Observations du général Clausel.* P. 15, 32, 34, 40, 41, et *Nouvelles observations*, p. 1, 28.
[2] *Observations.* P. 58. — [3] *Ibid.* P. 15.
[4] *M. Genty de Bussy.* T. II, p. 65.
[5] *Moniteur* du 21 mars 1832.
[6] *Documens statistiques fournis par le ministère de la guerre en* 1836. P. 133.

nous payons. Sur les dix mille quatre cent quatre-vingts individus, il y a cinq mille sept cent soixante-et-un hommes; et sur ces cinq mille sept cent soixante-et-un hommes, douze cent soixante-dix-huit patentés [1], parmi lesquels trois cent cinq épiciers, cent trente-neuf marchands de tabac, cent trente-sept cordonniers, soixante-et-onze perruquiers [2], etc.; l'on peut présumer actuellement le nombre des colons ou cultivateurs, et encore que cultivent-ils? des légumes principalement, et toujours pour l'armée, car une autre note officielle nous apprend que, dans le massif d'Alger seulement, il se trouve deux cents hectares de potager.

Ainsi de colons cultivateurs le nombre est fort restreint; cette vérité s'accorde avec les faits de même nature qui se sont succédé dans tous les établissemens coloniaux, qui, s'ils avaient été étudiés par les croyans en Alger, les auraient préservés de déceptions inévitables.

Progression de la population aux colonies australes. Ainsi les colonies australes de l'Angleterre, fondées en 1787, ne comptaient en 1830 que trente-trois mille neuf cent huit [3] libres, sur lesquels moitié tout au plus ont dû provenir d'émigration libre, et nous avons vu que l'émigré recevait concessions de terres, et concessions d'esclaves.

Au Canada. Les premiers Français qui explorèrent le Ca-

[1] *Documens statistiques.* P. 154.
[2] *Mêmes documens fournis en* 1835. P. 497.
[3] *Documens officiels parlementaires de Porter.* P. 250.

nada partirent d'Harfleur en 1506. Les premiers établissemens eurent lieu en 1523, et en 1717, après deux cent onze ans de possession, la population, suivant les Mémoires de Chartrain, s'élevait à vingt-sept mille âmes. Les Anglais, dont on reconnaît la puissance de génie colonisateur, sont maîtres au Canada depuis 1760, et aujourd'hui, après soixante-dix-sept ans, la population n'est que de six cent douze mille cent quatre-vingt-huit âmes [1], à peu près autant que le maréchal Clausel en espère en un an pour l'Algérie.

Les Hollandais, depuis 1652, et les Anglais, depuis qu'ils en ont fait l'acquisition, n'ont-ils pas fait les plus grands sacrifices pour la colonie du Cap de Bonne-Espérance? En 1821, après cent quatre-vingt-cinq ans, la population libre était de quatre-vingt-douze mille sept cent quinze individus [2]. *Au Cap de Bonne-Espérance.*

L'Angleterre a dépensé plus de 500 millions de francs pour Sierra-Léone, qui a si bien mérité le surnom de *charnier vivant*. La population y est aujourd'hui de quatre-vingt-sept blancs, et quinze mille cent vingt-trois hommes de couleur [3]. *A Sierra-Léone.*

Nous avons dit que l'Inde n'est pas une colonie, mais une possession; et si la compagnie a pu établir son empire sur ces nombreuses populations,

[1] *Histoire financière de l'empire britannique.* T. II, p. 143.
[2] *Documens officiels parlementaires de Porter.* P. 248.
[3] *Histoire financière de l'empire britannique.* P. 191.

il faut en faire honneur à la sagesse qui avait repoussé du sol indien la population européenne.

Aux colonies à esclaves. Les colonies à esclaves ont-elles donné un résultat plus satisfaisant? Quelle est donc cette population libre qui a remplacé les natifs exterminés? Les blancs et les hommes de couleur libres des dix-huit colonies britanniques, des Indes occidentales, sont au nombre de quatre-vingt-dix-neuf mille trois cent quatre-vingt-six âmes [1]. Les blancs et les hommes de couleur libres des colonies françaises des Antilles sont au nombre de soixante-cinq mille cinq cent neuf [2]. C'est en 1494 que les Européens entreprirent l'extermination des naturels de ces contrées; elle était complète vingt ans après, et il leur a fallu près de trois cent cinquante ans pour remplacer cette population par cent quatre mille huit cent quatre-vingt-quinze hommes blancs ou de couleur : nous ne comptons pas les esclaves. En nous mettant au point de vue coloniste, le noir est du bétail, traité et vendu comme tel, et ne fait pas partie de la population humaine.

C'est à travers tous ces faits que le maréchal Clausel entrevoit dans vingt ans dans l'Algérie une population de dix millions d'habitans, c'est-à-dire une progression de cinq cent mille ha-

---

[1] *Histoire financière de l'empire britannique.* T. II, p. 161.
[2] *Annales maritimes.* 1836.

bitans par an ; et il nous citera probablement l'exemple des États-Unis. Nous avons déjà, au chapitre V, établi les différences qu'il y a entre les deux pays, et disons que les établissemens des Européens aux États-Unis datent de 1584. Près de deux cents ans après, en 1772, la population européenne était de deux millions, et c'est après deux cent cinquante-trois ans qu'elle s'est élevée à treize millions ; et cependant les États-Unis sont encore le pays le moins peuplé. Il ne compte guère que neuf habitans par mille carré, tandis que la France en compte deux cent huit. Aux États-Unis.

Nous sommes donc fondé à dire que les brillantes promesses d'un accroissement rapide de population dans la régence sont démenties par les plus simples inductions que l'on peut tirer de l'état de cette contrée, et par l'expérience constante de faits analogues accomplis dans les autres pays. La lenteur de cette progression est d'ailleurs facile à comprendre pour celui qui veut suivre avec attention le phénomène de l'existence de l'homme sur la terre.

§. III. *Culture.*

Quelques colons arrivent ; que trouvent-ils, le sol ? Quel sol ? La commission d'Afrique nous l'apprend. « Dans toute la régence on est frappé Sol de la régence.

au premier abord, de l'état de nudité du sol..... Sur les massifs, l'absence de haute végétation et la friche sont la règle; les plantations et la culture sont l'exception; des broussailles, des palmiers nains, le désespoir du cultivateur, des lentisques et autres arbrisseaux improductifs attristent la vue qui s'attendait à trouver une riante nature dans un climat favorisé; ce n'est que dans le voisinage des villes et dans quelques vallées privilégiées seulement, que l'on rencontre cette végétation si vantée, qui paraît d'autant plus belle, qu'elle est plus rare[1]. » Quelques plaines, telles que la Métidja, la Bougima, recevant l'égoût des montagnes, recèlent une certaine richesse végétative; mais la culture doit les assainir, et le premier coup de charrue sera malsain, il le sera beaucoup. Il faut se résigner à de grands dangers de culture, en supposant même que ces plaines soient desséchées. Si jusqu'à présent l'on n'eût pas été sous l'empire des illusions, on eût compris que les meilleures terres de la Seybouze et de la Métidja devaient elles-mêmes subir les efforts de l'art agricole, pour répondre à l'espoir du cultivateur, et l'on n'eût pas fait, dès le principe, les fautes énormes qui ont ruiné tant de colons. Nulle part la commission n'a rencontré, dans les terres qui venaient alors d'être dépouillées de

---

[1] *Rapport sur la colonisation*, 2e partie, p. 2.

leurs récoltes, cette apparence d'abondance que généralement on suppose¹. »

Quant à cette Métidja si vantée, qui la desséchera? Les naturels la fuient aussitôt qu'elle est ensemencée. Quel général osera y employer les troupes? Les condamnés ne sont pas condamnés à périr des miasmes pestilentiels de l'Afrique. Si les colons échappent à la misère, ils n'échapperont pas à la maladie. Si l'on veut cultiver une partie de la plaine, il faut la cultiver tout entière; sans cela la partie cultivée est rendue inhabitable par les influences pernicieuses des parties qui ne le seraient pas. Nous avons en France la quatre-vingt-septième partie du territoire qui est en marais; c'est là qu'il faut que l'industrie particulière et l'action du gouvernement se portent. Une amélioration dans ce genre, en France, porte la vie et la santé au loin, et est cause d'améliorations nombreuses. Mais on nous prêche la Métidja, et nous abandonnons la France. « La Métidja ne renferme pas un abri. La petite portion qui était cultivée, l'était comme la campagne de Rome : les laboureurs descendaient des montagnes et des collines voisines pour confier au sol la semence, dont ils venaient ensuite recueillir les produits, sans se livrer au sommeil sur cette terre pernicieuse². »

---

¹ *Rapport sur la colonisation*, 2º partie, p. 3.
² *Rapport général de la commission d'Afrique.* P. 416.

CHAP. VI. COLONISATION.

Quels produits à espérer?

Quels produits à espérer de cette terre promise?

Bestiaux.

Bestiaux. Le bétail est le nerf de toute bonne agriculture; et malgré toutes les pastorales de nos bulletins d'Afrique, nous commençons à connaître la vérité sur celui de la régence : il est petit et pauvre encore plus que celui de France. On peut le régénérer, sans doute : M. Genty de Bussy propose de créer des troupeaux-modèles de bœufs, chevaux et moutons. Le moyen me paraît bon, et je voudrais en faire l'essai en France. Nos bêtes y sont chétives, parce que nous ne pouvons faire assez de sacrifices pour leur amélioration. Si nous voulons encore réduire nos ressources pour faire profiter le bétail algérien, nous perpétuerons la misère du bétail de France. L'on vous dit : en Afrique, vous vous livrerez à l'éducation des bestiaux; c'est une branche lucrative au début d'une colonie, et elle le sera long-temps. Comme d'un trait de plume l'homme spéculatif tranche les difficultés qu'il ne connaît pas! Il semble qu'il n'y a qu'à faire naître chez soi des animaux de toute espèce, et qu'en les revendant à l'âge de service, ils vous donneront des bénéfices assurés. Ces agriculteurs improvisés ne savent pas qu'en culture le bétail est un mal nécessaire, et que bien rarement il peut couvrir les frais qu'il occasionne; ils ne connaissent pas les nombreuses migrations que tous les bestiaux subissent avant d'arriver à leur destination ; ils ne savent pas que la division du travail seule peut, dans l'éducation du bétail, aussi bien que la plupart des industries, le produire à un prix raisonnable, et que presque toutes les fois que l'on veut intervertir cette marche, indiquée par la nature des diverses contrées, il y a mécompte pour l'imprudent qui veut élever où l'on doit engraisser, et engraisser où l'on doit élever; ils ne savent pas que le plus souvent ces animaux passent d'un pays dans un autre, sans autre avantage, pour chaque cultivateur chez lequel ils viennent accomplir leur destinée, que celui de consommer sans perte les fourrages des fermes, ou les différens paturages des pays où ils transmigrent. Mais pour une opération aussi compliquée et d'une aussi longue exécution, à quel haut degré de civilisation ne faut-il pas qu'un pays soit arrivé? Et quelle espérance peut-on fonder sur des essais dans un pays nouveau, tandis que toute la machine étant montée en France, il suffit de donner plus d'extension à ses rouages? Travaillons donc en France ; c'est en France, et non en Alger, que nous devons nous procurer les laines et les cuirs que réclament encore nos industries. {.sidenote} Comment se crée le bétail en France.

Blé. M. Laurence a dit à la Chambre, le 30 août 1834, que la production des céréales « serait désastreuse pour le colon d'Afrique, et {.sidenote} Blé.

ne *vaudrait jamais pour lui ce qu'elle lui coûterait de sacrifices.* »

M. de la Pinsonnière, dans son Rapport sur la colonisation, nous avait rendu compte de la culture des céréales, entreprise à grands frais, et hors de la portée du cultivateur ordinaire, par MM. Lacroutz et Coupu. Sans ces dépenses extraordinaires, fumiers, labours profonds, etc., « les pluies abondantes noient la terre, et le soleil la brûle ensuite ; les céréales résistent difficilement à l'épreuve de la granification ; la végétation toujours si active, tant que la molle température de l'hiver et du printemps existe, s'arrête tout à coup devant l'ardeur du soleil de juin ; le vent brûlant du désert dessèche la sève, et la nature faillit précisément à l'instant où elle devrait compléter son œuvre [1]. » Le colon Meurice ajoute que la culture des céréales offre un inconvénient grave, celui de l'étranglement du collet [2].

Mais outre ces difficultés de production, la concurrence des blés de la mer Noire, interdit à tout jamais dans la Méditerranée le commerce des blés de Barbarie, du moins dans une proportion notable. Dans les provinces russes, une culture économique, faite au moyen des serfs, et un sol vierge, qui donne trente pour un de la se-

---

[1] *Rapport sur la question agricole à la commission d'Afrique.* P. 4.

[2] *Procès-verbal de la commission d'Afrique.* P. 80.

mence¹, doivent nécessairement l'emporter sur la culture à établir en Afrique, qui sera énormément dispendieuse sur un sol qui, dans l'état actuel, donne quatre ou cinq pour un. Les blés d'Afrique pourront-ils remplacer dans l'ouest de l'Europe et dans la Grande-Bretagne, les farines des États-Unis, et les blés de la Baltique? On trouve encore dans l'Amérique ces terres vierges², et dans le nord de l'Europe la main-d'œuvre à bas prix qui interdiront la production du blé aux terres de la régence, quelques sacrifices que l'on prétende faire pour en améliorer la culture. Laissons donc de côté toutes ces fables sur l'ancien grenier des Romains; il n'a jamais existé, ce n'a été que par une confusion de choses différentes, le tribut en nature, avec la fertilité du sol, que l'on a abusé les esprits crédules. S'il est vrai que ce grenier ait existé, il est aujourd'hui certain qu'il est épuisé, et l'étranger qui a le malheur d'aborder ces rives inhospitalières, est obligé d'y porter sa nourriture. Ainsi en 1835 nous y avons importé, pour nos troupes, pour une somme de 5,251,524 fr. de farineux alimentaires venus en presque totalité de l'étranger, et l'administration de la guerre, qui nous donne ce détail, page 149 de ses documens annuels, décore

¹ *Rabbe*, 1 vol., p. 175.
² *Warden*, p. 57, 415, 617, vol. IV, démontre cette fertilité qui, sans dépense, donne jusqu'à quarante pour un.

Vignes. *Vignes.* La culture de la vigne réussirait certainement en Afrique, mais je ne sais pas jusqu'à quel point le midi verrait cette culture prendre une grande extension, à moins que l'on ne se bornât, comme l'observe avec raison M. Genty de Bussy, à la propagation des meilleures espèces d'Espagne, et encore mieux à l'espèce de Corinthe, qui deviendrait, après avoir été séchée, un bon article d'exportation.

Tabac. *Tabac.* Cette plante viendrait en Afrique comme elle vient dans le midi de la France. Il est fort douteux qu'elle puisse soutenir la concurrence du tabac d'Amérique, où la richesse du sol donne des produits énormes. Dans le nord de la France aussi les produits sont considérables ; mais un hectare planté en tabac, reçoit jusqu'à 1,000 et 1,100 fr. d'engrais. En Algérie l'on ne possède, ni la richesse du sol d'Amérique, ni les engrais du département du Nord, et l'on doit s'attendre à de médiocres récoltes aussitôt qu'on les étendra au-delà du jardin de botanique. Puis encore ces spéculateurs qui nous proposent le tabac d'Alger, auraient dû nous dire en même temps, quel régime lui serait accordé en France. Je ne serais pas étonné qu'ils lui donnassent le privilége de notre consommation, et que, tandis que nous prohibons, par mesure fiscale, cette culture en France, nous soyons condamnés au tabac d'Alger, et à la perte des 48 millions produits par l'impôt sur cet objet de consommation.

Denrées coloniales. Le maréchal Clausel a répété souvent à la tribune, et dans ses correspondances, que les denrées coloniales seraient obtenues à Alger à 25 ou 30 pour cent meilleur marché que dans nos anciennes colonies; mais la commission d'Afrique combat cette opinion par ces paroles explicites. « Vouloir rechercher la principale richesse d'Alger dans la production des denrées coloniales serait également une grosse erreur, la France se les procurera probablement long-temps, et peut-être toujours à meilleur marché qu'en s'attachant à les produire elle-même [1]. » Avant d'examiner chacun de ces produits coloniaux, disons un mot de la température du climat. L'on sait que les mêmes latitudes sont loin de donner la même température : que la température est grandement modifiée par une multitude de causes générales pour des continens entiers et locales pour des portions de continent. Ainsi, le climat de la côte Atlantique est plus froid en hiver et plus chaud en été que ses parallèles d'Europe. Sur toute la côte, depuis Potomac, les chaleurs, dès un mois avant le solstice d'été, sont si fortes, que le thermomètre de Réau-

Denrées coloniales

Climat.

---

[1] *Rapport sur la question agricole.* P. 14.

mur s'élève à 22 et 24 degrés, et à Savanach à 32 et 33 degrés, tandis qu'en Égypte le terme moyen est de 25 degrés [1].

Des causes naturelles rendent la température plus ou moins constante ou variable, de telle sorte, que sur des points donnés, une seule variation de température rend impossible la végétation utile de telle ou telle plante.

La nature du sol est un autre élément de végétation aussi varié que la température, et il faut, pour comparer la possibilité de culture d'une plante dans deux pays différens, une analogie de sol et de climat, que de longues épreuves et l'expérience peuvent seules constater. On s'est trompé trop souvent dans ces assimilations : profitons des erreurs commises, et ne provoquons pas de désastreux mécomptes.

Le climat d'Alger est encore loin de celui des tropiques; le voisinage des monts Atlas et du grand désert y produit des variations vives et fréquentes dans l'atmosphère. L'influence du sirocco ou vent du désert se fait sentir jusqu'en Europe. « Et il ne faut pas oublier que, peu après la chute des premières pluies, l'Atlas se couvre de neiges, et qu'elles y durent jusqu'au mois de mars. Cette circonstance et l'abondance des rosées y rendent les nuits très froides. Dès le mois d'octobre, la

---

[1] *Tableau du climat et du sol des États-Unis*, par Volney, T. VII.

figue banane cesse d'y mûrir, et parfois, comme en 1830, n'y mûrit pas du tout. Enfin, j'ai vu au mois de novembre les fèves et les pois frappés de mort par le froid de la nuit [1]. » Shaw nous dit que pendant douze ans qu'il a demeuré à Alger, il a vu deux fois le thermomètre à la gelée, et qu'alors toute la campagne fut couverte de neige [2]. L'on a vu dans d'autres années l'oranger frappé de mort, ce qui n'arrive qu'à 6 degrés au-dessous de o. Tandis qu'à la Martinique, Porto-Rico, et aux autres îles du vent, le thermomètre ne descend pas à 10 degrés au-dessus de o [3].

La canne à sucre a été cultivée en Italie, en Corse, en Espagne, en Égypte et à Tunis, où la température est plus élevée qu'à Alger. Partout on a reconnu que la partie sucrée n'était pas assez abondante, et cette culture a été abandonnée. Dans les lieux de production, le rendement du carré qui équivaut à peu près à l'hectare, varie considérablement; ainsi le carré rend à la Martinique 2,500 kilogrammes de sucre brut, et à Cuba et Porto-Rico, 6 à 7,000 kilogrammes, encore n'a-t-on pas besoin d'employer d'engrais. La canne à sucre a été aussi cultivée à Alger, comme fourrage pour les chevaux; et il a été

Canne à sucre.

---

[1] *Dix-huit mois à Alger*, par M. le général Berthezène.
[2] *Voyages de Shaw.* T. II, p. 282.
[3] *Tableau du climat des États-Unis*, par Volney, t. VII.

planté trois pieds en 1833, au jardin d'acclimatement.

Café. **Café.** Nos observations pour le sucre sont encore plus applicables au café. Cette culture essayée en Égypte, a complétement échoué ; au cap de Bonne-Espérance, qui est à peu près à la même latitude qu'Alger, le caféier a réussi, mais n'a pas porté de fruits, ou bien, lâches et inertes, les fruits n'arrivent pas à maturité.

Cochenille. **La cochenille** qui vit sur le nopal, avait éveillé des espérances, mais les pluies qui à Alger tombent par torrens à la fin de l'automne et au commencement de l'hiver, en rendent la récolte presque impossible [1].

Indigo. **L'indigo** a aussi été soumis à la culture sur une étendue de trois mètres carrés dans le jardin d'acclimatement ; les résultats ont été bons, quant à la qualité, mais les frais mettent l'indigo d'Alger hors d'état de supporter la concurrence avec celui de l'Inde, qui décidément l'emporte sur celui d'Amérique ; que sera-ce lorsque l'élan imprimé par la charte de 1833 à l'industrie anglaise dans l'Inde, pourra faire sortir de ce pays la richesse que néglige l'indolence indienne ?

Coton. **Coton.** Cette plante est de celles que comporte le climat de la régence, du moins dans les parties basses et fertiles des plaines qui pourront être

---

[1] *Dix-huit mois à Alger,* par M. le général Berthezène, p. 15.

arrosées, mais la culture y sera bien moins avantageuse que dans l'Égypte et la Syrie, sous le rapport du prix de la main-d'œuvre, et moins profitable qu'aux Florides et dans la Géorgie, dont aucune contrée ne peut égaler les belles qualités, et où les terres à bas prix présentent une fertilité bien supérieure à celle des meilleures parties de la régence.

Oliviers. M. Laurence nous a appris que dans la régence l'olivier semble être dans son pays natal : « Là, disait-il à la Chambre, le 30 avril 1834, une semence tombée par hasard, et dans une fente de rocher, enfante un jet vigoureux qui ne réclame la main de l'homme que pour la greffe, et souvent aussi pour arrêter l'exubérante activité de la végétation. » Ceux qui n'ont pas planté peuvent bien faire de pareilles images, mais ceux qui ont planté ne sont pas entraînés par ces mouvemens poétiques, et se soumettent à l'opinion de M. de la Pinsonnière, membre de la même commission que M. Laurence; il s'exprime ainsi : « Ici comme partout, il faut préparer la terre avec soin; les plantations ainsi que les céréales, sont chétives et sans vigueur lorsqu'elles sont confiées à la nature seule. »

Mûriers. Les mûriers sont dans le même cas; nul doute qu'ils n'y réussissent si on les plante bien, et si ensuite on peut les défendre contre les bestiaux d'abord, et contre les Arabes ensuite, qui sauront bien un jour ou l'autre se venger sur nos plantations de la désolation que nous aurons portée dans leur pays. Bien fou sera celui qui pendant plusieurs années mettra ses soins à élever des arbres sans cesse menacés d'un pareil sort.

Vers à soie. M. Laurence avait aussi espéré qu'en Afrique comme dans la Géorgie, le ver à soie pourrait vivre sur l'arbre sans craindre les injures de l'air; le soleil, sans emploi de moyens artificiels, la permanence d'un temps propice, suffiraient pour préparer et assurer la récolte de la soie [1].

On tente l'expérience, qui, suivant M. Genty de Bussy, tend à résoudre favorablement le problème; le lecteur va juger du résultat par les termes mêmes de la lettre de M. Chevreau, chirurgien en chef de l'armée, rapportée par M. l'intendant civil : « J'étais très satisfait du succès, mais je m'aperçus que je ne pourrais pousser mon essai jusqu'à son entière solution, car mes vers grossissaient bien, mais leur nombre déjà si petit diminuait journellement, et les derniers, devenus comme les autres la proie des oiseaux, disparurent après dix-sept jours d'habitation sur l'arbre, ayant essuyé neuf fois la pluie, bravé le tonnerre et les brouillards [2] ». Il est difficile de trouver trace de succès dans cette expérience.

[1] Discours au *Moniteur* du 1ᵉʳ mai 1834.
[2] *M. Genty de Bussy.* T. I, p. 240.

Quant à nous, nous nous en tiendrons à la méthode qu'emploie M. Beauvais, dans son bel établissement des Bergeries. Ses vers à soie ne sont ni mangés par les oiseaux, ni détruits par les ouragans; ils sont établis dans une salle bien aérée, et maintenue à la même température. Ils vivent et prospèrent tous, et cette méthode me paraît moins hasardeuse que l'expérience faite à Alger.

Bois. Cette production est appelée à occuper au plus haut point l'attention dans l'Algérie, car elle y manque presque absolument. Un membre de la commission d'Afrique propose d'accorder des primes aux planteurs de bois, attendu « qu'il importe de songer à boiser le pays, non seulement à cause du produit, mais aussi comme moyen d'assainissement. » M. Genty de Bussy recommande fortement la plantation du bambou : « Le manque de bois qui se fait si cruellement sentir ici, dit-il, en rendrait l'utilité non moins grande que dans les contrées où il est indigène ». {Bois.}

Chaque nouvelle excursion de nos armées prouve que le bois manque presque partout; l'état de la douane en fait foi encore. Nous verrons plus tard que c'est de Rouen et de Toulon que nous devons faire venir nos constructions.

Quel mobile peut donc entraîner un cultivateur sur cette terre? un seul. Le bas prix du terrain, et par conséquent du loyer. Mais a-t-on bien réfléchi à la valeur de cet avantage? et n'a- {Influence du loyer dans la culture.}

t-on pas perdu de vue la cause du loyer que l'on trouve si lourd en France; n'est-il pas simplement la représentation de tous les capitaux dépensés sur la ferme depuis longues années, en bâtimens, clôtures, plantations, marnages, fumiers accumulés, enfin améliorations de toute nature, aussi bien que des capitaux dépensés par le gouvernement, en routes, ponts, canaux, travaux de toute espèce, depuis les travaux nécessités pour l'administration du pays, jusqu'à ceux entrepris pour sa défense? Et pense-t-on que, lorsque l'on aura fait en Alger les mêmes dépenses tant au compte de l'état qu'à celui des particuliers, si l'on en répartit l'intérêt sur les terres, cet intérêt ne représentera pas un loyer aussi important que celui payé en France? N'est-ce donc pas s'abuser que de vouloir apprécier la valeur de la terre d'après sa puissance de végétation, quand même elle serait bien reconnue?

Beaucoup de fermiers, rebutés par des loyers élevés, ont quitté les plus riches provinces de France, pour se porter dans les provinces centrales, où ils trouvaient des redevances moins lourdes. La plupart de ces nouveaux colons se sont ruinés; et cependant il est plus facile de coloniser le Berry ou le Bourbonnais, que la régence. On y trouve des fermes bâties, plantées, closes; on y trouve des coutumes et des mœurs françaises. Les cultivateurs qui ont réussi dans ces émigrations sont ceux qui, par leur capacité et au moyen de leurs capitaux, auraient réussi partout. Ceux qui se sont ruinés avaient été séduits par l'idée que la valeur locative d'une terre était tout entière dans la puissance de végétation; ils oubliaient que la location ne représente pas même le tiers des frais brut d'une récolte, que la rareté et le prix élevé de la main d'œuvre, le manque de marchés et de communications, la difficulté des ventes et achats compenseraient, et bien au-delà, cette différence de fermages.

Les produits de l'agriculture sont, en général, des marchandises lourdes et encombrantes qui demandent des routes faciles et des consommateurs rapprochés. Les pommes à cidre, par exemple, dans telle partie de la Normandie auront une valeur de 1 fr. 50 c. l'hectolitre; et, à 2 lieues de là, elles se paieront 2 fr. Pourquoi? Parce que, dans le premier cas, l'accès est difficile et qu'il faudrait dépenser plusieurs milliers de francs pour améliorer un chemin, adoucir une pente. Cette augmentation de prix profite au propriétaire sous forme de loyer, et n'est autre chose que l'intérêt de l'argent qui aura amélioré le chemin. La puissance végétative du sol n'est entrée pour rien dans ce prix, car elle est restée la même.

Autour des habitations de la plupart des villages de nos bonnes provinces, l'hectare vaut 100 fr. de location. Ces mêmes terres, à une

Causes du prix des fermages.

demi-lieue, si le sol est un peu accidenté, si les communications ne sont pas très faciles, ne se louent plus que 35 fr.; et cependant ce sont les mêmes terres. Pourquoi cette différence? Toujours par la même raison; c'est que la puissance de végétation entre dans le prix de la location, pour beaucoup moins qu'on ne le pense généralement, et pour d'autant moins que le pays est moins riche et moins civilisé. On abandonne la culture d'une terre, non seulement quand le sol est ingrat, mais quand les frais d'exploitation excèdent les produits. Aussi, qu'arrive-t-il? C'est que dans nos provinces, que j'appellerai pauvres, les terres qui entourent les villages se louent mal; et à fur et mesure qu'elles s'éloignent, on les abandonne et on ne les loue plus du tout. Il faudrait alors coloniser, direz-vous? C'est-à-dire construire une ferme au centre de ces terres éloignées. Pourquoi donc les propriétaires, si occupés de leurs intérêts, ne le font-ils pas? C'est que les capitaux, qui se contentent d'un intérêt de 2 ou 3 pour cent, sont rares et qu'il ne faut pas espérer davantage, même au centre de la France, où tous les frais généraux sont faits; aussi n'est-il pas un seul de nos départemens où l'on ne puisse, sans que le gouvernement fasse aucune dépense employer d'une manière bien plus productive les capitaux qui iront se perdre à Alger.

Après avoir démontré combien est petite la

valeur intrinsèque du sol en France, voyons quelle sera celle des terres de la régence. Dans ce pays neuf, point de routes, de ponts, de canaux, de villages, de marchés, de roulages, de messageries; une population sans liens de famille, de langage, de mœurs différentes; par conséquent, point de crédit, point de secours réciproques, une existence isolée et inquiète! Sachez bien que chacun de ces inconvéniens retire à ces terres quelque peu de leur valeur, que l'argent seul et le temps, qui est encore de l'argent, pourront leur rendre. Ajouterai-je à cela un climat difficile pour nous et qui rend la culture des parties les plus fertiles fort dangereuse? La commission d'enquête nous a dit : « Le premier coup de charrue sera dangereux et le sera beaucoup; » et enfin, pour combler la misère, la nécessité d'être soumis, pour la vente du produit de ces terres, aux lois toujours arbitraires et souvent injustes de la métropole. *Quelle peut être la valeur de la terre en Alger?*

En vérité, si les colons savaient bien la valeur du don qu'on veut leur faire, je crois que la question de colonisation serait promptement résolue pour eux!

Il n'en sera pas ainsi, je le veux, et déjà de tous les coins de l'Europe je vois arriver un peuple d'émigrans.

Les recevrez-vous tous au même titre, aux mêmes conditions? leur ferez-vous les mêmes *Quelle sera la position des nou-*

CHAP. VI. COLONISATION.

nouveaux colons?

avantages? Oui, dans l'intérêt de la colonie; non, dans l'intérêt de la justice, qui ne veut pas que l'argent du contribuable français aille dans la poche du colon allemand.

L'état n'a pas de domaines à concéder.

Il n'y a pas en Afrique, comme aux États-Unis, des terrains à concéder, ou du moins ils sont en petite quantité : ce sont ceux qui dépendent de l'ancien domaine du dey. Il a été concédé jusqu'à présent vingt à vingt-deux mille hectares, et nous avons vu dans la lettre du 18 octobre, de M. l'intendant civil à M. le gouverneur-général, qu'il ne restait plus libre, dépendant de l'ancien domaine, que dix-sept fermes qui sont à douze, quatorze, dix-huit, vingt-deux et vingt-six lieues d'Alger, et conséquemment hors de la portée des Européens. Aux États-Unis, il y a encore, d'après les documens du gouvernement, trois cent quarante millions d'acres à céder; les cessions se font à un dollar et un quart l'acre. Nos concessions se font avec la stipulation d'une redevance de cinquante centimes par hectare après cinq ans, et je m'étonne qu'il se soit présenté des colons.

Il faut contracter avec les spéculateurs.

Ce ne sera donc pas avec les biens à concéder que l'on essaiera la colonisation, mais avec les biens des spéculateurs, qui ne se contenteront pas d'une faible redevance.

Quels seront les colons qui viendront?

Quels sont les hommes dont vous désirez former votre population agricole? Sont-ce des fermiers avec capitaux et famille? Des ménagers avec famille et mobilier? Des ouvriers avec des bras, sans capitaux, sans mobilier, souvent sans famille? En général, dans la population agricole ces trois classes marchent ensemble, quoique parfois on puisse avoir la première et la dernière sans la seconde, ou la seconde à peu près seule.

Nous avons vu (page 122) le triste essai que nous avons fait, aux villages de Kouba et de Dely-Ibrahim, de la colonisation par petits ménages. Il est arrivé ce qui devait arriver. Pour la colonisation par grandes fermes, un homme capable et moral peut suffire pour donner l'impulsion, et entraîner avec lui dans une bonne voie tout un personnel, même médiocre. Pour la colonisation par petits ménages, il faut que tous soient moraux et intelligens pour réussir, puisque chacun est abandonné à sa propre direction. Est-il permis d'espérer que tels seront les petits colons destinés à ces établisssemens? non, sans doute. Arrivera le rebut de la population des villes et des campagnes de l'Europe : la paresse et tous les vices assiégeront les demeures de ces malheureux; et se renouvelleront les calamités qui ont affligé les colonies agricoles hollandaises libres de Wortel et Fredericks'oort. On ne peut se figurer l'habileté qu'employaient les colons

Les petits ménages ne peuvent réussir.

pour déjouer les mesures les plus bienveillantes prises par la Société philantropique pour l'amélioration de leur position. Chaque ménage avait reçu un terrain, un logement, le bétail et les outils nécessaires, vêtemens, nourriture, jusqu'à la prochaine récolte. Peu de temps après, tout le mobilier était vendu, et avait été dévoré par l'ivrognerie. Un compte avait été ouvert à chaque ménage, et tous étaient obérés. Le directeur de Wortel, homme de cœur et dévoué, me racontait avec douleur tous les mécomptes qui ruinaient ses espérances. A Botany-Bay, des excès semblables avaient fait donner à une certaine époque le nom d'*ère du rhum*. Je crains que les nombreux cabarets qui infectent l'Afrique n'aient imprimé de fâcheux stigmates à l'époque actuelle de notre occupation.

Comment s'établiront les grandes fermes. Ne pouvant rien tenter avec les petits ménages, analysons la constitution de grandes fermes, avec une population d'ouvriers.

Nous devons entrer, pour cela, dans des détails qui nous paraîtront puérils, à nous, tant ils sont connus des hommes qui s'occupent de culture; mais malheureusement ce ne sont pas ces hommes qui sont consultés. La plupart des partisans de la colonisation manquent entièrement du premier élément nécessaire pour bien juger les moyens d'exécution, ce qui nous force à expliquer un peu longuement des vérités qu'il aurait suffi de citer à des cultivateurs.

Je supposerai donc qu'un cultivateur entouré de sa famille, au lieu de venir s'établir dans une ferme de Normandie, où pour la redevance de quatre à cinq mille francs il aurait la jouissance de cent hectares de bonnes terres en pleine culture, avec herbage planté en rapport, et tous les bâtimens nécessaires à son logement et à l'exploitation de ses terres, séduit par les promesses des spéculateurs d'Afrique, s'embarque à Marseille, afin de trouver sur cette nouvelle terre promise un salaire plus élevé pour fruit de ses sueurs.

Je suppose qu'il y ait à Alger des terrains à concéder par l'État, et qu'arrivé sur la côte d'Afrique, le colon trouve des autorités amies qui lui assignent, avec une faible redevance, un terrain égal à celui qu'il aurait eu en Normandie. En arrivant sur son nouveau domaine, il doit d'abord se loger, et la tente qui suffit à l'habitant du pays et au soldat français sans famille sera pour lui d'un bien faible secours ; *Comment se logeront les colons ?* cependant je veux admettre encore qu'il puisse s'en arranger pendant le temps nécessaire à la construction des bâtimens indispensables à son exploitation. Quelles sont les ressources qu'il va trouver sur les lieux ? Point de bois, point de charbon; pour ouvriers, le rebut de ceux d'Europe, et qui se feront payer en raison de leur maladresse. Quelque mauvais qu'ils soient, on sera encore heureux de les trouver; il faudra les nourrir, car ils auront dépensé en débauche le salaire que le malheureux colon aura été obligé de leur payer d'avance. Mais les nourrir : avec quoi? avec des vivres qui viendront d'Europe. Voyez le tableau des importations en Afrique.

Quels ouvriers auront-ils?

Les plus avisés et les plus prudens feront exécuter en France leurs constructions en bois, et les embarqueront pour l'Afrique. M. Barbet, maire de Rouen, interrogé sur la manière dont il se propose de loger les huit cents colons qu'il a l'intention de faire venir d'Allemagne pour cultiver ses terres de la Métidja, répond que le meilleur marché pour lui sera de faire construire ses maisons à Rouen, pays de la France où le bois et la main-d'œuvre sont le plus chers, et de les expédier en Afrique sur un navire entièrement frété à cet effet [1]. C'est aujourd'hui le mode adopté pour la construction des hôpitaux qui doivent recevoir les malheureuses victimes de l'expédition de Constantine.

Comment construiront-ils leurs bâtimens?

Mais, par l'un ou l'autre de ces moyens, les constructions coûteront le double de ce qu'elles

---

[1] *Procès-verbaux de la commission d'Afrique.* P. 93.

auraient coûté à établir en France; et l'intérêt de cette dépense ne compense-t-il pas un peu l'élévation du loyer des terres dans la mère-patrie?

Les colonistes veulent-ils encore une concession? Nous avons déjà accordé gratuitement, ou à peu près, les terres aux colons : veulent-ils qu'on y ajoute le don gratuit des bâtimens de ferme? J'y consens. Le gouvernement français prélève sur toutes les chaumières de France l'obole du pauvre pour construire les demeures des colons d'Afrique. Les voilà donc installés gratuitement sur des domaines concédés et bâtis par l'état : mais la culture n'est pas encore commencée, il faut un mobilier pour mettre la terre en œuvre. *Le gouvernement construira pour eux.*

Le fermier émigrant hésitera à transporter en Afrique son mobilier de culture; il lui en coûtera deux fois la valeur pour le rendre en Afrique; il aurait préféré le vendre même à perte en France, pour en racheter un à Alger : mais il sait qu'il n'en peut trouver de convenable dans ce pays qu'il est appelé à civiliser; il est obligé d'emporter avec lui, coûte que coûte, tout son matériel de culture. *Cet avantage suffit-il au colon ?*

Le voilà arrivé dans la régence; il y trouve terrain gratuit, ferme bâtie, pays tranquille, administration établie. Nous sommes au mois de février. Ses charrues de France, attelées avec des animaux de France, conduites par un charretier de France, sillonnent la plaine de la Mé- *Il arrive dans la régence.*

tidja. Il échappe à la fièvre, fait ses semences. La saison le favorise ; le gouvernement le protége avec sollicitude, car il est sa créature. Examinons comment il va vivre, diriger ses gens, et où seront les moyens nécessaires pour parer à toutes les difficultés inhérentes à la profession de cultivateur, dans les pays même le plus civilisés.

Le personnel est difficile à organiser en France. Il n'y a que les hommes qui n'ont jamais pratiqué la culture qui ignorent les difficultés que présentent de nos jours le bon choix, la conservation et la bonne direction du personnel. Il n'en est pas en culture comme en fabrique, où souvent l'homme est un accessoire entraîné bon gré mal gré par une machine plus habile que lui. L'ouvrier en culture a sa valeur propre, et agit de toute sa puissance sur le travail qui lui est confié ; son travail s'étend au loin, en dehors de toute surveillance possible. Chaque jour change les circonstances au milieu desquelles il travaille, rend la direction qu'il doit recevoir moins précise, et par conséquent le reproche moins applicable.

L'obéissance n'est pas absolue comme dans l'état militaire ; elle est sans cesse contestée, et dépend évidemment d'un contrat libre dans lequel les frottemens de caractères jouent le plus grand rôle. Un valet de ferme veut un bon salaire, une bonne vie, de bons traitemens, et un pays où il trouve une distraction facile les jours de fête ; il veut de bons chevaux, de bons outils, et des concessions continuelles à ses opinions sur la nourriture des animaux et la direction de son travail. Quand le maître peut et veut donner ces avantages, il y a chance pour lui d'être bien servi; sans cela il est à la merci d'une suite de vagabonds qui se succèdent chez lui sans interruption, lui perdent ses attelages, ses troupeaux, le volent, démoralisent sa maison et finissent par le ruiner.

Voilà exactement comment les choses se passent en France. Voyons ce qui arrivera à Alger. *Il sera impossible en Afrique.*

Là, le pays ne produira aucune ressource par lui-même; il faut y conduire son monde, et Dieu sait quels seront les hommes assez misérables pour consentir à s'expatrier pour aller conduire une charrue. Ce ne sera sans doute qu'à force de promesses et d'argent qu'on les y entraînera; car, en Afrique, point de vie de famille, point d'église où l'on se réunisse le dimanche, point de maison où le soir on fasse la veillée, plus de fête de village, rien enfin de ces plaisirs qui font supporter avec courage les rudes travaux de la semaine. Si le pays se peuple d'habitans de différentes nations, l'homme que vous rencontrerez, souvent ne parlera pas votre langage, il ne comprendra pas vos besoins. Venus des divers points de l'Europe, ces étrangers ne se lieront que pour gémir ensemble sur leur malheureux sort; et si les haines, les jalousies ne se développent pas et n'entraînent pas avec elles des guerres intestines, c'est que, réunis dans le sentiment commun de leurs regrets et de leur désespoir, ils fraterniseront ensemble pour trouver les moyens les plus prompts de retourner dans leur patrie. Et que l'on ne dise pas que j'exagère : prenez pour comparaison l'homme que vous attirez chez vous d'une province voisine de celle que vous habitez; par combien de sacrifices ne vous fait-il pas payer son émigration, et combien consentent à rester, malgré tous vos efforts pour les retenir? Mais au moins alors vous trouvez toujours de l'aide et un remplaçant dans la population amie qui vous entoure.

Mais, à Alger, que ferez-vous, lorsqu'un domestique vous quittera à l'époque de vos moissons? Par qui remplacerez-vous ces armées de Champenois, de Bourguignons, d'Artésiens qui se répandent dans les pays de grande culture pour faire la moisson? Qui viendra vous aider dans ces travaux qui ne peuvent languir sans entraîner votre ruine? Vous lutterez long-temps et avec courage contre cet obstacle insurmontable, et, *Et le colon sera ruiné.* après avoir épuisé vos forces et votre bourse, vous succomberez.

Prenons garde de condamner la culture des Arabes avant de l'avoir connue ; bien souvent j'ai vu des agriculteurs de la veille qui venaient prêcher un vieux cultivateur; attribuaient à routine sa méthode, qui, sans qu'il pût le démontrer peut-être, était le résultat inévitable de la force des choses. Si la présomption mettait la main à l'œuvre, souvent elle était amenée à la vieille méthode par les revers éprouvés de ses théories irréfléchies. Il y a fort à croire que le climat et le sol sont pour beaucoup dans les méthodes arabes, et que ces méthodes sont les bonnes en leur appliquant les améliorations que toute méthode comporte. Avant de les condamner, il me faudrait l'opinion de personnes capables de juger ces sortes de choses, et non celles de personnes incapables de juger les faits les plus simples de la culture de France.

Mais, nous dit-on, quelque chose a été fait, quelque résultat a été obtenu, tous les journaux ont retenti des progrès de la colonisation, les colons sont arrivés de toutes parts, les capitaux ont abondé par millions; rien de tout cela, si ce n'est la promesse; et honteux mécomptes pour ceux qui ont eu la faiblesse de se laisser aller à des suggestions coupables. *On n'a pas fait de culture,*

La vérité, c'est la spéculation. « La plupart des colons sont des spéculateurs qui sont venus pour acheter et vendre des terres, mais il n'est pas probable qu'ils les cultivent [1] ». *mais de la spéculation. Les spéculateurs.*

« Beaucoup de ceux qui ont acheté des terres ont été dupes ou fripons : dupes, lorsque, ne connaissant pas les lieux, ils achetaient de con-

---

[1] *Procès-verbal de la commission envoyée en Afrique.* P. 207.

fiance; fripons, lorsqu'ils exploitaient la crainte qu'avaient les naturels d'une expropriation forcée [1]. »

« Alger devint le théâtre de manœuvres frauduleuses de tout genre, qui achevèrent de déconsidérer le caractère français aux yeux des naturels. Nous apportions à ces peuples barbares les bienfaits de la civilisation, disait-on, et de nos mains s'échappaient toutes les turpitudes d'un ordre social usé. Ces colons, inutiles pour la colonisation, puisqu'ils ne devaient jamais ni semer, ni planter, ni exercer d'industrie, ces colons, qui accaparaient les terres quelque part que ce fût, sans les voir, sans les connaître, portant d'avance leur envahissement sur les points présumés de l'occupation militaire, s'exposant à l'improbité connue des Maures, en achetant à Bélida, par exemple, des *maisons renversées depuis six ans par un tremblement de terre; dans la Métidja, dix fois plus d'étendue qu'elle n'en a*, et jusqu'à 36,000 arpens à la fois d'un seul propriétaire [2]. »

« Le colonel P... et deux autres personnes ont acheté à Bone trois lieues de terrain pour

---

[1] *Procès-verbal de la commission envoyée en Afrique.* P. 223.

[2] *Rapport sur la colonisation à la commission envoyée en Afrique.* P. 10.

6,000 fr., argent de France. Reste à prouver que le vendeur est réellement propriétaire [1]. »

Heureusement, pour le sol d'Alger, que ces spéculateurs n'ont pas pu se mettre en possession de leurs acquisitions, et que les anciens propriétaires en ont continué la culture, ignorant que leur bien eût passé déjà successivement dans plusieurs mains, et eût été vendu par un bourgeois de Paris à un bourgeois de Rouen, qui l'avait revendu à un bourgeois de Pontoise; car aussitôt que ces mutations étaient connues, et que le propriétaire nominal pouvait approcher de sa propriété, elle était frappée de stérilité, le cultivateur indigène l'abandonnait, mais le propriétaire ne le remplaçait pas. Rien ne pouvait être plus funeste pour la culture que la tranquillité suffisante pour que les acquéreurs européens pussent se répandre dans la plaine, et apercevoir leurs domaines.

« Il s'était formé à Alger une compagnie, soi-disant d'agriculture, qui n'a su qu'accaparer des terres dont elle est embarrassée maintenant. M. B., maire de R., membre de la Chambre des Députés, du parti qu'on appelle encore libéral, je crois, et de plus riche capitaliste, vint à Alger en 1833. Il semblait que son arrivée dût répandre la manne sur la colonie. Eh bien ! qu'a fait

[1] *Procès-verbaux à la commission d'Afrique.* P. 64.

M. B., il a acheté et revendu des terres, et a gagné à ce jeu quelques écus [1]. »

« La rage des spéculations a été poussée jusqu'au scandale à Alger. Il y a telle maison qui est louée à l'État douze fois la valeur que le capital entier d'achat a coûté. Un administrateur a fait cette spéculation, et voudrait faire tomber à la charge du gouvernement le soin d'assurer ce bénéfice. On a vendu des terres à Alger comme des quantités algébriques, comme à la Bourse de Paris on trafique sur le sucre, le café et les eaux-de-vie... Le territoire d'Alger appartient aujourd'hui à de gros capitalistes qui ont des numéros de loterie, qui cherchent à les placer, et qui voudraient qu'une déclaration du gouvernement vînt dire qu'ils ont vendu sous sa garantie, afin de faire hausser le prix de leur marchandise, et ensuite de s'en départir [2]. »

Leurs prétentions. Voilà les gens qui ont entraîné le gouvernement, entravé l'autorité locale d'Alger et perverti l'opinion publique; ils voudraient nous faire entrer dans leurs mauvaises passions; et, pour faire réussir leurs spéculations folles et coupables, ils demandent à grands cris que la France sacrifie ses enfans, et écrase les contribuables de nouveaux impôts; ils veulent que, pour assouvir

[1] *Annales algériennes.* T. II, p. 352.
[2] Discours de M. Dupin, président de la Chambre, le 29 avril 1834.

leur indolente cupidité, la France fasse pour eux ce qu'elle refuse chez elle au travail, à la persévérance et à la moralité. Ils demanderont bientôt qu'on leur trouve les terres qu'ils ont achetées sans qu'elles existassent.

Et ces gens ont fait des dupes.

Il est, cependant, quelques colons sérieux et recommandables; mais, aujourd'hui que l'expérience a pu leur ouvrir les yeux, qu'ils nous disent quelle espérance ils conservent encore. Est-ce dans un pays où l'on emprunte à 20 et 30 pour 100 que l'on peut faire de la culture? L'an passé, on a distribué à la Chambre des Députés un *Voyage à la Rassanta*, fait par le vice-président de la Société coloniale d'Alger ; il serait bon que l'honorable magistrat qui en était l'auteur voulût bien nous dire aujourd'hui où en est cet établissement.

<small>Quelques colons sérieux.</small>

Les documens officiels qui nous ont été fournis l'an passé, par l'administration, nous ont appris qu'en 1835 il y avait en culture, sur le massif, cent quatre-vingt-cinq hectares de potager et deux cent soixante-deux hectares de blé. De grands efforts ont été faits depuis lors. Nous avons eu le détail de tous les capitaux qui devaient se rendre en Alger : ils auront fructifié, sans doute, et l'on ne manquera pas de nous démontrer que nous nous sommes trompé dans nos prévisions.

<small>État actuel de la colonie agricole.</small>

A défaut de document positif sur la culture, nous ne pouvons que tirer argument de la population des colons, pour affirmer que la culture n'existe pas d'une manière appréciable : sur dix mille quatre cent quatre-vingts individus, il y a cinq mille sept cent soixante-et-un hommes, et sur ces cinq mille sept cent soixante-et-un hommes, douze cent soixante-dix-huit patentés. Nous verrons l'an prochain.

Il y a eu peu de progrès depuis la nouvelle administration. J'ai eu connaissance d'une lettre du premier et de l'un des seuls colons sérieux, qui, le 13 novembre dernier, disait : « Quand on pense à ce qu'était la colonie il y a quinze mois, au départ du comte d'Erlon, on ne peut que déplorer l'aveuglement qui nous a fait méconnaître la sagesse de ce respectable général. Pour la première fois, je me sens découragé, et je commence à désespérer de l'avenir de la colonie. »

CHAPITRE VII.

COMMERCE.

Les avantages commerciaux que promettent à la France les partisans de la colonisation peuvent être de deux espèces : les uns résulteront du commerce avec la régence elle-même; et c'est pour cela que l'on nous propose d'y créer des consommateurs pour consommer nos produits, et d'y créer des produits dont nous devrons être les consommateurs; les autres naîtront d'un commerce que nous ferions avec des peuples étrangers à la régence, qui, dans cette combinaison, serait l'entrepôt ou le lieu de transit.

§. Ier. *Commerce avec Alger.*

L'idée de se créer des consommateurs par des fondations de colonies n'est pas nouvelle ; elle a long-temps dirigé la politique de l'Angleterre. Adam Smith l'apprécie en ces termes : « Aller fonder un vaste empire dans la vue seulement de

<small>On veut créer des consommateurs nouveaux.</small>

créer un peuple d'acheteurs et de chalands, semble, au premier coup d'œil, un projet qui ne pourrait convenir qu'à une nation de gens à boutique : c'est cependant un projet qui accommoderait extrêmement mal une nation toute composée de gens à boutique; mais qui convient parfaitement bien à une nation dont le gouvernement est sous l'influence de gens à boutique. Il faut des hommes d'État de cette espèce, et de cette espèce seulement, pour être capables de s'imaginer qu'ils trouveront de l'avantage à employer le sang et les trésors de leurs concitoyens pour fonder et pour soutenir un pareil empire [1]. » Ces marchands ne sont-ils pas, en effet,

Et l'on perd ceux acquis. bien aveuglés, pour ne pas voir qu'en cherchant ainsi à créer des consommateurs dans de lointains pays, ils perdent ceux dont le voisinage leur assurait la clientèle? Ils ne comprennent donc pas que des capitaux ne peuvent pas se trouver dans deux endroits à la fois? que, si les nôtres sont en Afrique, ils ne seront pas en France? Si j'avais employé mes capitaux en France, j'en aurais échangé les produits contre ceux de mes concitoyens ; si, au contraire, je me livre à des entreprises aventureuses en Afrique, je perdrai probablement mes capitaux, et je n'aurai pas alors de produits à échanger ; ou, si je ne les perds pas,

---

[1] *Richesses des nations*, L. IV, chap. 7.

c'est-à-dire si je produis, ce ne sera pas seulement avec leurs produits que j'aurai à faire échange, mais aussi, mais surtout avec les produits que m'apportera la concurrence étrangère, contre laquelle ils sont rarement en état de lutter.

Des 40 millions qu'on enlève annuellement à la métropole, pour les dépenser en Afrique à la création de consommateurs, la plus grande partie est enlevée au commerce intérieur, et la plus petite est monopolisée par une seule localité. Le seul résultat est d'avoir transporté à Marseille les affaires qui auparavant étaient répandues sur toute la France. Que des négocians de Marseille applaudissent à cette nouvelle direction de la consommation, nous le concevons; ceux de Bayonne se félicitaient aussi des guerres d'Espagne, pendant lesquelles la consommation de nos armées leur procurait de nombreuses affaires, comme une guerre avec l'Allemagne en donnerait à ceux de Strasbourg, comme des armateurs de ports de mer tireraient profit d'une guerre maritime en armant en course. Mais ces sentimens égoïstes de quelques individus, ce ne sont pas ceux de Marseille, non plus que ceux de Bayonne, de Strasbourg, de nos ports. Dans cette noble cité, l'intérêt personnel, et un intérêt aussi minime, n'étouffe point le patriotisme : Marseille sent que, si son commerce est un peu augmenté, le commerce des autres points de la

France est diminué, et que ce sont les étrangers qui ont le plus profité du nouveau débouché que la France a ouvert.

Les tableaux suivans qui ont été fournis par l'administration à la Chambre des Députés pendant le courant de la dernière session, prouvent avec évidence cette dernière assertion.

ÉTAT GÉNÉRAL *des importations et des exportations par les ports d'Alger, Oran et Bone, pendant l'année* 1835.

IMPORTATIONS EN AFRIQUE.

DÉSIGNATION DES MARCHANDISES.	VALEUR DÉCLARÉE EN AFRIQUE DES MARCHANDISES		
	FRANÇAISES.	ÉTRANGÈRES. De l'étranger et des entrepôts.	TOTAL.
Produits et dépouilles d'animaux..........	fr. c. 62,608.36	fr. c. 531,584.77	fr. c. 594,193.13
Farineux alimentaires.............	656,310.01	4,595,214.94	5,251,524.95
Bois communs......	19,323.22	443,928.89	463,252.11
Boissons...........	1,672,943.86	301,577.88	1,974,521.74
Tissus.............	950,187.14	2,240,399.28	3,190,586.42
Objets divers	2,536,509.69	2,768,149.35	5,304,659.04
TOTAUX......	5,897,882.28	10,880,855.11	16,778,737.39

EXPORTATIONS D'AFRIQUE.

DÉSIGNATION DES MARCHANDISES.	VALEUR DES MARCHANDISES EXPORTÉES.		
	EN FRANCE.	A L'ÉTRANGER.	TOTAL.
Produits et dépouilles d'animaux.........	924,411.50	757,523.70	1,681,935.20
Sucs végétaux (huile).	445,086.75	3,466.50	448,553.25
Objets divers.........	267,385.48	105,671.10	373,055.58
TOTAUX......	1,636,882.73	866,661.30	2,503,544.03

Deux faits importans résultent de ce tableau.

En premier lieu. La France ne participe que pour un tiers dans les importations en Afrique ; les tissus anglais, les blés d'Odessa, les bois du nord et de la Méditerranée repoussent les produits analogues de la France. En 1834, d'après les tableaux officiels distribués aux Chambres, nous n'avions importé à Alger les tissus de coton, que pour une valeur, déclarée à la douane d'Alger, de 264,601 fr., et les Anglais en avaient importé pour une valeur de 2,500,981 fr., à peu près dix fois plus que nous. On conçoit dès lors les applaudissemens que les Anglais donnent à nos essais de colonisation ; mais l'on conçoit moins que le maréchal Clausel ait cru pouvoir nous féliciter de ces applaudissemens.

En second lieu. Les importations générales dans la régence s'élèvent à. . . . 16,778,737 fr.

Et les exportations sont de. . 2,503,544

La différence est de. . . . . . 14,275,193 fr.

et présente un phénomène particulier à la régence ; car dans tout pays, chaque année, les importations et les exportations se balancent. Si l'on y trouve quelque différence dans les chiffres, cela provient d'opérations plus ou moins avantageuses, de reports de vente ou d'achat d'une année sur l'autre, de déclarations inexactes, de vente et d'achat d'objets entrés et sortis en contrebande, et qui, par conséquent, ne figurent pas sur les tableaux de douanes. Mais en dehors de ces causes exceptionnelles, les exportations et les importations seraient évidemment égales, par la raison fort simple que l'on ne reçoit pas sans donner, et que l'on ne donne pas sans recevoir : les états de douane de divers pays confirment ce que nous venons de dire. Notre commerce spécial, y compris le numéraire, s'est élevé en 1835, pour les importations, à 657,868,887 fr., et pour les exportations à 660,035,242 fr. Pendant la même année, les importations se sont élevées en Russie à 244,857,044 roubles, et les exportations à 237,640,246 ; aux États-Unis, en 1834, les importations ont été de 126,521,000 dollars, et les exportations de 104,336,000.

On voit que les exportations et importations se balancent à fort peu de chose près; et si, dans la régence, les importations sont de 800 pour cent plus élevées que les exportations, et donnent une différence de 14,275,193, la caisse du trésor de France nous donne la solution de ce problème, c'est elle qui fournit la différence. En 1833, elle a envoyé en Afrique 14,600,000 fr.; en 1834, 14,765,000; en 1835, 18,791,000, et en 1836, 16,053,000.

Toutes ces combinaisons ont donc produit ce résultat, que les contribuables ont fourni de l'ar- *Résultat funeste pour le commerce français.*

gent au trésor : le trésor l'a remis à nos soldats, et nos soldats sont allés le dépenser en Afrique, et la plus grande partie en achats de produits étrangers. Avec plus de réflexions, on aurait laissé au contribuable son argent avec lequel il aurait acheté en France des produits français; et il les aurait achetés en plus grande quantité qu'il n'en a été vendu en Afrique, parce qu'ils n'auraient pas été grevés de droits de douanes, de frais de transport, de bénéfices de commerce qui, en augmentant le prix, diminuent la consommation.

Il est véritablement pénible que nous ne puissions pas profiter de l'expérience de nos devanciers en colonies. Voici ce que Adam Smith écrivait sur le même sujet : « Les colonies d'Espagne et de Portugal donnent plus d'encouragement réel à l'industrie de quelques autres pays qu'elles n'en donnent à celle de l'Espagne et du Portugal. Pour le seul article des toiles, on dit que la consommation de ces colonies se monte à plus de 75 millions de francs par an; or, cette énorme consommation est presqu'en entier fournie par la France, la Flandre, la Hollande et l'Allemagne. L'Espagne et le Portugal n'en fournissent qu'une très petite partie [1]. » Et cependant le régime colonial de ces pays était constitué pour favoriser la métropole !

---

[1] *Richesses des nations*. Liv. IV, chap. 7.

Ces rapprochemens ne prouvent-ils pas toute la déraison qu'il y a à vouloir créer ainsi, forcément, des consommateurs loin de la France? Si l'on réussit, ils nous échappent et vont s'offrir à nos rivaux en industrie, dont les prix sont inférieurs aux nôtres. Si l'on échoue, l'on n'a même pas la satisfaction d'avoir travaillé pour des étrangers, pour l'humanité en général. Dans tous les cas les capitaux de la France sont perdus pour elle. Les améliorations intérieures sont paralysées, le population est stationnaire et le malaise s'aggrave. On veut créer des consommateurs! mais ce ne sont pas des consommateurs qui nous manquent, ce sont les moyens d'acheter qui manquent à ceux qui voudraient devenir consommateurs. Des consommateurs! ils existent en France, ils existent à nos portes : seulement ils sont trop pauvres pour pouvoir consommer! Ne les appauvrissez pas encore si vous ne voulez retarder le moment où ils pourront augmenter leurs richesses par leurs achats, et participer aux bienfaits de la civilisation et de la richesse publique.

Négligeant même ce point de vue, supposons Alger, littoral et intérieur, aussi peuplé qu'on le voudra; ses habitans seront-ils pour nous des consommateurs? Ils ne le deviendront que lorsqu'ils produiront quelque chose à nous offrir en échange de nos produits, à moins que le but de notre colonisation ne soit de les approvisionner gratuitement. Ce peut être une conception philanthropique, mais ce n'est pas, que nous sachions, une pensée commerciale.

Quels seront les produits obtenus ?

Nous avons vu quels sont les produits que les colonistes espèrent du sol de la régence, et nous croyons avoir démontré quelles sont leurs illusions. Mais admettons leurs succès : ces produits seront analogues à nos produits indigènes ou exotiques.

Ils seront analogues à ceux de France,

Quant aux premiers, pense-t-on que les contribuables de France soient long-temps disposés à continuer les énormes sacrifices que leur impose la tendance colonisatrice; sacrifices qui seraient bien autres encore, du moment où nous serions pleinement entrés dans cette voie funeste? Ils sentiront qu'ils créent les mêmes produits que la co-

et leur feront une concurrence fâcheuse,

lonie, et ils trouveront un peu trop simple de se susciter à eux-mêmes, avec leur argent, une concurrence de plus, quand ils ont déjà grand' peine à lutter contre celle qui est indépendante de leur volonté.

surtout dans le Midi.

Confondant l'intérêt de tout le Midi avec l'intérêt de quelques habitans d'une seule cité, l'on a prétendu que le Midi était, par intérêt, partisan d'Alger. L'intérêt bien entendu du Midi est absolument contraire; et la première réaction viendra de ce côté. Les habitans de Cannes se plaignaient en 1834, dans une pétition adressée à la Chambre, de l'introduction en France des fleurs, des feuilles, et même du bois d'oranger;

de quel œil les habitans du Midi verront-ils arriver d'Alger les huiles, les vins, les soies? Ces justes appréhensions ont déjà été ressenties par le conseil municipal de Montpellier; une commission, par lui nommée pour examiner la question, constatait le 31 mars 1835, dans un rapport qu'elle lui faisait, que l'intérêt de Toulon et de Marseille n'était pas celui des départemens méridionaux, en général, à l'agriculture desquels seraient funestes les importations de la régence, si la colonisation prospérait. Le seul journal qui ait été opposé aux projets de colonisation, le *Mémorial bordelais,* est un journal du Midi; et l'on sait avec quelle vigueur et quelle persistance il a soutenu son opinion. Enfin, le seul conseil-général qui se se soit occupé d'Alger, est celui du département du Var, et voici le vœu qu'il a émis dans sa session dernière : « Le conseil-général du Var appelle toute l'attention et toute la sollicitude du gouvernement sur le système à suivre pour l'administration des possessions françaises du nord de l'Afrique, de telle sorte que, tout en satisfaisant à ce qu'exigent la gloire et l'honneur français, ce système ne porte point atteinte aux intérêts agricoles du midi de la France. » On voit donc que déjà le Midi se met en garde contre la colonisation. Son intérêt est identique avec celui de toute la France, et même plus directement attaqué.

Mais, nous dit-on, cette concurrence que vous

[marginalia:] Le Midi se plaindra.

[marginalia:] Le conseil-général du Var se met déjà en garde.

Ou ces produits seront exotiques.

redoutez pour nos produits indigènes, vous ne pouvez la craindre pour des produits exotiques ; et au lieu de les tirer de l'étranger, ne serait-il pas avantageux de vous les procurer à Alger, qui dépendrait de la puissance française? Vous seriez affranchi du tribut énorme que vous lui payez. Tribut à l'étranger! Ces mots s'impriment encore tous les jours, et ils retentissent à la tribune, et ils trouvent des applaudissemens! Comme si, même en supposant qu'Alger puisse jamais parvenir à produire les 4 à 500 millions dont on nous parle sans cesse, ces millions dussent être un bénéfice pour nous ; ne nous faudra-t-il pas les acheter ou les échanger avec Alger, comme nous le ferions avec tout autre pays, contre des produits que nous aurons créés?

La vraie question est de savoir si les objets exotiques que nous tirerons d'Afrique seront plus chers ou moins chers que les analogues que nous nous procurons actuellement chez les différens peuples. Fussent-ils moins coûteux à produire, quels moyens aurons-nous de nous les faire livrer par les producteurs à un prix plus avantageux qu'aux autres nations? N'y parvenant pas, quel avantage nous restera-t-il sur elles? Qui nous indemnisera des énormes dépenses que nous aurons faites pour pousser à la colonisation?

S'ils sont coûteux à obtenir, il faudra les protéger.

Si leur production est plus coûteuse dans la régence, ne faudra-t-il pas les protéger par des mesures de douanes, qui tourneront constamment contre les intérêts de la métropole? ne faudra-t-il pas surtaxer à leur entrée en France les produits analogues de l'étranger? ce qui grèvera notre industrie; ou bien abaisser les droits sur l'entrée des produits coloniaux? ce qui, dans presque toutes les circonstances, diminuera notre recette de douanes? Nous avons dit en 1834, à la tribune, que tel serait le résultat inévitable de nos relations commerciales avec Alger. On est sur la voie, bientôt on ne pourra plus s'arrêter, et au moment où il s'écroule de toutes parts sur le nouveau continent, le système colonial sera reconstitué de toutes pièces sur les côtes d'Afrique.

Dès le 4 janvier 1834, les colons d'Alger avaient adressé aux Chambres une pétition dans laquelle ils offraient d'établir, à leur entrée à Alger, une faveur pour les marchandises de France. C'était un biais nécessaire pour arriver au but qu'ils se proposaient et qu'ils dévoilaient dans les paroles suivantes : « De son côté, la colonie, en demandant la liberté d'exportation, acceptera l'assimilation de ses produits à ceux de l'étranger à leur entrée en France, toutefois avec une différence de droits *d'un tiers ou d'un quart au moins* sur les derniers. » Cette pétition est apostillée par toutes les notabilités du commerce, par le conseil municipal, par la chambre de commerce de Marseille.

<small>Les colons demandent déjà la protection des tarifs.</small>

Ainsi, Alger, avant d'être déclaré colonie, veut s'emparer du bénéfice du régime colonial : avant d'avoir produit, les prétendus colons d'Alger réclament des priviléges pour leurs produits à naître.

La commission d'Afrique, il est vrai, n'a pas accédé à ces ambitieuses demandes ; mais elle en a concédé le principe quand elle a consenti à ce qu'une différence de droits en faveur des produits de la régence, leur assurât en France la préférence sur les produits analogues des autres pays. Elle estimait que la réduction du droit pouvait être du dixième.

Fort heureusement le tarif des douanes françaises n'était à la disposition ni de la commission d'Afrique, ni des colons d'Alger, ni des négocians de Marseille ; il aurait bientôt reçu le baptême colonial. M. le maréchal Clausel a tou- *Ordonnance des douanes du 11 novembre 1835.* tefois fait rendre l'ordonnance du 11 novembre 1835, qui est la véritable pierre d'attente de tout le régime colonial en Afrique. Cette ordonnance consacre un privilége pour les marchandises françaises, en les exemptant de droits à leur entrée dans les ports d'Afrique, et frappe, sauf quelques exceptions, les marchandises étrangères d'un droit variable qui s'élève, pour quelques unes, jusqu'à 12 pour cent. Le tarif des droits de sortie est conçu dans le même esprit. L'espérance que l'on avait eue d'obtenir pour les produits français, d'importans débouchés dans la régence, avait été déçue; on avait, au contraire, en résultat, ouvert un nouveau marché aux produits étrangers; nous concevons que l'on ait alors cherché un remède; l'on n'en a pas trouvé de meilleur que d'établir des droits différentiels; et l'on n'a pas senti qu'un tarif protecteur n'a d'efficacité qu'autant qu'il est appuyé par une organisation puissante de douanes; qu'en France, le service de cette administration coûte 24 millions; que le service à établir en Afrique, serait plus difficile et aussi dispendieux, en supposant même que nous fussions arrivés à la pacification générale. Cette vérité avait été reconnue par la commission d'Afrique, dans le rapport sur les douanes, du 14 mai 1834. « Comment, dit-elle, espérer, même au prix de la surveillance la plus intelligente et la plus coûteuse, d'empêcher la contrebande qui ne rencontrera nulle part les facilités que lui offrent à Alger, sur le littoral, l'étendue des côtes, et à l'intérieur, l'impossibilité d'exercer une autorité réelle sur les tribus éloignées?[1] » Le but que l'on se proposait par ce droit différentiel, ne peut donc être atteint : la contrebande est et sera la plus forte, et ceux des produits étrangers qui peuvent être obtenus à meilleur compte que nos analogues,

[1] *Commission d'Afrique.* P. 512.

excluront nécessairement les nôtres de la régence.

Il ne faut pas croire que les colons d'Alger consentiront long-temps à nous faire un avantage, quelque faible qu'il soit, sans nous demander réciprocité ; il ne faut pas croire qu'ils laisseront en Alger le régime colonial incomplet. Si, dans leurs rapports avec la métropole, nos colonies actuelles s'approvisionnent chez elle des objets qu'elles consomment, et ne se servent que de ses vaisseaux, la métropole de son côté a établi des droits différentiels en faveur des produits coloniaux ; ainsi, le coton de nos colonies ne paie à la douane française que 5 fr. les 100 kil., tandis que ceux de l'Inde paient 10 fr., ceux de Turquie, 15 fr., et ceux des autres pays hors d'Europe, 20 fr. — Le sucre de nos colonies ne paie que 38 fr. 50 c., ou 45 fr. les 100 kil., tandis que celui de l'étranger paie 80, 85 et 95 fr. — Le café de nos colonies paie 50 et 60 fr. les 100 kil., et le café étranger paie 78, 95 et 100 fr.

Nous avons déjà dit que les colonies et la métropole sont également mécontentes du lien commercial qui les unit. Mais enfin, dans l'origine, métropole et colonies avaient cru contracter à leur avantage commun ; au lieu que, dans l'état actuel de la position commerciale de la France et d'Alger, la législation est complétement à l'avantage de la

France; et cependant, les colons, ou du moins ceux qui ont en main leurs intérêts, se montrent satisfaits. Pourquoi? c'est que pour eux le point le plus difficile était d'abord de former un lien commercial avec la France. Le moyen de lui faire adopter la première transaction était de la lui présenter avantageuse, et c'est ce qu'on a fait avec une certaine habileté. Puis, argumentant des principes d'égalité, d'équité, l'on nous demandera bientôt réciprocité; nous avons déjà vu les colons réclamer pour leurs produits un avantage de 25 à 33 pour cent, sur les droits payés à leur entrée en France par les produits analogues de l'étranger. La commission d'Afrique, en faisant en partie droit à cette prétention, l'aurait réduite à 10 pour cent.

Il n'y a que deux manières de faire cet avantage aux colons d'Alger : abaisser en leur faveur les droits sur certains produits, en les maintenant à un taux plus élevé pour les autres pays; ou bien élever les droits sur ces produits fournis par les étrangers, en les maintenant au taux actuel pour les mêmes produits venant d'Alger. *Comment satisfaire les colons?*

Examinons ce qui adviendra dans chacune de ces hypothèses, et, afin de mieux préciser, prenons un exemple. Les cotons : aujourd'hui le droit est de vingt fr. les cent kil. pour les cotons d'Amérique, qui forment la plus grande partie de ceux qu'on emploie en France, et cet article fournit à la douane une recette de 8 à 9 millions.

<small>Notre recette de douanes est menacée.</small> Si, dans la fixation du tarif, nous assimilons les cotons que pourrait produire Alger aux cotons provenant de nos colonies, et si nous abaissons, en conséquence, le droit à 5 francs, nous nous exposons à perdre les trois quarts de notre recette sur cet article.

<small>Notre industrie est grevée d'une nouvelle charge.</small> Si, au contraire, en laissant le droit actuel de vingt francs peser sur le coton futur algérien, nous doublons le droit sur le coton de provenance américaine, nous grevons d'une somme de huit millions notre industrie cotonnière, qui déjà a tant de peine à soutenir la concurrence étrangère.

Je suis peut-être frappé plus que de raison du nouveau danger que court cette belle industrie, mais on le pardonnera à la sollicitude du représentant d'un département qui tire une partie de sa richesse de cette immense fabrication. N'est-il pas à craindre que nous ne soyons condamnés au coton d'Alger, comme nos raffineurs l'ont été au sucre des colonies? Rappelons-nous leurs démêlés avec les colons des Antilles, et les primes scandaleuses qui ont été données à la sortie des raffinés, pour concilier tous les intérêts, sauf ceux des contribuables et du consommateur, qui sont toujours sacrifiés.

Que l'on ne dise pas que ces craintes sont imaginaires; nous avons vu que les droits sur les cotons, sucres, cafés étrangers, sont en moyenne du double des droits sur les produits de même nature venant de nos colonies; il en sera de même pour les produits d'Alger : c'est le principe de toute relation de colonie à métropole.

On nous objectera que nous n'avons pas à redouter ce résultat, nous qui contestons que la production du coton ou d'autres produits soit possible économiquement dans la régence; ce ne sont pas, en effet, les produits algériens que nous redoutons, mais bien les produits étrangers qui viendront se faire nationaliser à Alger, pour pouvoir ensuite entrer en France comme produits d'Alger, et payer à ce titre le droit colonial. C'est ainsi que, bien qu'Alger reste dans son improduction native, il pourra nous envoyer comme siens les cotons d'Amérique ou d'Égypte, le sucre du Brésil ou des Antilles espagnoles, danoises et britanniques, le café d'Haïti et de Cuba, l'huile de Sardaigne, les laines d'Espagne et de Barbarie, enfin le plus grand nombre des produits sur lesquels la douane perçoit annuellement cent six millions environ. Par cette contrebande inévitable, le trésor est assuré de perdre une partie notable de cette recette. Nous disons que cette contrebande est inévitable : ne sait-on pas, en effet, que nos colonies de Bourbon et des Antilles ont ainsi opéré souvent à l'égard du sucre étranger qu'elles nous expédiaient comme colonial; et

Alger enverra comme siens des produits étrangers.

Exemple de nos colonies.

l'administration coloniale, bien loin de réprimer ces abus, s'en est rendue souvent complice, au point de les sanctionner par des ordonnances [1]. L'on sait que tous les administrateurs des colonies subissent inévitablement l'influence des colons, et en adoptent très promptement les intérêts et les sentimens.

Exemple sur la Corse. Un autre exemple confirme ce que nous avançons : l'on peut se rappeler que, lors de la discussion, à la Chambre des Députés, de la loi du 15 avril 1835, destinée à réprimer les abus de la contrebande faite à Marseille, au moyen de la Corse, dont le tarif de douane est différent de celui de la France, il fut constaté que les produits étrangers entraient en liberté en France, après s'être fait nationaliser en Corse; 200,000 kil. d'huile étaient entrés de cette manière à Marseille dans les premiers jours de 1834; dans la même année, on évalue à 1,347,000 kil. l'huile ainsi introduite frauduleusement. Il en était de même des céréales; le rapporteur de cette loi disait, le 15 avril : « L'importance qu'a prise cette contrebande est réellement effrayante ; elle ne se borne plus, pour s'exercer, à toute la marine de la Corse ; des navires étrangers sont nolisés ; des compagnies étrangères se sont organisées pour exploiter cette branche d'industrie. »

---

[1] *Enquête sur les sucres.* P. 66.

En supposant que la colonie vienne à prospérer et qu'elle ait des produits à échanger, cela nous fournira-t-il des produits à lui donner en échange ? Car nous ne pourrons admettre, nous le répétons, le non-sens de la balance du commerce, et tenons pour certain qu'en fait de relation commerciale, l'on donne toujours une marchandise en en recevant une autre. N'aurons-nous pas d'autant moins de produits à échanger que nous en aurons moins créé en France, par suite de toutes les dépenses improductives que nous aurons faites en Afrique ? Et les peuples qui n'auront pas fait ces dépenses n'auront-ils pas tout avantage sur nous pour acheter les produits africains ? Est-ce l'Espagne qui échange ses produits contre ceux de ses anciennes colonies, ou ce qui lui en reste ? Non, elle s'est ruinée à leur entretien. Les peuples les plus sages sont ceux qui se sont enrichis par le travail métropolitain. Sur les 77 millions de kil. de sucre produits annuellement par Cuba, l'Espagne n'en consomme que 18. Sa consommation totale en sucre est d'environ 45 millions de kil., soit par tête 4 kil. et demi ; et cependant le droit n'est que de 12 à 15 pour cent [1]. Les pays qui paient le sucre le moins cher et qui en consomment le plus, sont ceux qui n'ont pas de colonies ; ainsi, la Suisse

La prospérité de la colonie nous donnera pas moyen d'acheter ses produits

---

[1] *Statistique sur les colonies européennes*, par M. de Montveran. P. 93 et 94.

et l'Allemagne en consomment environ 6 kil. et demi par tête.

Déplacement du commerce. Que peut-on donc espérer? Tirer d'Alger, et en même quantité, les produits que nous tirons aujourd'hui d'autres lieux. Quel avantage aurons-nous obtenu de ce déplacement de commerce? Aucun; et nous aurons bouleversé des relations établies pour en substituer d'autres. Ce n'est jamais sans pertes et sans crises que ces déplacemens s'opèrent.

§. II. *Commerce de transit.*

Nous passons actuellement à l'examen du commerce que l'on nous promet à travers la régence. L'on prétend faire de la régence un lieu d'entrepôt ou de transit. On se propose de s'élancer dans l'intérieur de l'Afrique; et, dans un projet de colonisation imprimé récemment, nos établissemens d'Afrique iraient jusqu'à menacer les possessions anglaises dans l'Inde.

La régence est une impasse. Les personnes qui se laissent entraîner à ces illusions n'ont certainement pas jeté les yeux sur la carte d'Afrique. Nous avons déjà dit que la régence présentait l'impasse commerciale la plus absolue que la nature ait formée sur le globe. A l'est, Tunis, et à l'ouest, Maroc, ne se mettront pas en communication avec l'Europe, par la régence; mais bien directement par la Méditerranée, qui baigne leurs côtes. Il nous reste au sud le grand désert, cette mer de sable trois fois plus étendue que la Méditerranée. Et c'est au dix-neuvième siècle, au moment où la vapeur suffit à peine à l'impatience humaine, que l'on vient nous proposer le chameau pour monture, et que l'on en appelle aux caravanes des patriarches. Demandez à ces esprits aventureux que le connu fatigue, où ils veulent aller ! ils ne le savent pas. Est-ce à la mystérieuse Tombouctou, à l'intérieur de l'Afrique, qu'ils en veulent? Le Sénégal et le Niger ne leur présentent-ils pas une route plus facile? Pensent-ils qu'ils vont changer le cours des caravanes et établir des omnibus dans le Sahara?

Les deux grandes caravanes qui, pendant des siècles, ont suivi une marche invariable, étaient dirigées autant par des idées religieuses que par des habitudes commerciales. Tout musulman, une fois au moins dans le cours de sa vie, doit visiter la Mecque et le tombeau du prophète. Comme les voyages isolés sont impraticables dans ces pays, les vrais croyans ont leur pèlerinage organisé. La première caravane partait de Maroc, recevait sur sa route, à travers les pays d'Alger, Tunis, Tripoli, les pèlerins voyageurs et marchands, arrivée à Alexandrie, remontait le Nil jusqu'au Caire, et gagnait la Mecque par Suez ou la mer Rouge.

Caravanes, œuvre religieuse autant que commerciale.

Mais, aujourd'hui, une grande partie des pèlerins et des commerçans s'embarque aux différens ports des états barbaresques, et vont joindre Alexandrie. Nous ne ferons probablement pas plus mal; et si, de France et même d'Alger, nous voulons aller à Alexandrie, nous n'irons pas courir l'Atlas et les déserts, et nous nous laisserons porter par la Méditerranée. L'autre caravane a Fez pour point de départ; elle côtoie l'Océan jusqu'au Sénégal, gagne le royaume de Sennar, et de là la mer Rouge, où l'on s'embarque pour l'Arabie. Si nous avons affaire au Sénégal, nous irons directement; et si nous aspirons à la mer Rouge, nous la gagnerons par l'Égypte, et non par le grand désert.

Les caravanes abandonnées pour la navigation. Le canal de jonction entre le Nil et la Méditerranée avait été entrepris par les rois de Thèbes, il avait reçu le nom de *canal de Rhamsès*, en mémoire de l'un des rois qui s'en était le plus occupé. Abandonné, il fut repris sous les kalifes, et achevé, à ce que l'on pense, par le kalife Omar, en 644. La navigation de la Méditerranée à la mer Rouge par le Nil resta ouverte environ cent vingt ans. Le kalife Motassem le ferma pour empêcher tout envoi de secours aux Arabes révoltés, qui avaient pris possession de la Mecque. Le canal fut abandonné, les mouvemens politiques du temps et les difficultés du transport par caravanes pendant un si court trajet à faire par terre interdirent en partie cette voie du commerce avec l'Inde.

Plus tard, et avant la découverte du passage aux Indes par le Cap, la route par l'Euphrate était la plus fréquentée; les marchands de l'Angleterre se rendaient par la Méditerranée à Latakia, sur la côte de Syrie, et de là ils allaient par Alep à Bir, en transportant leurs marchandises à dos de chameaux. Ces marchandises descendaient l'Euphrate jusqu'au golfe Persique. Mais ce transport par terre et aussi les difficultés de la navigation de l'Euphrate rendaient cette route fort dispendieuse [1].

La découverte du passage du Cap fit abandonner ces deux voies au commerce, qui donne toujours la préférence à la navigation sur la voie de terre, quelque différence que présente la longueur du trajet.

Les caravanes transversales qui mettent en rapport les grandes caravanes, sont plus spécialement commerciales, mais aussi sont peu considérables; elles partent des régions intérieures, et viennent dans différentes directions vers la côte, principalement par Médéah, Ouerghela au sud de l'Atlas, et Hadamès, dans la régence de Tripoli.

Depuis notre occupation, celles des caravanes qui de l'intérieur venaient dans la régence, et celles qui la traversaient venant de Maroc, ont

[1] Voir un article fort remarquable du *Monde* du 14 février, où la discussion des communications anciennes avec l'Inde est appuyée d'autorités irrécusables.

bien diminué. Celles qui ont persisté se sont dirigées vers Tunis par les régions sud de l'Atlas et Constantine.

Les petites caravanes locales sont l'expression du commerce de ces contrées; des mulets dans les montagnes et des chameaux dans les sables en font le service, et le petit nombre de ces animaux peut en faire apprécier le peu d'importance.

Commerce de l'intérieur de l'Afrique.
Ali-Bey nous apprend que, malgré l'excellente situation du port de Tanger, le commerce se borne à une modique exportation de vivres, à de très petites opérations de contrebande avec l'Espagne, et à quelques relations languissantes avec Tétouan et Fez [1]. C'est en vain que le général Boyer commandant à Oran, émet l'opinion que le commerce interlope ne peut prendre un grand développement à Oran [2]; c'est en vain que la commission d'Alger déclare que le trafic des Arabes à travers les déserts est misérable [3].

Le chameau.
N'importe, il nous faut le chameau, le navire du désert. Le chameau commun porte quatre à cinq cents livres dans les voyages de courte durée, et seulement trois à quatre cents pour les voyages de long cours. Les grands chameaux du Caire portent, à la vérité, de la ville à Suez mille livres, et font le voyage en trois jours, mais

[1] *Voyages d'Ali-Bey.* T. I, p. 68.
[2] *Enquête de la commission d'Afrique.* P. 56.
[3] *Rapport sur les douanes.* P. 4.

c'est l'exception. Les chameaux peuvent rester sans boire deux, trois et au plus quatre jours; après le troisième, ils souffrent et faillissent[1].

La nature du moyen de transport étant connue, qu'allons-nous transporter ? La chambre de commerce d'Alger nous apprend, dans une circulaire du 1er mars 1836, que les objets à importer de l'intérieur de l'Afrique sont : *la poudre d'or, les esclaves, les gommes, les dents d'éléphant, les plumes d'autruche*, etc. Ce dernier article ne se trouvant pas au tableau de douanes, je ne puis en parler. Examinons les autres. On voit au tableau du commerce français, en 1835, que nous avons importé :

Poudre d'or, des États barbaresques et du Sénégal, 68 kil. 274 évalués 204,822 fr.

Dents d'éléphant. Sur 67,204 kil., montant de la consommation, et évalués 470,428 fr., nous en avons reçu par le Sénégal et les États barbaresques 11,323 évalués 79,261 fr.

Plumes d'autruche. Nous avons mis en consommation 18,636 kil. de plumes de toutes couleurs, évaluées 452,056 fr. Sur cette quantité, Alger et toute la côte de Barbarie ont fourni

```
   39 kil. blanches, évaluées 100 fr......   3,900 fr.
  263      noires, évaluées 49 fr.........  12,887
   74      autres, évaluées 17 fr.........   1,258
                                            ────────
                                            18,045 fr.
```

[1] *Voyages en Arabie*, par Burckhardt, traduit par Eyriès. Paris. 1835. T. III, p. 330 et suivantes.

Gommes. La consommation s'est élevée à 1,459,961 kil., évalués à 2,043,394 fr. La presque totalité nous a été fournie par le Sénégal; on ne fera pas traverser le désert à ce produit pour l'embarquer à Alger. L'ancienne régence est restée étrangère à cette production, et les États barbaresques n'y sont entrés que pour la quantité insignifiante de 27,648 kil. Aucun commerce n'est donc à espérer de ce côté; une révolution, d'ailleurs, menace cette branche commerciale. On remplace actuellement avec beaucoup d'avantage dans les arts, la gomme, par la dextrine obtenue de la fécule de pomme de terre. Celle-ci coûtera à peu près 30 francs les 100 kilogrammes, au lieu de 200 francs que coûte la gomme. Il est probable qu'alors la consommation de cette dernière sera bien réduite.

Esclaves. C'est certainement pour mentionner un commerce passé que la chambre d'Alger a fait entrer cet article dans la nomenclature des objets importés de l'intérieur de l'Afrique : nous ne pensons pas qu'elle ait l'intention d'engager aucun Français à flétrir notre commerce par une semblable spéculation.

En vérité, j'ai beau chercher les avantages que l'on se promet de ces nouvelles communications, je ne puis les découvrir. Le commerce possible existe : il est de la dernière nullité avec l'intérieur de l'Afrique, par le désert. Nous venons de voir en quoi il consiste, et on ne peut l'évaluer à plus de 200,000 fr.; car il faut encore répéter que le fleuve le Sénégal est de l'autre côté du désert.

Alger nous sera-t-il plus utile pour étendre notre commerce dans le Levant? Malte se trouve sur cette route, et à distance égale de Marseille et d'Alger : quelle est alors l'opération commerciale qui nécessiterait l'intervention d'Alger, pour envoyer des marchandises de Marseille à Smyrne, et dans toute la région qui est au-delà de Malte? Que l'Angleterre, qui n'avait pas de port sur la Méditerranée, ait voulu conquérir Malte et Gibraltar, qui lui sont utiles comme points commerciaux, et surtout comme grands foyers de contrebande, c'est chose simple; mais avons-nous les mêmes motifs, nous qui possédons les ports de nos départemens méridionaux et ceux de la Corse, bien plus à portée qu'Alger pour faire le commerce et la contrebande de l'Espagne et de l'Italie, et tout aussi à portée qu'Alger pour faire le commerce et la contrebande du reste de la Méditerranée? Commerce avec le Levant.

Un nouveau leurre vient d'être offert au commerce par l'administration d'Alger, dans la création d'un entrepôt réel, qui a dû s'ouvrir le 5 février. Cette création encouragera le jeu sur marchandises, par la facilité qu'elle donnera à leur transmission; mais quel résultat sérieux peut en obtenir le commerce? Les produits de Tunis et Entrepôt réel à Alger.

du Levant sont exploités par des Européens, principalement par les maisons de Marseille, qui agissent soit pour leur compte, soit par commission : quelle raison pourra leur faire entreposer dans un pays des marchandises qu'il produit lui-même en partie? Seront-ce les Tunisiens ou les Levantins qui feront venir d'Alger les marchandises que leurs associés et leurs commissionnaires leur envoient actuellement des lieux de production? Cet entrepôt ne pourra jamais être assorti comme les grands marchés tels que Marseille, Livourne et Gênes; et chacun sait l'importance de l'assortiment en fait de commerce.

Marseille entrepôt de la Méditerranée.

Reconnaissons donc que le seul et véritable entrepôt, ou grand marché, entre la France et le Levant, c'est Marseille; c'est Marseille encore qui est le véritable marché du commerce fait dans la régence; c'est à Marseille que se traiteront toujours les grandes affaires commerciales, et non à Alger, qui ne peut comporter qu'un commerce de détail, de consommation locale.

Commerce d'importation après la conquête.

Nous concevons les illusions auxquelles se sont laissé prendre les premières personnes qui ont trafiqué avec la régence, après la conquête : les exportations de France furent, en 1831, de 4,810,700 fr.[1], et donnèrent de très beaux bénéfices; en 1832, elles s'élevèrent à 9,238,465 fr.[2]

[1] *Nouvelles observations du maréchal Clausel.* P. 39.
[2] *Documens officiels de la guerre.* 1836. P. 149.

Chaque arrivant faisait ses approvisionnemens de toutes choses, et les affaires se soutinrent. Mais en 1833 commença la diminution de l'exportation, et les 9,238,465 fr. de 1832 étaient réduits en 1835 à 6,975,983. Le commerce d'Alger se plaint; il demande des banques dont les billets seraient reçus dans les caisses publiques ¹, et autres mesures tout aussi dangereuses. Que peut faire le gouvernement pour débarrasser les négocians des marchandises dont ils se sont imprudemment encombrés ?

Il diminue.

Malgré tous les groupemens de chiffres officiels que l'on nous présente, il est de fait que les exportations d'Alger, pour toute destination, n'ont pas augmenté depuis l'occupation française. En 1826, elles étaient de 2,465,200 fr. ², et en 1835, elles se sont élevées à 2,503,544 fr. ³, tant pour la France que pour l'étranger; mais il convient de déduire de cette somme la valeur des produits provenant directement de la consommation de l'armée française, tels que futailles vides, les cuirs de trente-cinq ou quarante mille bœufs, les peaux de trente ou quarante mille moutons, etc. Du reste, cette diminution de production est iné-

Commerce d'exportation.

---

¹ *Physiologie physique et morale d'Alger.* P. 84.

² *Nouvelles observations de M. le maréchal Clausel.* P. 39.

³ *Documens officiels de la guerre.* 1836, page 149.

vitable dans un pays en tous sens ravagé par la guerre.

Conclusion. De tout ce que nous venons de dire, nous ne concluons pas que le commerce avec Alger soit à dédaigner : nous avons seulement voulu faire la part d'exagérations, dangereuses pour ceux qui y ajouteraient foi. Notre commerce avec ce pays a toujours été intéressant, et, par de bonnes et honnêtes relations avec les Arabes, il prendra l'accroissement qu'il comporte : il ne faut pas demander davantage.

Vœux des chambres de commerce, de France. Nous terminerons par un mot sur les vœux qu'ont émis les chambres de commerce, qui, comme nous l'avons vu au chap. Ier, avaient été sollicitées par les chambres d'Alger et de Marseille pour s'adresser au gouvernement.

Toutes réclament et espèrent trouver dans l'Algérie de nouveaux débouchés pour les produits divers dont chacune d'elles est le plus préoccupée ; mais elles sont loin d'être d'accord sur les moyens d'obtenir pour la France cet avantage. Les unes, comme la chambre du Hâvre, veulent avoir recours à la liberté. « Nous devons cependant exprimer aussi le vœu que *le régime le plus libre soit adopté* dans les rapports du commerce d'Alger avec la France [1]. » D'autres, comme celle de Rouen, réclament protection. « Ne possédant

---

[1] Lettre du 13 avril 1835.

encore que le littoral de l'ex-régence, *nous concevons la difficulté d'y établir un régime exclusif* en faveur des produits nationaux ; mais nous demanderions un système de douanes calculé de manière à réserver quelque faveur à la nationalité, sans exclure aucun produit étranger, et sans imposer une forte charge à la consommation. **Nous devons nous borner ici à exprimer le vœu de voir bientôt le gouvernement adopter des mesures propres à diminuer le désavantage qui pèse sur notre commerce national, et qui finirait, si on ne le faisait disparaître, par nous exclure insensiblement du marché d'Alger.** [1] » Nous avons vu par ce qui précède dans quelles perturbations commerciales, et dans quels désordres financiers nous entraîne l'un ou l'autre de ces systèmes.

La chambre de commerce de Reims pense que le pays est fertile, et nous fournira tout ce que nous achetons autre part, et que l'on pourra plus tard y faire un Botany-Bay. Celle de Boulogne redoute les pertes qu'éprouveraient par son abandon bien des spéculateurs français. Celle d'Avignon pense que les capitaux regorgent dans la métropole, et qu'il faudrait leur procurer ces écoulemens ; elle y espère un transit pour les marchandises. Celle de Saint-Étienne en attend un débouché, ce qui est vrai, pour les manufac-

---

[1] *Lettre du 8 avril 1835.*

tures d'armes de cette ville industrieuse. Celle d'Aix compte en tirer des laines, dont le lavage fait une branche importante de commerce dans cette ville.

Toutes les réponses des chambres de commerce ont été obtenues d'urgence, et à la même époque, pour satisfaire aux instances des chambres de commerce d'Alger et de Marseille, comme nous avons vu au Chap. Ier. Si elles avaient agi spontanément, et en prenant plus de temps pour l'examen de cette question, les hommes habiles et graves, dont ces chambres abondent, nous auraient certainement indiqué des combinaisons utiles pour le commerce de la France, et dignes d'une grande nation.

Nous donnons ici un tableau du commerce de la France avec Alger, depuis 1831; l'étude en est féconde en enseignemens.

COMMERCE DE LA FRANCE AVEC ALGER.

IMPORTATIONS ET EXPORTATIONS.
(COMMERCE SPÉCIAL.)

ANNÉES.	VALEURS IMPORTÉES.				VALEURS EXPORTÉES.		
	MATIÈRES nécessaires à l'industrie.	OBJETS DE CONSOMMATION.		TOTAL.	PRODUITS naturels.	OBJETS manufacturés.	TOTAL.
		naturels.	fabriqués.				
	fr.	fr.	fr.	fr.	fr.	fr.	fr.
1831	1,283,769	115,076	24,731	1,423,576	1,821,264	2,989,436	4,810,700
8322	1,045,634	200,794	11,034	1,257,462	3,049,950	6,188,515	9,238,465
1833	697,562	20,199	26,763	744,524	3,460,966	4,879,009	8,339,975
1834	1,587,666	21,272	29,665	1,638,603	3,622,678	4,596,988	8,219,666
1835	1,725,231	8,291	41,282	1,774,804	3,359,381	3,616,602	6,975,983

* Valeurs exportées { avec paiement de droits............................. 8,339,975 fr.
en franchise pour l'armée d'occupation. { Bois à construire....... 866,700
Armes............. 1,353,301 } 7,181,341
Effets à usage......... 4,960,340

TOTAL............... 15,520,316 fr.

COMMERCE DE LA FRANCE AVEC ALGER.

MARCHANDISES.	VALEURS IMPORTÉES.				
	1831.	1832.	1833.	1834.	1835.
	VALEURS.	VALEURS.	VALEURS.	VALEURS.	VALEURS.
	fr.	fr.	fr.	fr.	fr.
Cire................	26,238	5,638	29,702	44,242	19,684
Huile d'olive...........	267,837	463,823	295,011	855,337	493,281
Indigo...............	»	»	33,248	126,768	108,672
Laines...............	652,228	29,389	12,019	117,941	515,339
Nitrate de soude.......	36,120	38,197	15,920	»	2,854
Os et cornes de bétail...	15,998	28,661	55,494	39,712	42,967
Peaux brutes..........	157,800	399,044	181,358	161,150	411,790
Suif brut............	9,832	5,633	13,621	2,901	3,813
Autres articles.........	257,523	287,077	108,151	290,552	176,404
TOTAUX........	1,423,576	1,257,462	744,524	1,638,603	1,774,804

COMMERCE DE LA FRANCE AVEC ALGER.

MARCHANDISES.	VALEURS EXPORTÉES.				
	1831.	1832.	1833.	1834.	1835.
	VALEURS.	VALEURS.	VALEURS.	VALEURS.	VALEURS.
	fr.	fr.	fr.	fr.	fr.
Bois ouvrés (meubles et autres)	90,262	87,748	356,047	84,107	59,067
Coutellerie	71,460	101,844	64,788	40,320	40,884
Eaux-de-vie	110,385	98,475	101,390	52,451	166,773
Farineux alimentaires	54,272	133,742	102,664	126,159	92,067
Fruits	28,209	71,366	46,512	67,840	42,151
Instrumens aratoires, limes, râpes, scies et outils	50,850	122,890	116,024	63,473	68,324
Linge et habillemens	267,400	908,500	359,620	473,760	182,680
Matériaux (tuiles, plâtre, etc.)	19,268	61,112	44,799	57,252	58,287
Mercerie	102,840	146,098	277,350	204,026	257,120
Ouvrages en fer, cuivre et plomb	255,978	201,278	136,493	132,220	102,962
Papier, carton, livres et gravures	66,204	116,228	117,158	118,708	132,605
Peaux préparées et ouvrées	245,880	610,685	429,466	679,694	406,757
Poterie, verres et cristaux	99,144	171,278	186,143	234,957	210,957
Savons	10,465	44,643	23,694	52,829	45,241
Sels	9,381	12,004	37,820	96,108	42,692
Sucre raffiné	201,891	405,978	355,801	415,015	345,848
Tissus de lin et de chanvre	312,848	987,957	563,961	292,846	135,311
Tissus de laine	356,830	1,030,079	785,566	466,706	308,781
Tissus de soie	312,324	382,170	300,066	269,319	372,859
Tissus de coton	372,089	626,079	496,215	656,082	490,036
Viandes salées	20,527	94,401	133,039	68,736	224,745
Vins	1,373,582	2,143,094	2,344,437	2,761,822	2,327,490
Autres articles	377,991	679,916	960,922	805,116	771,445
Totaux	4,810,700	9,238,465	8,339,975	8,210,666	6,975,983

CHAPITRE VIII.

NAVIGATION.

La naviga-
tion se fait
par les
étrangers.

Si le commerce s'est plaint avec raison de ce que les sacrifices faits par la France en Afrique tournaient au profit des négocians étrangers, et au détriment des Français, la navigation a élevé avec une égale justice les mêmes plaintes. On peut en juger par le tableau suivant, qui présente le nombre des navires de chaque puissance, entrés dans les différens ports des possessions françaises dans le nord de l'Afrique, pendant l'année 1835.

NAVIGATION.

TABLEAU *présentant le nombre des navires de chaque puissance entrés dans les différens ports des possessions françaises dans le Nord de l'Afrique pendant l'année* 1835. (*Document fourni par l'Administration de la guerre.*)

INDICATION des PAVILLONS.	NOMBRE			PROPORTION DE CHAQUE PUISSANCE		
	de navires.	de tonneaux.	d'hommes d'équipage.	dans le nombre des navires.	dans le tonnage.	dans les hommes d'équipage.
Français............	341	28,524	2,413	1/6	1/5	1/7
Russes.............	13	4,114	174	1/160	1/33	1/96
Suédois............	13	3,055	156	1/160	1/44	1/108
Danois.............	4	577	37	1/522	1/236	1/456
Romains...........	6	212	28	1/350	1/647	1/602
Belges.............	3	693	59	1/670	1/182	1/285
Anglais............	38	4,370	379	1/58	1/31	1/45
Hanovriens........	1	100	5	»	»	»
Espagnols.........	213	4,038	1,406	1/10	1/32	1/11
Autrichiens.......	87	20,552	961	1/24	1/6	1/17
Sardes.............	249	18,919	2,058	1/8	1/7	1/8
Napolitains........	215	30,522	2,675	1/10	1/4	1/6
Toscans...........	364	13,502	2,557	1/5	1/10	1/6
Grecs..............	10	1,956	155	1/209	1/69	1/108
Hambourgeois....	1	131	9	»	»	»
Lubeckois.........	3	672	30	1/670	1/202	1/561
Algériens.........	495	3,984	3,512	1/4	1/34	1/4
Etats barbaresques.	34	310	244	1/61	1/427	1/69
	2,090	136,240	16,858			

« Il était absurde de laisser les étrangers profiter plus que nous des ressources que la possession d'Alger peut offrir à la navigation [1]. » Aussi la commission d'Afrique a-t-elle préparé les élémens de l'ordonnance du 11 novembre 1835, dont nous avons déjà parlé. Voici les dispositions qu'elle contient sur la navigation. Tout transport entre la France et ses possessions d'Afrique ne peut s'effectuer que par navires français. Les transports par cabotage d'un port à un autre de la régence, ne peuvent se faire que par navires français ou par embarcations africaines, mais ne jaugeant pas plus de trente tonneaux. On voit que ces dispositions sont complétement empruntées au régime colonial, et tombent sous la critique que nous avons faite sur la partie de l'ordonnance qui concerne les droits différentiels. Si les colons sont lésés, il faut leur accorder par réciprocité certains avantages; delà toutes les mesures erronées et funestes sur lesquelles sont fondés les rapports entre les colonies et la métropole; et répétons-le pour la dernière fois, par quelle aberration, sortant de cette voie en Amérique, allons-nous nous y perdre en Afrique?

Statistique. Si, comme nous croyons l'avoir établi, un commerce étendu avec Alger est une chimère, il en sera de même de la navigation qui se base

Ordonnance du 1835.

[1] *Rapport de M. Raynard*, député de Marseille, à la commission d'Afrique, P. 517.

sur l'importance du commerce. En 1834, il est entré dans le port d'Alger 111 vaisseaux français de marine marchande, montés par 1,088 marins, et 196 bâtimens de l'État, montés par 14,790 hommes d'équipage. Cela fait environ treize hommes de la marine royale pour un homme de la marine marchande, c'est-à-dire que chaque homme de la marine marchande a été protégé par 13 hommes de la marine royale. Il y a luxe dans la protection. Le tableau de commerce de 1835 donne pour le tonnage général, tant à l'entrée qu'à la sortie, 9,581,478 tonneaux. Sur cet énorme chiffre, l'Algérie y est entrée pour 45,248, environ $\frac{1}{211}$. Il y a loin de là aux espérances qu'un ministre présentait l'année dernière à la Chambre des Députés. En tout cas, on accorde à l'Algérie, par l'ordonnance de 1836, un singulier encouragement, en interdisant la France à sa navigation, que l'on restreint au cabotage par embarcations qui ne peuvent pas dépasser 30 tonneaux. Aussi les colons se plaignent déjà de ce commencement de régime colonial.

Nous répéterons pour la navigation entre la France et Alger, ce que nous avons dit pour le commerce. Il ne faut pas la négliger, mais il ne faut pas se faire illusion sur son importance.

CHAPITRE IX.

L'OCCUPATION DU TERRITOIRE D'ALGER EST POUR LA FRANCE CAUSE DE FAIBLESSE.

L'occupation du territoire d'Alger augmente-t-elle notre force? Des personnes pensent que l'occupation du territoire d'Alger est pour la France un élément de puissance; d'autres, au contraire, n'y voient qu'une cause de faiblesse.

En faveur de la première opinion, on donne trois raisons principales.

1°. En occupant Alger, on observe l'Espagne, l'Italie, le Levant, et on peut jeter une armée là où les intérêts de la politique l'exigent. 2°. La guerre que l'on fait à Alger forme l'armée, et nous donne un grand avantage sur les autres peuples qui sont en paix. 3°. La régence offre un développement de 220 lieues de côtes, et augmente par là notre puissance maritime.

Examinons ces trois propositions.

Est-elle utile à notre armée de terre? *En occupant Alger, nous observons l'Espagne, l'Italie et le Levant, et nous pouvons jeter une armée là où les intérêts de notre politique l'exigent.*

L'inspection de la carte de la Méditerranée dément cette proposition. Les côtes d'Espagne, de l'Italie occidentale, la pointe sud de l'Italie, comme point intermédiaire avec le Levant et l'Adriatique, sont plus rapprochées de Marseille ou de Toulon que du port d'Alger qui, en outre, est privé des avantages que présente la Corse à notre littoral.

Quant aux vents, ils sont variables; mais ils soufflent environ dix mois par an dans la direction du nord-ouest, ce qui, toutes choses égales, donne pour le départ la préférence aux côtes de France.

Toulon est mieux placé qu'Alger, comme point d'observation. Si l'action qui doit en résulter est indépendante de l'impulsion qui doit partir du centre du gouvernement, elle risque d'être en désaccord avec elle. Si elle doit lui rester soumise, cette action ne peut que languir en attendant les ordres de la direction suprême. Dans tous les cas, le pays sera mieux compris et mieux obéi à Toulon qu'à Alger. *Toulon est préférable comme centre d'opérations militaires.*

Si nous voulons jeter une armée en Espagne, en Italie, ou dans le Levant, nous aurons tout avantage à avoir cette armée sur les côtes de France. Nous avons les ports de France, et, au besoin, ceux de la Corse, qui nous offrent toute sécurité pour les flottes nombreuses qu'exige toujours la plus faible expédition de ce genre. L'Afrique, au contraire, n'a que de mauvaises rades. Ces ports de France contiennent tout le matériel qu'une armée d'expédition entraîne à sa suite; matériel qui doit varier suivant la destination de l'armée. Notre armée expéditionnaire attendant le moment du départ, sera mieux pourvue, mieux entretenue sur les côtes de France, où sont de grands établissemens militaires, que si elle attend sur les côtes d'Afrique ce moment d'une expédition. Elle y aura à peine un abri, et l'on devra y envoyer de France tous les vivres et tout le matériel d'entretien.

Ce n'est pas petite chose que de transporter une armée, même peu nombreuse, à travers les mers : si on veut éviter des désastres tels que celui de Constantine, il faut qu'elle soit abondamment pourvue. L'expédition de 1830, qui était forte de 34,000 hommes, a employé 100 bâtimens de guerre et 350 de transport.

Nous avons raisonné dans la supposition où l'armée expéditionnaire était spécialement destinée à une expédition; nous avons vu les chances contraires que lui faisait courir la combinaison stratégique que nous combattons. Le moindre mal qu'elle aura pu en ressentir, aura été d'avoir fait deux voyages au lieu d'un, un de Toulon à Alger, et un autre d'Alger à sa destination.

On ne peut employer l'armée d'Afrique à ces expéditions.

Mais, dit-on, c'est notre armée d'Afrique dont nous disposons ainsi. Une armée est nécessaire en Afrique pour l'Afrique; et c'est au moment où les besoins de l'Afrique augmenteront nécessairement, que l'on pense à diminuer les forces de l'occupation ! Le premier soin de la puissance avec laquelle nous serions en guerre ne sera-t-il pas de nous y susciter de nouvelles difficultés ? Et la chose sera aisée. Ce ne sera pas en y envoyant une armée pour combattre la nôtre. Cette armée ennemie existe dans le pays ; chaque habitant de la régence en fait partie. Un peu d'argent, des munitions, plus tard quelques instructeurs, l'auront bientôt mise sur pied. En présence d'agressions nouvelles de la part des indigènes, loin de pouvoir retirer des troupes, nous devrions en envoyer, comme nous l'avons fait toutes les fois que notre influence est venue à faiblir. Nous avons embarqué dans les ports de France, après l'affaire de la Macta, 6650 hommes et 572 chevaux ; après celle de la Tafna, 4575 hommes ; et pour Constantine 4069 hommes. De pareils sacrifices, au moment où nous aurions la guerre sur le Rhin, seraient-ils donc pour nous cause de force ou de faiblesse ? La patrie, en danger, appellerait à elle tous ses enfans, et l'Afrique serait honteusement abandonnée.

Pense-t-on que les 40,000 hommes sacrifiés par l'expédition d'Égypte n'auraient pas été pour nous d'un grand secours, s'ils avaient été dans nos rangs à Marengo, et la victoire serait-elle restée si long-temps indécise ? Les 40,000 hommes sacrifiés à l'expédition de Saint-Domingue auraient

L'occupation d'un territoire étranger affaiblit un pays.

eu quelque valeur, sans doute, lors de la troisième coalition européenne. Depuis que nous sommes à Alger, n'avons-nous pas déjà reconnu cette vérité par nos actes?

M. de Bourmont, dans une dépêche au ministre, du 15 août 1830, s'exprime ainsi : « J'appris les événemens dont Paris avait été le théâtre. Les choses pouvaient, dans un moment, changer de face pour l'armée d'expédition. La crainte que les hostilités commencées par l'escadre anglaise, dans la Méditerranée, ne rendissent extrêmement critique la situation des corps détachés à Bone et à Oran, *me détermina à les rappeler.* » Sur trois positions, M. de Bourmont en abandonne deux, et aujourd'hui nous nous sommes étendus sur huit points qui tous deviendraient critiques en cas de guerre européenne.

Le maréchal Clausel, le 16 décembre de la même année, écrit au ministre de la guerre : « J'ai prévu le cas où l'état des affaires en Europe forcerait la France à réduire son armée d'Afrique... J'ai donc dû combiner les moyens de fournir à la mère-patrie les secours qu'elle pourrait réclamer..... » Le ministre des affaires étrangères écrivait le 7 mars 1831, à M. le maréchal Clausel : « La nécessité où nous étions de rappeler d'Alger en France une partie de nos troupes, et le désir de ne point ajouter à la masse déjà si grande des sacrifices que nous impose la situation de l'Europe, expliquaient suffisamment cette crainte. »

Le général Lallemand disait à la Chambre des Pairs : « En temps de paix avec l'Europe, vous pouvez entretenir avec Alger des forces considérables, sans inconvénient peut-être ; mais s'il survient une guerre, ce qui est toujours possible, alors naîtront les embarras..... Si cette circonstance se présente, il nous faudra bien, à nous peuple de la Méditerranée, peuple puissant, entrer dans cette guerre ; et c'est alors que votre colonie aurait des dangers à courir ; c'est alors que les puissans riverains de la Méditerranée, qui seraient vos ennemis quels qu'ils fussent, agiraient sans relâche pour jeter sur notre colonie les hordes innombrables de l'Afrique ; et tandis que notre intérêt nous dirait d'accumuler nos forces sur un point de l'Europe, vous seriez réduits à l'alternative fâcheuse, ou de soutenir une guerre ruineuse et incertaine pour la défense de votre colonie, ou de l'évacuer après des sacrifices immenses et avec peu d'honneur pour nos armes [1]. »

Enfin, le rapport de la commission d'Afrique s'exprime ainsi : « Sous le point de vue de notre puissance militaire, on doit considérer que, loin que l'occupation des villes africaines augmentât les forces de la France, elle paralyserait plusieurs milliers d'hommes. Si une guerre sérieuse surve-

[1] *Moniteur* du 13 août 1835.

nait, on ne pourrait pas en disposer pour la défense de la métropole; il faudrait, au contraire, leur faire passer des renforts, afin de les mettre en état de résister aux attaques des indigènes excités par les Européens, ennemis de la France¹. »

Tout le monde reconnaissait alors cette vérité vulgaire, qu'un pays qu'on n'occupe qu'à condition d'y entretenir une armée, est une cause de faiblesse pour l'état conquérant, par cela seul qu'il occupe une armée. Cette vérité deviendrait grosse de malheurs, si on voulait la méconnaître au moment du danger. — Qui peut nier que l'occupation de la Pologne et des provinces du Caucase ne soit une cause de faiblesse pour l'empire Russe? Il en est de même d'Alger, à l'égard de la France.

Voici l'opinion de sir Henry Parnell sur cette question : « Au lieu de nous fournir des forces militaires, les colonies épuisent les nôtres, particulièrement en temps de guerre, où leur défense occupe une grande portion de nos armées et de nos flottes. Dans la dernière guerre, lorsque Boulogne et Brest menaçaient d'une invasion nos propres rivages, nos moyens de défense étaient grandement restreints par l'obligation où nous nous trouvions d'entretenir dans les colonies une force militaire et navale imposante². Pitt, à la même

---

[1] *Commission d'Afrique.* P. 308.
[2] *Réforme financière en Angleterre*, 4ᵉ édition, p. 216.

époque, s'écriait : « Si nous avions nos garnisons coloniales, nous serions forts[1]. »

La guerre que nous faisons en Afrique forme notre armée.

Le maréchal Clausel, dans une lettre du 17 mars 1836, insérée dans la *Nouvelle Minerve* du 27 du même mois, s'exprimait ainsi : « Que dire de ces législateurs qui n'apprécient pas l'avantage d'avoir une armée propre à faire la guerre, tandis que les autres puissances ne peuvent nous opposer que des conscrits? En vérité, je ne m'explique pas bien ce que sont nos hommes d'état. » Ceux qui se rappelleront que le maréchal Clausel a, le premier, proclamé une intention de colonisation, expliqueront difficilement qu'il ait en même temps eu la pensée de transformer l'Afrique en champ d'essai d'une guerre sérieuse contre des indigènes qu'il avait apparemment l'intention de rallier au gouvernement de la France, par les bienfaits d'une colonisation.

Pour nous, nous avons à examiner s'il faut en effet faire tuer une partie de notre armée pour apprendre à l'autre à se battre. Nous avons à examiner si nous voterons des hommes pour les former à l'expérience des batailles. Quant à moi, je dis non, et voici mes raisons.

Faut-il faire de l'Afrique un champ d'essai pour la guerre?

[1] Discours de M. Passy à la Chambre des Députés, du 1er mai 1834. On ne saurait trop méditer ce discours remarquable qui a jeté tant de lumière sur la question d'Alger.

Ce système fait périr trop de soldats.

Cette éducation est par trop meurtrière. Jusqu'à la fin du premier trimestre de 1836, nous avons perdu dans les hôpitaux d'Afrique 11,438 hommes, d'après les tableaux officiels fournis à la Chambre des Députés, non compris environ 2,000 tués sur le champ de bataille [1], et ceux en grand nombre morts dans les divers hôpitaux de France, à la suite de maladies contractées en Afrique. On en évacue tous les ans sur France un grand nombre et des plus malades. « Ceux de nos officiers et de nos soldats que la mort n'a pas moissonnés, n'ont pu guérir encore des fièvres qui les ont attaqués; et, malgré leur éloignement, chaque saison, leurs accès reparaissent [2]. » Voici l'état dans lequel on les débarque, au rapport du *Sémaphore de Marseille* : « Le *Suffren* a débarqué ses passagers aujourd'hui. Un détachement de chasseurs d'Afrique, qui est resté une partie de la journée sur la place d'armes, s'est un peu ravivé sous le beau soleil de la Provence; mais on ne pouvait se défendre d'un douloureux sentiment, en voyant ces malheureux soldats pâles et défaits, le corps débile et chancelant, les pieds à moitié morts. Les plus malades d'entre eux ont été transportés sur des brancards à l'hospice militaire. »

[1] A la Macta, seulement, nous avons perdu trois cents citoyens français.
[2] *M. Genty de Bussy.* T. 1, p. 262.

15,000 hommes environ ont été dévorés par l'Afrique, depuis six ans et demi. Sur un effectif moyen de 31,000 hommes, cela donne sept et demi pour cent, proportion quatre à cinq fois plus forte qu'en France, où en 1835, sur un effectif de 292,885 hommes, la mortalité a été de 5,198; environ 1.70 pour cent.

Le malheur nous poursuit sur cette terre ennemie. La Kasba de Bone vient de sauter, et nous avons encore à déplorer la perte de 105 morts, et les douleurs de 188 blessés.

Quant aux malades, l'entrée aux hôpitaux d'Afrique a été presque aussi forte que l'effectif; ainsi, en 1835, il y a eu 32,000 entrées aux hôpitaux, sur un effectif moyen de 31,000 hommes. Pendant les années antérieures, depuis la conquête, c'est-à-dire pendant quatre ans et demi, l'effectif avait été de 144,975 hommes, et il y a eu 122,467 entrées aux hôpitaux, soit 84 pour cent. Certains points sont morbifiques d'une manière à peu près absolue. Ainsi, Bone a eu en 1832, 143 pour cent de malades sur son effectif, en 1833, 135 pour cent, en 1834, 181 pour cent. Il est avéré que dans cette localité, après chaque course militaire, la majeure partie des fantassins entre à l'hôpital. Lors de la dernière expédition de Constantine, le 17e régiment arrive avec 1,600 hommes, 600 tombent malades à Bone, 200 à

Et cause trop de maladies dans l'armée.

Ghelma; le régiment est réduit à moitié avant d'entrer en campagne.

On dira que par ce moyen, les santés faibles, les complexions délicates, échappées au contrôle du recrutement, disparaissent, et qu'il ne reste plus que les hommes vigoureux, tels qu'on les aime à la guerre. — Je concevrais cette méthode un peu trop laconienne, si nos armées devaient être composées de soldats destinés à se battre toujours; mais les soldats de la France sont citoyens. Ils doivent revenir au foyer domestique, et leur sang précieux ne doit être versé que pour une cause nationale.

La guerre d'Afrique n'est pas nationale.

Je ne pense pas que la guerre d'Afrique ait ce caractère. Le maréchal Clausel, dans la lettre ci-dessus rapportée, ajoute : « Je voudrais que vous eussiez vu les troupes que l'on m'envoya il y a quelques mois. *Ces braves soldats, tout résignés qu'ils étaient, avaient l'air de gens qui vont à un sacrifice.* » M. le maréchal a dissipé cette funeste impression, car il ajoute : « Or, il serait bon de comparer cette disposition morale avec le mouvement qui les porte aujourd'hui à se jeter tête baissée sur l'ennemi, sans hésitation ni précaution. » On conviendra que nos soldats ne subissent pas une pareille influence dans une guerre *nationale;* l'expérience du passé apprend qu'ils n'ont jamais eu l'air de gens qui vont à un sacrilice, et que le chef, au lieu de les exciter, n'a dû employer son influence qu'à calmer leur ardeur.

Mais cet exercice est-il réellement aussi efficace, même sous le rapport de l'éducation militaire, qu'on veut bien le dire? J'en doute encore. Le genre de guerre que l'on fait en Afrique est tellement différent de celui que nous pouvons être appelés à faire en Europe, qu'il est à craindre que notre expérience ne nous soit pas fort utile, à moins toutefois que, pour faciliter cette éducation militaire, les Arabes ne consentent à prendre les méthodes européennes. Mais jusqu'à présent, c'est nous au contraire qui modifions notre science et nos habitudes militaires, d'après le climat, la configuration du sol, la manière de combattre propre aux Arabes. Toutes sortes de systèmes surgissent de cette position. On pense aujourd'hui que l'unité du régiment est défavorable en Afrique, par suite de la nécessité de le tenir aggloméré sous la surveillance du colonel, et l'on propose de substituer à cette unité, l'unité du bataillon et de l'escadron qui recevrait une organisation complète. Cette combinaison peut être bonne pour l'Afrique; mais une armée ainsi fractionnée serait-elle constituée pour une guerre européenne; et loin d'acquérir, n'aurait-elle pas perdu, par l'abandon de toute notre science militaire?

Elle ne forme pas le soldat.

M. Pellissier nous dit : « Nous avons le tort de

beaucoup trop tirer : c'est une manie, ou plutôt une faiblesse dont on a beaucoup de peine à déshabituer les soldats. Aussitôt que dans une expédition ils aperçoivent un burnous, trois à quatre cents coups de fusil sont tirés dessus. Le soldat, après s'être enivré du bruit qu'il a produit lui-même, croit avoir assisté à un engagement véritable, tandis que le plus souvent ce n'en a pas même été l'ombre. L'enflure de nos bulletins contribue aussi puissamment à donner à nos jeunes soldats de fausses idées sur la guerre: en leur laissant croire que des tiraillemens insignifians sont d'importantes affaires, on les expose à perdre la tête devant un danger réel ; c'est une chose à laquelle nos généraux ne sauraient trop réfléchir. Ces mensonges officiels n'ajoutent rien à leur gloire passée, et peuvent compromettre leurs succès à l'avenir [1]. »

Une cause de démoralisation pour le soldat est dans nos retraites toujours forcées, toujours désastreuses. Le soldat blessé ou mauvais marcheur, sait que le sort qui l'attend, s'il reste en arrière, est d'avoir la tête coupée. Delà ces désespoirs, ces suicides, ces mouvemens d'un aveugle instinct de conservation qui domine et étouffe tous les autres sentimens. Ces fâcheuses dispositions deviennent habitude chez le soldat,

---

[1] *Annales algériennes*, T. 1, p. 320.

et il les appliquera à toutes les retraites. Le souvenir des désastres de Moscou a plus contribué qu'on ne pense à ceux de Leipzig et de Waterloo.

Un militaire distingué, M. Planat de la Faye, ancien officier d'ordonnance de l'empereur, va plus loin dans sa critique. « Ces jeunes officiers croient sincèrement avoir fait une campagne, avoir assisté à une bataille, et s'être couverts de gloire, en un mot, ils pensent que la guerre est ainsi faite. Et comment ne le croiraient-ils pas, en lisant ces longs bulletins qui parlent de manœuvres savantes, de dispositions stratégiques, d'attaques combinées, et qui épuisent enfin pour des niaiseries tout le vocabulaire laudatif de la gloire militaire ? Irez-vous leur dire qu'il y a eu dans les guerres de la révolution et de l'empire cent combats ignorés, qui ont cent fois plus d'importance que la bataille de Mascara ? Ils ne vous croiront pas; ils vous diront que cette bataille était tellement importante, qu'elle a motivé des avancemens extraordinaires, *pour fait de guerre;* et ils vous en administreront la preuve officielle dans le *Moniteur* et dans le *Bulletin des Lois* [1]. »

« Je crois qu'un moyen plus sûr pour entretenir l'esprit militaire, est de s'occuper constamment de l'armée, de ses besoins, de son instruction, des améliorations que peuvent réclamer son ré-

---

[1] *Supplément aux motifs pour l'abandon d'Alger.* P. 12.

gime et son organisation ; de réunir fréquemment les troupes dans les camps de manœuvres [1] ; d'apporter la plus sévère et la plus scrupuleuse attention à la juste application des lois et des réglemens militaires, surtout en ce qui concerne la discipline et l'avancement. Ce qui pourrait tuer l'esprit militaire, serait la négligence que le gouvernement apporterait dans le soin de l'armée : ce seraient les avancemens accordés à l'intrigue et à la faveur, le mauvais choix des officiers, l'absence des chefs de corps, obligés de venir à Paris pour obtenir ce qu'ils auraient droit d'attendre sans se déplacer, d'une administration éclairée, active et vigilante ; ce serait enfin le relâchement de la discipline et l'impunité acquise à la désobéissance. L'occupation d'Alger a motivé beaucoup d'avancemens extraordinaires, de nombreuses distributions de croix, de mentions honorables dans les bulletins. Il ne faut donc pas s'étonner si tous les officiers, depuis le maréchal de camp jusqu'au sous-lieutenant, se montrent en général partisans déclarés de la conservation d'Alger et du système guerrier qui régit actuellement cette possession. C'est pour eux un moyen d'arriver plus vite. Mais il ne faut pas oublier cependant à quel prix s'obtiennent ces avantages ; il ne faut pas oublier que l'ardeur du climat et les maladies

---

[1] La meilleure armée que nous ayons eue partit du camp de Boulogne pour faire l'immortelle campagne d'Austerlitz.

locales y font périr nos soldats par milliers, sans gloire et sans profit pour la France¹. » C'est ainsi que s'exprime un ancien officier d'ordonnance de Napoléon. Il n'aura pas puisé auprès de l'empereur l'abandon de ce qui peut être glorieux pour la France. M. le général Damrémont condamne ces courses multipliées, comme nuisibles à la discipline du soldat². Et en appuyant de ces respectables opinions les plus simples notions du bon sens, est-il possible de ne pas ouvrir les yeux, et de ne pas répéter avec le maréchal Clausel : « Il n'y a que l'intrigue ou la passion qui puisse ainsi aveugler les hommes, et les priver de la faculté de raisonner et juger. Je vois une passion dominante, fâcheuse, peu morale, peu patriotique, peu française; enfin je ne vois que de fâcheux penchans, là où ne devraient régner que des sentimens généreux et élevés³. »

Mais s'il est nécessaire qu'une partie des Français (et je voudrais que tous eussent ce complément d'éducation nationale) passe quelque temps sous les drapeaux pour y prendre ces habitudes d'ordre et de discipline qui manquent dans notre éducation première, pour s'habituer au manie- {Et le démoralise par ses excès.}

¹ *De la nécessité d'abandonner Alger*, par M. Planat de Lafaye, ancien officier d'ordonnance de l'empereur. P. 10.
² *Procès-verbal de la commission d'Afrique*. P. 95.
³ Lettre du 17 mars 1836, insérée dans la *Nouvelle Minerve* du 27 mars.

ment des armes et comprendre les manœuvres, il est nécessaire aussi de compléter leur éducation morale. C'est ce que nous avons entendu en établissant les écoles régimentaires, qui sont appelées à répandre les bienfaits de l'instruction dans les masses autant et plus que presque tous les autres moyens.

Il est nécessaire surtout de ne pas les démoraliser, afin que, de retour au milieu de nous, ils aient une conduite digne et régulière. Les exemples qu'ils ont sous les yeux en Afrique ne peuvent que pervertir leur bon naturel. Lisez M. Pichon. « J'ai vu avec peine nos journaux, en avril 1831, employés par les correspondans d'Alger à préparer l'opinion publique aux têtes rapportées aux arçons des selles de nos cavaliers et roulant plusieurs jours dans les cours de nos casernes... « Je m'arrête sur cette passion pour les têtes coupées, qui s'est emparée de nous ; je me tais sur des harangues que ce goût subit a inspirées, et sur des saillies dans le goût de 1793, qui ont été faites et écrites sur de notables décapitations [1]. »

« Dans la nuit du 6 au 7 avril 1832, la petite tribu El-Ouffias, notre amie depuis l'occupation, sur un soupçon, est surprise encore endormie sous ses tentes, fusillée et sabrée. En revenant de cette funeste expédition, plusieurs de nos cava-

---

[1] *Alger sous la domination française.* Liv. I, chap. 7.

liers portaient des têtes au bout de leurs lances, et une d'elles servit, dit-on, à un horrible festin[1]. » « Le butin pillé fut vendu et réalisé ; cette vente se fit à Bab-Azoun ; on y voyait des bracelets encore attachés au poignet coupé, et des boucles d'oreilles sanglantes[2]. » Et dans l'ordre du jour du 7 avril, le général en chef rend compte de cette expédition, et il témoigne *sa satisfaction pour l'ardeur et l'intelligence que les troupes ont montrées.* Un ordre du jour du 14 août 1835 porte que treize têtes d'ennemis et trois cent cinquante bêtes à cornes sont restées entre les mains de nos soldats. « Nous voyons nos journaux souillés par les continuels détails de têtes coupées et payées; j'ai entendu se plaindre que le prix n'en fût pas assez élevé. Voici ce que nous lisons dans le *Moniteur Algérien* du 14 octobre 1836, sous la rubrique *Bone* : « Avant-hier 9, il y a eu ici une fort belle affaire ; Achmet a attaqué le camp avec quatre mille hommes; Joussef est sorti le premier, et a abattu, dit-on, les deux premières têtes. *Vingt têtes ont été envoyées ici; soixante-huit au bout des baïonnettes ont été comptées à la rentrée du camp. C'est une très belle affaire et un début qui ouvre très bien la voie.* »

On ne mentionne pas que le drapeau tricolore fût orné de ces hideux trophées, ainsi que M. Pi-

---

[1] *Annales algériennes.* T. II, p. 27.
[2] *Aperçu historique*, par Sidi Hamdan. P. 42.

chon en avait été témoin en 1832, aussi à Bone : « Le retour de Joussef et de sa troupe fit une triste impression à tous les habitans, lorsque l'on aperçut une tête de Maure sur le drapeau français [1]. » Lorsque nous ne pouvons joindre les Arabes, nous incendions leurs demeures. « Ne pouvant joindre les Arabes Hadjoutes, la division s'est répandue dans la plaine, et a incendié, jusqu'au dernier vestige, toutes les huttes et toutes les récoltes qu'elle a rencontrées [2]. » Enfin, lorsqu'une tribu que nous voulons châtier est trop éloignée pour que nous puissions y arriver promptement, nous brûlons les cabanes et nous enlevons les troupeaux d'une tribu voisine, pensant que l'effet sera le même [3].

Ces bastonnades, ces incendies, ces décapitations journalières, toute cette vie de carnage et de désordre, ne peuvent que laisser des traces fâcheuses dans l'esprit de nos soldats. Quels seront leurs souvenirs au milieu de leur famille ? Quels enseignemens apporteront-ils à la veillée ? Faisons des vœux pour que le moins grand nombre possible de nos concitoyens aille subir en Afrique une démoralisation aussi profonde.

Oui sans doute, la guerre est la guerre ; et il

[1] *Alger*, par M. Pichon. P. 442.

[2] *Moniteur algérien* du 11 octobre 1833, ordre du jour du 6.

[3] *Annales algériennes*. T. 1, p. 165.

serait puéril de vouloir l'ordre dans la guerre. Toutes les guerres n'ont pas ce caractère sauvage qu'entraîne la guerre d'extermination que nous faisons en Afrique. C'est parce que cette guerre est cruelle, sans but, sans fin, qu'elle ne peut que ruiner la discipline de l'armée et la démoraliser, et être ainsi une cause de faiblesse, bien loin d'être un élément de force; c'est pour toutes ces raisons que je la repousse de toutes les forces de ma conviction.

La régence offre un développement de deux cent vingt lieues de côtes, et augmente par-là notre puissance maritime.

Il serait beau sans doute pour un peuple de primer ses rivaux en même temps et sur terre et sur mer. Je serais heureux que mon pays fût appelé à ces brillantes destinées. Mais la France est essentiellement continentale; sa puissance est dans son armée de terre comme celle de la Grande-Bretagne est dans son armée navale. {La France peut-elle dominer sur mer?}

En 1828 l'armée anglaise se composait de 116,738 hommes, répartis comme il suit :

Grande-Bretagne. 29,616
Irlande. 23,969
Colonies. 37,037
Indes-Orientales. 26,116
                            ———
                            116,738

En 1830 elle fut réduite à 95,786, et en

1832 sir H. Parnell proposait de la restreindre à 65,000 hommes, qui seraient affectés aux services suivans :

Résidant dans les possessions étrangères 30,000
Réserve et dépôts à l'intérieur pour le service étranger. 20,000
Service spécial des trois royaumes. . 15,000
            65,000

Tel peut être pour l'Angleterre le résultat de sa position insulaire [1].

Notre position continentale nous impose d'autres obligations. Le projet de budget 1838 évalue la force militaire réclamée pour les besoins de la France à 310,037 hommes, répartis ainsi qu'il suit :

Divisions territoriales de l'intérieur   278,066
Possessions françaises dans le nord de
    l'Afrique   30,458
Occupation d'Ancône.   1,513
                                         310,037

On conçoit que la position géographique des deux royaumes qui amène dans leur état militaire une aussi grande différence, ait pour leur état naval un résultat inverse, et que la marine anglaise doive être plus forte que la marine française. Pouvons-nous, raisonnablement, avoir l'es-

---
[1] *Réforme financière.* Page 194 et suivantes.

poir d'être sur mer aussi puissans que nos rivaux? Ne serait-il pas à craindre que cette prétention, en nous poussant à des efforts disproportionnés avec nos moyens, ne fût cause de cruels mécomptes?

C'est du côté de nos frontières de terre que nous devons chercher à nous étendre; c'est à reconquérir la Savoie et les départemens du Rhin que nos efforts doivent nous amener.

Je ne puis donc comprendre quelle nouvelle force pourront nous donner les deux cent vingt lieues de littoral de la régence. J'y vois au contraire une cause de faiblesse. On n'attaque pas avec des côtes, mais bien avec des vaisseaux; moins on a de côtes, plus il est facile de les fortifier. Gibraltar est le modèle d'une possession maritime, et rien ne ressemble moins à Gibraltar que la côte d'Afrique. Voici la description qu'en donne la commission d'Alger : « La régence d'Alger présente, dans une étendue de deux cent lieues de côtes, plusieurs bonnes rades et une grande quantité de mouillages qui, pour être moins sûrs, n'en sont pas moins praticables pendant six mois de l'année [1]. »

Le premier golfe que nous trouvons à l'est est celui de Bone; son meilleur mouillage est celui de la baie des Corroubiers. « Cette baie est ou-

Bone.

---

[1] *Rapport sur la marine*, par M. Duval Dailly, officier de marine. P. 1.

verte aux vents d'E.-N.-E. et de N.-E. *En s'approchant aussi près de terre qu'il est possible de le faire sans danger, un ou deux bâtimens pourraient se mettre à l'abri de ces vents, mais ils resteraient toujours exposés à l'action de la mer.* Il ne faut pas se dissimuler qu'en temps de guerre la rade de Bone serait d'autant plus facile à bloquer qu'il est possible d'y mouiller partout[1]. » (*Le Montébello*, qui devait ramener en France M. le duc de Nemours, a été obligé d'aller à Cagliari (Sardaigne) attendre la fin de l'expédition de Constantine.) L'on peut sans doute élever un môle pour mettre la baie à l'abri des vents N.-E.; l'on peut faire un port dans la Seybouse, en approfondir le lit, et ouvrir à son embouchure la passe, que les sables viennent obstruer. Tout cela est facile; il suffit d'y affecter les fonds que réclament les travaux de nos ports de France.

Stora.

La baie de Stora passe auprès des marins pour l'une des bonnes de la régence. Ce serait probablement l'une des meilleures positions maritimes à créer, si l'on voulait faire un établissement important.

Bougie.

Bougie possède une assez bonne baie; elle est ouverte seulement aux vents d'est; le mouillage des bâtimens marchands est devant la ville par

[1] *Rapport de M. Duval Dailly à la commission d'Alger.*

trois ou quatre brasses d'eau ; mais cette position paraît insuffisante. L'on propose déjà de fermer, par une digue de six cents mètres, une partie de la baie voisine formée par les deux promontoires des forts Abd-el-Kader et Bouac. C'est aisé, dit-on ; nul doute ; il n'y aurait qu'à suspendre les travaux de la digue de Cherbourg, à laquelle on travaille depuis 1781, et pour laquelle on a déjà dépensé 60 millions. Nous ne pouvons accorder à Cherbourg que 1,500,000 fr. par an ; doublons la somme pour Bougie.

« La rade d'Alger, bien certainement, est la plus mauvaise de toutes celles que possède la régence : elle est ouverte aux vents d'est-nord-est, de nord-est et de nord. Ce sont ceux qui règnent pendant six mois de l'année. Le port aurait peine aujourd'hui à recevoir une frégate [1] ; » mais la France est riche et généreuse surtout ; ses ingénieurs sont habiles, et nous avons déjà le projet de faire un port à Alger. Il suffit pour cela de prolonger le môle de 200 mètres, dans la direction du sud-est, de faire des quais, etc. Le Hâvre, qui attend encore l'exécution des travaux projetés par Vauban, attendra bien quelques cent ans de plus ! Le Hâvre n'est le port que de la moitié de la France, et Alger est le port de la Métidja. Le Hâvre doit attendre.

[1] *Rapport sur la marine de M. Duval Dailly à la commission d'Alger.*

Arzew. Le mouillage de la baie d'Arzew est fort bon; il est abrité par le cap sur lequel est le fort. On pourrait y établir une jetée de 200 mètres sur les roches qui sortent de l'eau. On pourrait aussi curer les ports de France, ce serait moins cher et plus utile. Depuis Gravelines jusqu'à Cette, tous le réclament. Mais ils ont le tort d'être français. Que ne sont-ils de l'Algérie?

Oran. Le point maritime de la régence qui paraît le plus intéressant, est Oran. En restaurant le fort et en tirant parti des accidens du terrain, on pourra établir un système de batteries qui se croisent, et qui rendra la rade de Mers-el-Kebir inexpugnable. Cette rade souffre des vents d'est-nord-ouest et de nord-est; en prolongeant le môle de 200 mètres, la lame serait brisée et les vaisseaux en sûreté.

Le rapport de la commission d'Afrique avait résumé cet état de la côte de la régence dans ces paroles : « Sous le point de vue de l'intérêt de notre puissance maritime, il faut remarquer que ni Alger, ni Bone, ni Bougie, ni même Oran, n'offrent un port accessible aux vaisseaux et aux frégates; il n'y a que des rades d'une tenue plus ou moins sûre, mais où nos bâtimens de guerre ne seraient point protégés contre l'ennemi[1]. »

Corse. N'avons-nous pas dans la Méditerranée, depuis

---

[1] *Commission d'Afrique.* P. 398.

1769, l'île de Corse qui réclame de la France les améliorations productives que comportent son intérieur et son littoral? Un projet de loi vient d'être présenté à la Chambre des Députés, qui évalue à quatre millions les travaux à faire aux ports. La Corse offre de contribuer à cette dépense, et la France n'hésitera pas; car la Corse est France. Pendant toutes nos guerres, nos nouveaux compatriotes ont combattu avec nous : ils étaient Français.

Les côtes de la Corse ont plus d'étendue que celles de l'Algérie; ses rades du littoral ouest sont très belles; les golfes de Saint-Florent, de Calvi, de Sagone et d'Ajaccio, sont susceptibles de recevoir des flottes entières; et, au moyen de quelques travaux de défense, ils pourraient rendre de grands services dans le cas d'une guerre maritime, dont la scène se passerait sur la Méditerranée. En travaillant en Corse, nous sommes certains de travailler pour des amis.

L'Angleterre, lorsqu'elle choisit ses points d'appui maritimes, se garde bien d'éparpiller sa force sur une grande étendue de côtes; elle cherche au contraire à la concentrer sur un petit espace. *Positions maritimes de l'Angleterre.*

Gibraltar n'a d'autre terrain que celui sur lequel sont bâtis les maisons et les édifices publics, excepté un petit nombre de jardins et de prés servant de pâturages. Les habitans tirent leurs moyens de subsistance des pays voisins. Les immenses fortifications de cette ville ont coûté des sommes énormes, et sont regardées comme imprenables[1].

Malte possède cinq beaux ports, tous sûrs et pouvant contenir une force immense. Ses fortifications sont tellement formidables, que Caffarelli, les examinant après la reddition de cette place à l'armée expéditionnaire d'Égypte, disait à ses compagnons : « Ma foi, messieurs, nous sommes bien heureux qu'il y ait eu quelqu'un dedans pour nous ouvrir les portes[2]. »

Iles Ioniennes. Le protectorat attribué à l'Angleterre sur ces îles n'offre aucun des dangers que nous avons signalés. La propriété n'est pas contestée aux indigènes, et ils souffrent patiemment l'autorité gouvernementale des Anglais.

Dans le Nord, les îles de *Man, Scilly, Guernesey, Jersey, Héligoland,* sont encore des points isolés, dont la possession ne peut entraîner l'Angleterre à aucune conséquence fâcheuse.

Les îles de *Gorée, Fernando-Po, Sainte-Hélène, Maurice,* sont dans le même cas.

Le *Cap* offre quelques-uns des inconvéniens des possessions continentales; mais cette position était nécessaire pour la puissance de la compagnie

---

[1] *Histoire financière de l'empire britannique.* T. II, p. 128.

[2] *La France doit-elle conserver Alger ?* par un auditeur au conseil d'État.

des Indes. Parnell ne lui reconnaît que cette utilité, et il pense que cette occupation devrait être à la charge de la compagnie[1].

Les colonies anglaises des *Antilles* ont, comme les nôtres, à combattre les difficultés ressortant de l'esclavage.

Canada. L'immense territoire, à peu près désert, qui fait suite aux possessions anglaises dans l'Amérique septentrionale, leur assure presque les avantages d'une position insulaire. Là, les difficultés ne viennent pas du dehors; elles ont leur racine dans le sol même. Malgré les dépenses énormes faites par l'Angleterre sur ce territoire, malgré la liberté que l'acte constitutionnel de 1790 a accordée aux habitans, l'ancienne nationalité française n'a pu encore accepter le traité de 1763, qui l'a abandonné à la Grande-Bretagne.

Aucune des autres possessions anglaises ne présente les difficultés qui militent contre nous à Alger; aussi l'effectif destiné à assurer la puissance britannique sur tout le globe (l'Inde exceptée) ne s'élevait-il, en 1831, qu'à 34,090 hommes[2]; et nous avons 32,000 hommes à Alger.

Les dépenses résultant de cette occupation ont paru assez lourdes cependant, et les avantages ont paru assez incertains, pour que plusieurs hommes d'État aient pensé à la restreindre.

L'Angleterre pense à restreindre ses possessions.

[1] Sir H. Parnell, *Réforme financière.* P. 220.
[2] *Ibidem.* P. 196.

Sir Henry Parnell, membre du cabinet actuel, s'exprime ainsi : « Un moyen de réduire l'armée serait de nous défaire de quelques unes de nos possessions étrangères; ce serait le meilleur expédient, et on ne doit pas balancer à en céder quelques unes à d'autres nations. » Il ajoute : « Les seules conditions auxquelles il peut être sage et politique pour nous de conserver des possessions coloniales, c'est que le nombre en soit beaucoup réduit, et que celles que nous garderons fassent elles-mêmes tous les frais de leur administration et de leur défense[1]. »

« Lors de la paix de 1814, le gouvernement anglais désirait que l'Autriche eût les îles Ioniennes; mais la France ne voulut pas consentir à cet arrangement; et, en conséquence, le traité de novembre 1815 les plaça sous la protection exclusive de la Grande-Bretagne... Comme il y a maintenant en Grèce un gouvernement reconnu, pourquoi le pays continuerait-il de se charger de ces îles? On ne peut alléguer aucune raison d'intérêt public pour prouver qu'elles nous présentent quelque avantage. Si l'on ne profite pas de l'occasion qui s'offre de délivrer le pays des dépenses qu'occasionnent ces îles, on prouvera que, pour la direction de nos affaires financières, on continue à se laisser guider par des *individus in-*

---

[1] Sir H. Parnell, *Réforme financière*. P. 249.

téressés, et par leurs représentations fallacieuses, et non par une intelligence véritable de ce que ces intérêts exigent. »

« On ferait bien d'abandonner l'établissement de Sierra Leone et les postes militaires sur la côte occidentale de l'Afrique. Le public ne retire aucun avantage de ces possessions, sous le point de vue militaire ou commercial. »

« Pour le Canada, y compris nos autres possessions sur le continent de l'Amérique septentrionale, on n'a point prouvé que nous n'aurions pas tous les avantages commerciaux dont on suppose que nous jouissons à présent, si le Canada était constitué en état indépendant. »

« Chalmers, parlant de la paix de 1763, dit : Ce qu'il y avait à objecter à ce traité de paix, ce n'est pas que nous eussions gardé trop peu, mais bien que nous eussions gardé trop, entre autres, le Canada, la Louisiane, les Florides, Grenade, Tabago, Saint-Vincent, la Dominique et le Sénégal. »

« Lorsque les conditions du dernier traité de paix ont été réglées, on a eu grand tort de garder un si grand nombre de colonies conquises[1]. »

On voit quelle est l'opinion des personnes les plus éclairées de l'Angleterre. La plupart des économistes partagent les mêmes idées; mais des in-

---

[1] Sir H. Parnell, *Réforme financière*, P. 219 et suivantes.

térêts sont créés, intérêts matériels et intérêts de places. Il est facile de concevoir que des modifications soient difficiles à adopter; mais nous, qui n'avons pas encore créé en Afrique les mêmes intérêts, nous devons nous mettre en garde, afin que dans peu de temps ces intérêts ne viennent pas invoquer des droits acquis.

Nous ne nions pas toutefois que la France puisse avoir intérêt à une occupation limitée de certains points de la côte; nous traiterons cette question dans le dernier Chapitre. Ce que nous avons voulu établir ici, c'est que l'occupation de tout le littoral, dans les systèmes suivis jusqu'alors, loin d'être un élément de force, est une cause de faiblesse.

CHAPITRE X.

DÉPENSES ET RECETTES.

§. Ier. *Dépenses.*

On est bien loin d'être d'accord sur les charges qu'Alger impose à la France. Quelques personnes les réduiraient à rien au moyen de raisonnemens que nous ne pouvons admettre et que nous allons examiner.

<small>Quelles sont les charges imposées par l'Afrique.</small>

La commission d'Afrique portait le jugement suivant : « Ces sacrifices seront mis incessamment sous ses yeux; chaque année ils reparaîtront dans le budget sans que ces avantages évidens viennent les alléger. Vous récapitulerez tous les millions enfouis sur ces plages ingrates, et, effrayée de la masse du numéraire qu'elle aura dépensé sans résultat, la France reprochera à son gouvernement d'avoir trop facilement cédé à l'impulsion d'une opinion de mode et de préventions irréfléchies. En effet, les dépenses qu'il s'agit d'imposer à la nation sont assez importantes pour mériter la plus sérieuse attention. Depuis 1831, les frais de l'armée d'occupation figurent chaque année dans les différens chapitres du budget du ministère de la guerre, pour 22 millions environ; mais il faut joindre à cette somme le montant des dépenses qui restent confondues dans d'autres chapitres, celui des dépenses faites par le ministère de la marine et par le ministère des finances. Il résulte des renseignemens recueillis sur ce sujet par la commission, que la dépense totale, faite annuellement, ne peut être évaluée à moins de 30 millions. Et cette dépense, loin de diminuer, s'augmenterait nécessairement, si l'on cessait de se renfermer dans les villes; si, pour dominer le pays, il fallait porter des troupes en avant, fortifier une ligne de défense, ouvrir des routes; et si, dans la vue d'un établissement permanent et durable, on voulait construire des casernes dans les places occupées, et perfectionner les ouvrages de leurs ports. En supposant que 40 millions seulement fussent alors appliqués tous les ans à nos possessions africaines, ce serait pour trois années une somme totale de 120 millions. Et serait-il chimérique d'appréhender qu'au moment où la France commencerait à retirer quelque profit d'une pareille avance de fonds, une guerre maritime qui viendrait à éclater, ne déterminât l'évacuation d'une colonie harcelée par les indigènes, qu'armerait contre nous la politique européenne, et qu'il ne serait plus possible de ravitailler sans des frais et des risques excessifs ? [1] »

Ces prévisions, que la commission d'Afrique portait à 40 millions, sont aujourd'hui dépassées, car les prévisions du mal auquel on s'attendait ont été dépassées aussi ; et, dans ce pays, le mal semble toujours en rapport avec les sacrifices faits par la France.

Nous allons entrer dans le détail et la nature de ces sacrifices.

1°. *Dépenses de l'effectif de l'armée d'Afrique.*

On devait naturellement croire que l'armée d'Afrique occasionnait une dépense spéciale à l'Afrique; mais vint le budget qui expliqua que, si cette dépense n'avait pas lieu en Afrique, elle aurait lieu en France; et que, si l'on était obligé de compter à l'Afrique une partie de cette charge, ce ne pouvait être que la différence du pied de paix au pied de guerre. C'est une erreur : l'effectif de l'armée s'établit d'abord d'après les besoins constatés d'un certain nombre de troupes sur les différentes parties du territoire, et ensuite selon les nécessités extérieures, parmi lesquelles se trouvent rangés le service colonial, Alger et Ancône. C'est ainsi que se fait le budget de la guerre; s'il

L'armée d'Afrique doit être à la charge de l'Afrique.

[1] *Rapport de la commission d'Afrique.* P. 401.

en était autrement, il se ferait sans règle. Les effectifs sont tellement distincts que, lorsqu'un nouveau besoin se fait sentir, l'on a recours à un nouveau vote. Ainsi, lorsqu'en 1834, à la suite des troubles de Lyon, le maréchal Soult vint proposer une augmentation d'effectif, il demanda 14 millions pour 1834, et 22 millions pour 1835. Si, au lieu de voter le nouvel effectif demandé, la Chambre avait engagé le maréchal à emprunter à l'effectif destiné à l'intérieur, ou à l'armée d'Alger, les forces dont il avait besoin à Lyon, il aurait répondu : Les troupes destinées au service de l'intérieur, en temps ordinaire, sont insuffisantes pour le cas extraordinaire dans lequel nous ont placés les événemens de Lyon, il me faut un supplément de forces pour assurer la tranquillité publique. Quant à Alger, veut-on le conserver ou l'abandonner? si on veut le garder, il faut une armée spéciale.

Reconnaissons donc que l'armée d'Afrique doit être au compte de l'Afrique.

Effectif nécessaire. Malgré l'assurance donnée au ministre de la guerre par le maréchal Clausel, en 1831, qu'il lui suffisait de dix mille hommes [1] pour dominer ce pays, et quoiqu'il ait dit en 1833 à la tribune : « Ma pensée est que deux mille soldats français combattraient avec succès tous les Cabaïles de la

[1] *Observations du général Clausel.* P. 9 et 10.

régence, car il ne m'en a pas fallu autant pour les mettre en fuite¹ », l'effectif de l'armée d'Afrique, réglé par les budgets, a toujours été de vingt-deux ou vingt-sept mille hommes; l'exposé des motifs du budget de 1838 avoue que l'effectif voté a constamment été dépassé, et qu'en 1834 il était de trente-deux mille hommes. L'on nous demande, pour 1838, un effectif de 30,458 hommes, ce qui est inférieur à celui que nous avions au moment de l'expédition de Constantine; il s'élevait à 32,729 hommes.

Si l'on veut faire l'expédition de Constantine et occuper cette ville, cela nous entraîne nécessairement à l'occupation de Medeah, Miliana, Belida, Koleah, avec des postes intermédiaires pour maintenir la communication entre ces villes. M. le général Bugeaud exposait à la Chambre des Députés, le 19 janvier, qu'il fallait une armée de 45,000 hommes; mais l'honorable général n'entendait probablement pas qu'avec cet effectif l'on pût occuper le pays, ainsi que l'exigerait l'occupation de Constantine. M. le comte d'Erlon, qui a été gouverneur d'Afrique et qui, en cette qualité, est habile à apprécier les difficultés d'une semblable entreprise, estime qu'il faudrait 60,000 hommes. Une lettre de cet honorable général, du 8 janvier 1837, citée à la tribune le 19, porte ces paroles : « C'est un

¹ *Moniteur* du 20 avril 1833.

budget de 50 millions et une armée de 60,000 hommes qu'il vous faut tous les ans pour l'Afrique. *Que retirera-t-on de tant de sacrifices? rien;* car nos armes portent partout la stérilité et la ruine du commerce. Un homme raisonnable et ami de son pays ne peut prêter son appui à un pareil système. Je crois que, si on exposait à la Chambre les faits tels qu'ils sont, peu de députés seraient disposés à voter les fonds. »

C'est donc par une modération extrême que nous ne porterons la dépense de l'effectif ordinaire de l'armée qu'à 30 millions.

2°. *Dépenses accessoires ordinaires soldées par le budget de la guerre.*

Dépenses accessoires ordinaires.
Le service général de la guerre reste chargé de nombreuses dépenses qui devraient être portées au budget spécial d'Alger, telles que celles occasionnées par les dépôts en France destinés à tenir au complet les régimens d'Afrique, et par la consommation du matériel en équipages régimentaires, fusils, armes blanches, poudres et projectiles. La commission du budget de l'exercice de 1836 évaluait ces dépenses à plus de trois millions. Les dépenses civiles soldées par le même budget s'élèvent à deux millions.

3°. *Dépenses accessoires extraordinaires soldées par le budget de la guerre.*

Ces dépenses sont celles résultant des expéditions; il devient de plus en plus difficile de les apprécier par l'extension que prend ce système. Le directeur des finances d'Alger avait évalué les dépenses de l'expédition de Mascara à 120,000 fr.[1], et M. le ministre des finances, à la même époque et pour cet objet, demandait 763,000 fr., en disant que cette somme représente la dépense en deniers seulement, et est indépendante de la valeur du matériel enlevé dans le magasin de l'État. La commission de la Chambre alloue cette dépense sans avoir pu indiquer la totalité des frais de l'expédition. A cette dépense de l'expédition de Mascara, il faudrait encore ajouter la valeur du bateau à vapeur *la Salamandre*, échoué près d'Oran à cette occasion, et les frais de la petite expédition qu'il a fallu faire pour défendre les débris de notre navire contre une tribu amie, qui tentait de se les approprier. L'on verrait ainsi que les 120,000 fr. du directeur des finances d'Alger ont pu se transformer en trois ou quatre millions.

Dépenses accessoires extraordinaires.

[1] *Aperçu de la situation politique, commerciale, etc., d'Alger.* P. 29.

4°. *Dépenses inscrites au livre des pensions militaires.*

<small>Pensions militaires.</small>

En parlant du sang français aussi infructueusement répandu, je crains toujours de le souiller par des calculs d'argent, mais je ne puis omettre les pensions auxquelles ont droit les militaires, restés infirmes par suite de leurs blessures; ces pensions augmentent tous les ans. Au mois de mars 1836, elles s'élevaient à 94,000 fr.; l'expédition de Constantine et l'explosion de la Kasba de Bone vont les porter à 200,000 fr.

5°. *Dépenses de la marine.*

<small>Dépenses de la marine.</small>

M. le ministre de la marine a déclaré, en 1834, à la commission d'Afrique, qu'il fallait pour le service d'Alger dix-huit bâtimens, dont huit à vapeur, montés par deux mille hommes, et que les dépenses qui en résulteraient s'élèveraient à 2,500,000 fr.[1]. Un état fourni à la commission du budget en 1836 pour les dépenses des bâtimens affectés au service d'Alger en 1835, les évalue à 2,960,000 fr.; mais on n'a pas compris dans le calcul de la durée du service des bâtimens le temps des quarantaines subies à chaque retour à Toulon. On n'a pas

---

[1] *Procès-verbaux de la commission d'Afrique.* P. 134.

compris la perte des vaisseaux et bateaux à vapeur, les armemens extraordinaires, un certain matériel conforme, etc. Les personnes à portée de juger ces dépenses les évaluent à 4 millions.

6°. *Perte sur le produit des douanes et des impôts indirects.*

Notre armée d'Afrique et le personnel qu'elle entraîne à sa suite y consomment, sous le régime incomplet des douanes et des impôts indirects établis dans ce pays, des objets soumis en France au régime sévère de la perception. Il en résulte une diminution en France dans la recette faite sur les boissons, le tabac, le sel, le sucre, le café, et enfin sur toutes les denrées soumises aux douanes et aux impôts indirects de toute nature. Cela est incontestable. Cependant, on a voulu attribuer à la possession d'Alger la cause d'une augmentation de recette qui existe dans les droits de douane perçus dans les ports de la Méditerranée.

Comparant les produits des droits de douane perçus dans l'Océan avec ceux perçus dans la Méditerranée pendant les périodes de cinq ans qui ont précédé et suivi la conquête d'Alger, on a trouvé que la moyenne du produit des douanes, pendant les cinq années qui ont précédé la conquête, a été,

	dans l'Océan,	la Méditerranée,
de................	56,548,902	22,644,987 fr.
Et que pendant les cinq années qui ont suivi la conquête, de..........	56,375,018	28,862,570

Qu'ainsi, tandis que l'Océan éprouvait une diminution de...........	173,884	
une augmentation de....		6,217,583 fr.
se manifestait dans la Méditerranée.		

Attribuant cette augmentation de recette dans la Méditerranée à notre occupation d'Alger, on trouve juste de compenser avec cette somme une partie de nos dépenses en Afrique. En d'autres termes on porte en recette au budget d'Alger cette somme de 6 millions.

Sans entrer plus avant dans la discussion, on pourrait dire en principe que si les produits des douanes ont augmenté en France, cela vient de ce que l'on y a consommé davantage. S'il y a eu plus de consommation en France, c'est qu'il y a eu plus de production ; car pour acheter, il faut avoir des produits à donner en échange. Alger est étranger à ce résultat ; que les produits soient entrés par un port ou par un autre, cela est indifférent pour le commerce général ; et si la sécurité actuelle de la Méditerranée appelle le commerce à Marseille plus qu'auparavant, ce ne sera qu'un déplacement de commerce en faveur de Marseille, et non une augmentation de commerce pour la France.

Si ce raisonnement est vrai, nous devons en trouver la preuve dans les chiffres mêmes qui nous ont été présentés, en les décomposant par les objets qu'ils représentent. C'est ce que nous allons faire en mettant sous les yeux du lecteur le détail des recettes des deux directions de Marseille et Rouen pendant les dix années indiquées :

TABLEAU

DES DROITS DE DOUANE PERÇUS A L'IMPORTATION, A LA DIRECTION DE ROUEN, DE 1825 A 1834.

ANNÉES.	COTON.	CAFÉ.	LAINES.	SUCRES.	FARINEUX.	ARTICLES DIVERS.	TOTAL.
	fr.	fr.	fr.	fr.	fr.	fr.	fr.
1825	4,089,782	2,039,045	113,744	11,686,909	202,112	6,868,108	24,999,700
1826	5,716,044	2,613,935	129,443	15,157,923	200,783	5,877,690	29,695,818
1827	4,892,748	3,624,365	93,119	11,597,688	147,336	6,108,375	26,463,631
1828	4,597,121	3,024,775	199,491	11,487,889	689,483	9,015,154	29,014,300
1829	5,307,680	3,092,332	150,785	14,830,890	928,497	6,498,531	30,808,715
TOTAL...	24,603,375	14,394,452	686,582	64,761,299	2,168,211	34,368,245	140,982,164
MOYENNE...	4,920,675	2,878,890	137,316	12,952,260	433,642	6,873,649	28,196,432
1830	4,482,075	3,669,199	234,384	13,585,368	473,954	6,838,830	29,283,810
1831	4,640,724	2,804,754	16,075	15,791,029	102,701	4,471,807	27,827,090
1832	5,401,589	4,491,153	28,768	15,182,368	517,881	5,495,656	31,117,415
1833	5,825,148	3,047,590	179,451	13,068,108	93,749	7,198,554	29,412,600
1834	5,360,484	2,478,911	135,463	9,852,066	68,438	6,342,162	24,237,524
TOTAL...	25,710,020	16,491,607	594,141	67,478,939	1,256,723	30,347,009	141,878,439
MOYENNE...	5,142,004	3,298,321	118,828	13,495,788	251,344	6,069,402	28,375,687

TABLEAU

DES DROITS DE DOUANE PERÇUS A L'IMPORTATION A MARSEILLE DE 1825 A 1834.

ANNÉES.	LAINES.	FARINEUX alimentaires.	SUCRES.	CAFÉ.	HUILE d'olives.	COTON.	TOTAL.	AUTRES articles.	TOTAL général.
	fr.	fr.	fr.	fr.	fr.	fr.	fr.	fr.	fr.
1825	716,000	550,000	5,206,000	609,000	7,305,000	1,206,000	15,591,000	3,809,000	19,400,000
1826	838,000	334,000	6,342,000	659,000	7,452,000	1,134,000	16,759,000	4,017,000	20,776,000
1827	1,021,000	305,000	5,241,000	724,000	8,151,000	1,099,000	16,541,000	4,046,000	20,587,000
1828	855,000	1,627,000	6,037,000	494,000	9,373,000	867,000	19,253,000	3,865,000	23,118,000
1829	570,000	314,000	5,898,000	681,000	7,969,000	1,068,000	16,500,000	3,847,000	20,347,000
TOTAL.	4,000,000	3,130,000	28,724,000	3,167,000	40,250,000	5,374,000		19,575,000	104,228,000
MOYENNE.	800,000	626,000	5,744,800	633,400	8,050,000	1,074,800		3,915,000	20,845,600
1830	697,000	952,000	6,763,000	836,000	7,869,000	1,122,000	18,239,000	3,634,000	21,873,000
1831	678,000	1,545,000	7,434,000	572,000	8,337,000	708,000	19,274,000	3,206,000	22,480,000
1832	529,000	2,501,000	10,464,000	939,000	8,126,000	1,274,000	23,883,000	3,610,000	27,493,000
1833	1,071,000	322,000	9,382,000	1,117,000	10,086,000	1,152,000	23,130,000	3,806,000	26,936,000
1834	1,098,000	147,000	9,904,000	1,234,000	8,705,000	996,000	22,084,000	4,278,000	26,362,000
TOTAL.	4,073,000	5,467,000	43,947,000	4,748,000	43,123,000	5,252,000		18,534,000	125,144,000
MOYENNE.	814,600	1,093,400	8,789,400	949,600	8,622,600	1,050,400		3,706,800	25,028,800

La recette faite à la direction de Rouen est à peu près la même pendant chacune des périodes de cinq ans ; et la moyenne de l'augmentation de recette à Marseille, pendant les cinq dernières années, a été, en effet, de 4,183,200

Les marchandises qui ont fourni cette recette sont :

Le sucre (somme ronde) pour . . 3,000,000
Le café pour 300,000
L'huile pour 500,000
Les farineux pour 400,000

Plus je cherche et plus il m'est difficile de concevoir par quel enchaînement d'idées on a pu, dans cette augmentation de recette, faire intervenir Alger qui est étranger, encore une fois, à la consommation que les Français ont pu faire en France de sucre, café, huile et farineux. Alger, quant à présent, ne crée aucun de ces produits, et quand même il les créerait, il ne nous donnerait pas les moyens de les acheter.

La décomposition de cette somme nous montre d'ailleurs que cette recette n'est pas réelle ou du moins qu'elle n'a profité à la douane que pour une fort petite portion. En effet, si la douane de Marseille a reçu pendant les cinq dernières années, en moyenne, trois millions de plus que pendant les cinq premières, en droits sur le sucre, cette recette a été plus qu'absorbée par les sommes qui ont été payées pour primes à l'exportation de ces mêmes sucres, primes qui ont, pendant chacune de ces cinq dernières années, surpassé de 3,500,000 fr. celles des cinq premières. C'est ce qui résulte du tableau ci-après, relevant les primes de sortie sur les sucres, payées dans la direction de Marseille. Nous avons établi la moyenne des années antérieures à la conquête sur 1828 et 1829 seulement, la douane n'ayant fait ces relevés que depuis cette époque.

ANNÉES.	PRIMES.	MOYENNES.
	fr.	fr.
1828	3,001,982	3,419,322
1829	3,836,662	
1830	5,737,901	
1831	6,502,447	
1832	11,055,713	6,969,609
1833	8,647,912	
1834	2,904,074	
DIFFÉRENCE...		3,550,287

Il est donc vrai que jusqu'à présent, loin d'avoir été, comme on l'a dit, une cause d'augmentation de produits dans nos droits de douane, Alger a été une cause de diminution de recette dans toutes les branches des impôts de consommation. Ces impôts s'élèvent en France à environ 300 millions. Les quarante mille Français, soldats ou autres, qui y sont soustraits par leur séjour en Afrique, sont certainement, au moyen des sommes considérables qu'ils tiennent du gouvernement, et par suite de leur genre de vie, les plus forts consommateurs que nous ayons en France; l'on peut juger de cette consommation, en Afrique, par le nombre incroyable de débitans de toute espèce. C'est certainement rester bien au dessous de la vérité que d'évaluer cette perte de recette à un million.

7°. *Créations de ports sur la côte d'Afrique.*

Nous avons vu au chapitre précédent quels étaient les travaux proposés pour mettre en défense la côte d'Afrique. Il est impossible d'en évaluer la dépense; la digue de Cherbourg aura coûté 100 millions lorsqu'elle sera achevée, si toutefois on l'achève.

Des améliorations ont déjà été faites sur différens points du littoral, mais souvent défectueuses, en ce sens que l'on travaille sans but, aucune pensée d'ensemble ne présidant à ces travaux. Ils sont abandonnés à la direction des ingénieurs qui, à leur tour, sont soumis aux difficultés locales et aux exigences personnelles. Les fonds sont détournés de leur destination. Sur 870,000 fr. affectés à des travaux en 1826, 150,000 ont été prélevés pour payer les indigènes auxiliaires, et l'on sait que ces paiemens se font souvent à tant par tête d'Arabe rapportée, à peu près comme en France l'on donne 15 fr. pour une tête de loup.

8°. *Dépenses de colonisation.*

Nous ne dirons rien de ces dépenses auxquelles on paraît avoir renoncé. Elles consistaient ou devaient consister en passages sur les vaisseaux de l'État, vivres pour les colons, graines, plantes, outils, etc. *Dépenses de colonisation.*

L'essai fait à Kouba et Delhi-Ibrahim a fort heureusement désillusionné les partisans les plus prononcés de la colonisation. L'établissement de chaque colon coûtait 2,000 fr. ; il était véritablement par trop scandaleux de prélever des impôts sur les contribuables de France, pour établir à Alger le rebut de la population des îles Baléares et de Malte, et des Allemands et Suisses qui se rendaient en Amérique et furent attirés en Afrique.

9°. *Constructions de villes et villages.*

Que répond la Chambre, lorsqu'une ville réclame son assistance pour réédifier une église ou construire un marché? Dépense municipale. Que répond un conseil général lorsqu'un hameau *Constructions de villes et villages.*

exposant sa misère, se met à merci pour ne pas voir tomber son clocher? Dépense municipale.

Pour l'Afrique, c'est différent : tout le monde est d'accord. Nous faisons des rues, des fontaines; nous construisons des mosquées, des villages qui sont renversés par le premier ouragan. Mais on recommence et ensuite ils tiennent, ou à peu près.

Le bon vouloir des administrateurs est tel qu'ils veulent reconstruire les villes en dépit des colons eux-mêmes. L'ingénieur civil de Bone ayant entrepris une rectification de rue, fait des excavations qui lui amènent, de la part de quinze colons, une signification qui porte : « qu'il ne peut contester que, depuis environ trois semaines, il n'ait fait creuser la rue Louis-Philippe de manière à ébranler les maisons des requérans sises dans cette rue, tant les excavations ont été considérables. Que ces travaux leur ont porté et leur porteront le plus grand préjudice, dont ils doivent être relevés. »

Huit jours après, les réclamans reçoivent ordre de démolir, dans le plus bref délai, leurs maisons, vu qu'elles menacent ruine.

Les maisons seront démolies, nous payerons indemnité, le tout pour la grande satisfaction de MM. les administrateurs de Bone.

A Alger, même abus : c'est aux frais du budget que se font les rues Bab-Azoun et Bab-el-Oued.

Il serait bon cependant de savoir jusqu'où iront nos sacrifices, et M. Genty de Bussy nous l'apprend. « Leurs aquéducs, la généralité de leurs maisons, tout est à recréer dans un autre système, et en vérité, puisque nous en étions là, peut-être aurait-il mieux valu prendre un grand parti sur-le-champ, et *reconstruire successivement toutes les parties de leurs villes ; nous aurions fait plus tôt ce qu'il faudra faire inévitablement plus tard.* [1] »

L'on ne saurait trop approuver ces projets de reconstruction générale de la régence. Le Kabaïle ne peut manquer de nous en témoigner sa vive reconnaissance, et cette reconnaissance augmentera lorsqu'il saura les sacrifices que, pour le civiliser, se seront imposés les citoyens de la France ; lorsqu'il verra le peuple payant le sel seize fois sa valeur, le tabac cinq fois, le sucre deux fois ; payant jusqu'à l'air qu'il respire, et vivant dans l'obscurité de peur qu'un rayon de soleil ne lui amène le percepteur.

Son admiration n'aura plus de bornes s'il peut parvenir dans une assemblée municipale ; elle se tient dans la maison d'école qui est en même temps la maison commune. Le conseil s'asseoit le dimanche sur les bancs que les enfans occupent la semaine. Ces bancs sont mauvais ; il y a cinq

<small>Un conseil municipal et Alger.</small>

---

[1] *De l'établissement des Français en Afrique.* T. I, p. 206.

ans qu'il faut les refaire. C'est une dépense de 20 francs que l'on a demandés au ministre de l'instruction publique; on espère les obtenir l'an prochain. La moitié des carreaux est en papier; au milieu de la salle est un petit poêle de fonte, duquel un peu de bois vert s'échappe en fumée, par des tuyaux mal joints. C'est dans cette position que le conseil avise à dépenser le moins possible; et il a raison, car il est déjà en déficit sur l'exercice précédent. Il examine d'abord son budget de recette; c'est ainsi que, par une transformation de langage, l'on appelle le résultat d'une partie de l'impôt levé sur la commune, pour faire face aux dépenses les plus urgentes; ce sont les cinq centimes. Le budget des dépenses est rigoureusement châtié; l'on rogne 10 francs sur la couverture de la maison d'école, 15 francs au garde champêtre; c'est à grand'peine que l'on parvient à accorder quelques cailloux aux chemins qui conduisent des hameaux à l'église. Un chemin vicinal passe à un quart de lieue, il faudrait y accéder; le conseil est unanime sur la nécessité de ce travail. Mais, hélas! le déficit existe déjà; il se dresse au milieu de l'aréopage, qui, de peur de grandir cet ennemi éternel, ajourne la dépense. Enfin, le conseil vote 400 francs d'impôts extraordinaires, qui, avec les cinq centimes ordinaires, couvrent les 550 francs de dépenses municipales, somme moins élevée que celle payée par la commune dans le budget d'Alger. Si le Kabaïle voyait toutes ces choses, il s'écrierait profondément ému : Mais c'est à nous à reconstruire leurs maisons! [1]

RÉCAPITULATION DES DÉPENSES.

1°. Dépenses de l'effectif de l'armée...... 30,000,000
Cette dépense est pour 30,000 hommes, si on employait les 60,000 hommes jugés nécessaires par le général d'Erlon, ce serait 60,000,000 de f. et les dépenses accessoires augmentées en proportion.

2°. Dépenses accessoires ordinaires soldées sur le budget de la guerre................ 3,000,000
3°. Dépenses accessoires extraordinaires soldées sur le même budget.................. 3,000,000
4°. Pensions militaires................. 200,000
5°. Dépenses de la marine............. 4,000,000
6°. Perte de recette sur les consommations au moins........................... 1,000,000
7°. Création de ports................. Mémoire.
8°. Dépenses pour colonisation.......... Mémoire.
°. Dépenses pour construction de villes et villages............................. Mémoire.
      41,200,000 f.

Pour nous entraîner dans la voie algérienne, l'on nous dit que la France est grande, riche et puissante. Sans doute, et il faut qu'elle ait d'im-

Travaux négligés en France.

[1] C'est pour l'honneur de la France que j'ai conduit mon Kabaïle dans une commune ayant maison d'école. Le rapport de M. Guizot, sur l'instruction primaire, nous apprend qu'en 1834, sur 37,187 communes, 10,316 avaient seules cet avantage, et qu'il fallait 72,679,000 fr. pour en doter les communes qui n'en avaient pas. (Page 302.)

menses ressources pour résister à toutes les plaies qui s'attachent à elle. L'on peut juger de l'état prospère où elle parviendrait, si ses affaires étaient bien dirigées. Malgré toute notre richesse, nous avons été obligés, jusqu'en ces derniers temps, de couvrir nos déficits par des emprunts et des ventes de bois. Malgré notre richesse, nous sommes obligés d'ajourner les travaux les plus utiles.

	millions
Le projet de loi présenté le 24 janvier dernier, estime les travaux à faire, pour mettre en état les routes royales, à . .	126
Les mêmes travaux pour les routes départementales, peuvent être évalués à .	180
Les commissions chargées de préparer la loi sur les chemins vicinaux, faisaient monter les dépenses qu'ils nécessiteraient, à	300
Nos voisins, par la construction de chemins de fer, donnent une nouvelle direction au commerce. La France peut avoir à souffrir bientôt, si de son côté elle n'entreprend pas des travaux analogues. Que ces travaux soient faits en totalité par l'industrie particulière, ou qu'il leur soit accordé des subventions par l'État, les dépenses n'en auront pas moins lieu. On estime à cinq cents lieues les lignes de grandes communications des chemins de fer. La lieue coûtera, en moyenne, 1 million.	500
	1,106

	millions
A reporter.	1,106

La navigation artificielle de France, est de . . . . 998 l.
La navigation fluviale est de 1,800
TOTAL.   2,798 lie.

Les principaux travaux de la navigation artificielle sont terminés. Si pour l'amélioration de la navigation fluviale, on donne de l'extension au système des canaux latéraux, la dépense pourra s'élever à 300 millions; si l'on se borne à améliorer le lit des rivières, elle pourra être réduite à 150. Comme ce dernier système peut prévaloir en ayant recours, dans certains cas, à l'autre, on peut évaluer la dépense à . . 200

Les travaux à faire aux ports de commerce peuvent réclamer 100

Ceux aux ports militaires s'élèveront au moins à la même somme. 25 millions sont nécessaires pour terminer le seul port de Cherbourg. 100

Le génie militaire évaluait, il y a trois ans, la dépense des fortifications nécessaires pour la défense du pays, à 340 millions; quelques travaux ont été faits depuis lors, et l'évaluation était peut-être large : ne portons que 300

1,806

	millions
A reporter.	1,806

Nous avons vu que la construction des écoles dans les communes qui en manquent, occasionnera une dépense de. . .   71

TOTAL. 1877

Cet aperçu est loin d'être complet, mais peut donner une idée des travaux à exécuter en France.

La France peut attendre; c'est l'Afrique qui ne le peut pas. Et nous la doterons de tous les bienfaits de la civilisation que nous nous refusons à nous-mêmes !

Rappelons ces paroles de Paul-Louis Courrier, dans son *Simple discours* : « Si nous avions de l'argent à n'en savoir que faire, toutes nos dettes payées, nos chemins réparés, nos pauvres soulagés, notre église d'abord (car Dieu passe avant tout) pavée, recouverte, vitrée; s'il nous restait quelques sommes à pouvoir dépenser, hors de cette commune, je crois, mes amis, qu'il faudrait contribuer avec nos voisins, à refaire le pont de Saint-Avertin, qui, nous abrégeant d'une grande lieue le transport d'ici à Tours, par le prompt débit de nos denrées, augmenterait le prix et le produit des terres dans tous les environs. C'est là, je crois, le meilleur emploi à faire de notre superflu, lorsque nous en aurons. »

Courrier avait l'esprit étroit et n'était pas gouvernemental; s'il eût vécu de nos jours, on eût dit aussi que ses idées étaient empreintes d'une *bourgeoise mesquinerie*.

Oui, certes, la France est aujourd'hui prospère; les récoltes des six dernières années ont maintenu les subsistances à bas prix, en même temps que les demandes à l'industrie ont été considérables, par suite de l'interruption de la production en 1830 et 1831. Mais ne peut-on pas craindre que des années moins heureuses ne succèdent à ces années d'abondance; que quelqu'une de ces crises commerciales périodiques ne vienne interrompre cette ère de prospérité? Alors viendraient en même temps la détresse des populations et une diminution notable dans la recette des impôts indirects qui, fondée sur la consommation, a grandi pendant ces derniers temps. Alors on ne dirait plus que la France est riche. Pour remplacer les impôts manquans, on tournerait ses regards vers la propriété qui, dans les temps de crises, devient solidaire de toutes les folies passées; on tournerait ses regards aussi vers le gouffre d'Afrique, qui engloutit incessamment hommes et millions, et il faudrait choisir entre les citoyens de France et les spéculateurs d'*Alger*. {La France est-elle prospère?}

§. II. *Recettes*.

En regard de ces énormes dépenses, l'on nous présente, pour 1835, une recette pour le trésor de 1,619,500 fr., dont {Recettes.}

291,157 fr. pour enregistrement et domaines;
1,252,690 douanes et contributions diverses;
75,653 postes.

1,619,500 fr.

Tributs. Nous porterons pour mémoire les espérances que l'on a de lever des tributs sur les indigènes. Depuis long-temps l'on nous dit que le paiement de l'impôt est, pour les Arabes, la reconnaissance de la souveraineté, et nous ne voyons pas qu'ils aient fait de grands progrès de ce côté.

Contributions forcées. Un essai de contribution a été tenté sur Tlemecen, lors de la première course que nous avons faite dans cette province, mais il n'a pas été heureux. Le maréchal Clausel, qui avait pris sur lui la responsabilité de cette expédition, avait pensé qu'il n'en devait rien coûter à la France : « Des renseignemens positifs avaient appris au maréchal gouverneur qu'il existait dans la ville de Tlemecen des approvisionnemens considérables; il était certain d'y trouver, non seulement de quoi nourrir ses soldats, mais encore des objets d'une valeur assez forte pour faire rentrer dans le trésor les fonds dépensés pour l'entretien des troupes depuis leur départ de France[1]. » Ces

---

[1] *Contribution de Tlemecen*, p. 2, brochure que M. le maréchal Clausel a déclaré lui appartenir, à la séance de la Chambre des Députés du 9 juin 1836.

espérances se sont réduites comme tant d'autres, et ont abouti à une somme de 94,000 fr., perçue à grand'peine, et au moyen de la bastonnade, par le Tunisien Joussef, Lassery et Mustapha. L'on ne sait pas, au juste, ce que ces honnêtes percepteurs prélevèrent pour leurs droits de recette. Lassery revint à Alger avec lingots et bijoux, et se crut obligé de déclarer à la douane une valeur de 100,000 fr. en lingots, apparemment pour constater qu'il n'en rapportait pas davantage. Quant aux bijoux perçus, ils ont eu à Alger les honneurs d'une exposition publique, et ont fait l'admiration de plusieurs villes de la Méditerranée.

Je ne parle pas du mode de perception. Nous devons pour cela nous en rapporter aux personnes qui ont pratiqué l'Afrique; et lorsque nous voyons le premier magistrat du pays, l'honorable M. Laurence, nous exposer les avantages de l'emploi raisonné de la bastonnade, nous devons mettre de côté nos préjugés.

Bastonnade.

Ce qu'il y a de plus curieux dans l'affaire de la contribution de Tlemecen, c'est que la petite portion qui avait essayé d'entrer au trésor, a été rendue aux contribuables; c'est du moins ce que nous apprend le *Moniteur algérien* du 30 septembre; les Tlemecenois sont à portée aujourd'hui d'apprécier la régularité de certaines comptabilités, en comparant ce qu'on leur a pris et ce qu'on leur a rendu.

Avons-nous à Alger des terres domaniales à vendre dont nous puissions espérer quelque produit? Les Algériens, dans leurs comparaisons avec les États-Unis, ont négligé ce point important.

Les débats parlementaires des États-Unis nous ont appris que le gouvernement avait encore dans le domaine public 340 millions d'acres à vendre aux émigrans ou aux cultivateurs des états. Ces ventes se font à 1 dollar et un quart l'acre, et produiront à la république 2 milliards 265 millions de francs. Il est probable qu'avec le temps Alger nous coûtera la même somme. L'année passée, les Américains ont vendu pour 127 millions de francs de ces terres; aussi, pendant que nous sommes inquiets de notre déficit annuel, que nous comblons par des emprunts ou des ventes de bois, le gouvernement américain a remboursé toute sa dette, et est embarrassé de l'excédant des recettes de l'État.

Nous avons vu en quoi consistaient les terres domaniales de la régence, et plût à Dieu qu'il n'y eût pas existé un pouce de terrain ! Les concessions que l'on en fait appellent de nouvelles charges sur le pays. Loin de nous rapporter même les 50 centimes par hectare, stipulés au contrat, ces concessions imprudentes sont menaçantes dans l'avenir. Pour ce revenu de 50 centimes, on a imposé des obligations aux concessionnaires; et dès lors on est équitablement engagé à leur garantir la possession du terrain concédé. Qu'aviendrait-il si, par un événement ou un autre, le gouvernement ne pouvait ou ne voulait plus maintenir en Afrique l'état de choses actuel? Les concessionnaires viendraient réclamer des indemnités! C'est ce qui arrivera. Nous verrons quelque jour les colons d'Alger s'asseoir au banquet budgétaire, à côté des colons de Saint-Domingue, des colons du Canada, des réfugiés Égyptiens et Maltais. D'ici là, nous aurons probablement à inscrire les colons des Antilles; et la France, long-temps après avoir rompu le lien colonial, en sentira l'étreinte.

En résumé, Alger nous coûte, d'après le détail ci-dessus, 40 millions; mais les éventualités sont incalculables. Les prévisions du général d'Erlon, d'un effectif de soixante mille hommes, porteraient la dépense générale à 70 millions. Deux honorables généraux me disaient que l'occupation complète nécessiterait une armée de cent mille hommes, ce serait alors 110 millions de dépenses.

Alger coûte 40 millions, et peut en coûter 70 et davantage.

CHAPITRE XI.

ÉTAT PARLEMENTAIRE DE LA QUESTION.

Vues de Restauration.

Nous avons exposé au Chapitre premier quelles étaient les vues de la restauration sur l'Afrique, avant et après la conquête. La plus grande extension de ses idées l'avait portée seulement à agrandir et assurer nos anciennes possessions de Lacalle; elle devait s'entendre avec ses alliés pour l'état de choses qui remplacerait le gouvernement du dey d'Alger.

Discussion parlementaire, 1832.

La révolution de juillet s'empara tellement des esprits, que pendant bien long-temps les affaires d'Afrique furent presque mises en oubli; tout au plus si les Chambres s'en occupaient.

En 1832, cependant, des inquiétudes ayant été manifestées sur la conservation de la conquête, le ministre la guerre interpellé à la Chambre des Députés, répond le 21 mars : « Nous sommes à Alger; les dispositions sont prises pour nous y maintenir, et rien n'annonce dans les dispositions du gouvernement, que nous devions l'abandonner. »

Le maréchal Clausel propose une allocation de

ÉTAT PARLEMENTAIRE DE LA QUESTION. 263

2,100,000 fr. pour la propagation de la culture des denrées coloniales; il assure que si la colonie est bien conduite, elle produira, avant six ans, 2 ou 300 millions par an. Cette proposition est rejetée; le maréchal la réduit à 1,200,000 fr., qui sont aussi rejetés. M. Delaborde la réduit à 600,000 fr., et la Chambre rejette encore.

En 1833, le rapport de la commission du budget mentionne que, sur les 605,000 fr. demandés pour l'exercice 1833, pour la colonisation, 350,000 étaient destinés aux frais d'établissement des colons. Ce fut cette année que, le premier, M. de Sade combattit à la tribune, avec autant de talent que de courage, les préjugés algériens.

1833.

La même année, la commission du budget pour 1834, en allouant les 400,000 fr. demandés pour le même objet, indique que le gouvernement, au lieu de continuer à pourvoir à tous les frais d'établissement des colons, se bornera à leur céder des terres et à leur accorder des secours dans quelques circonstances exceptionnelles. L'expérience des villages Kouba et Delhi-Ibrahim avait porté ses fruits. La même commission réclame une enquête sur les affaires d'Afrique.

Une commission d'enquête est formée par le gouvernement, et se rend en Afrique pour recueillir sur les lieux tous les faits propres à l'éclairer, soit sur l'état actuel du pays, soit sur les mesures que réclamait son avenir. Elle était

Commission d'enquête envoyée en Afrique.

composée de M. le général Bonnet, président ; M. le comte d'Haubersaërt, pairs de France ; MM. de La Pinsonnière, Laurence, Reynard, Piscatory, députés ; M. le général Montfort, et M. Duval-Dailly, capitaine de vaisseau. Elle arrive à Alger le 2 septembre 1833. M. Piscatory est nommé secrétaire. La commission se transporte successivement sur les différens points de la régence, où elle pense pouvoir trouver des lumières ; elle fait toutes les enquêtes qu'elle juge propres à la manifestation de la vérité ; et après avoir ainsi exploré les choses et consulté les personnes, le 25 octobre, après deux mois de recherches consciencieuses et persévérantes, chacun de ses membres résume l'ensemble de ses opinions et de ses impressions, ainsi qu'on va le voir.

Nous aurions voulu donner en entier ces opinions si remarquables, mais nous aurions été entraîné trop loin ; nous n'en donnons que des extraits, assez détaillés, toutefois, pour que le lecteur puisse bien juger l'impression dominante dans l'esprit de la commission, à son retour d'Afrique.

Premier opinant. « Après avoir connu les avantages de l'occupation et les charges qu'elle impose, c'est au gouvernement à résoudre la question, et aux Chambres à examiner si la colonie peut offrir dans l'avenir une compensation aux dépenses qu'elle réclame aujourd'hui. Ces dépenses consisteront dans l'établissement d'une armée de trente mille combattans, d'environ trois mille condamnés travailleurs pour les travaux d'assainissement, qu'il convient de loger, nourrir et entretenir ; auxquelles on ajoutera celles des travaux du génie, de la marine et de construction des ports.

« On ne doit pas oublier de dire qu'il est dans l'ordre des choses possibles qu'une guerre maritime mette la colonie en danger, non par un débarquement, mais par l'épuisement des magasins...

« Vous vous trouveriez peut-être dans la nécessité de n'occuper que les villes ; encore ne pourriez-vous communiquer avec les garnisons. On doit donc calculer cette possibilité, et en juger les conséquences.

« Si donc j'étais appelé à dire si la conservation d'Alger est onéreuse, je répondrais :

« *C'est une conquête fâcheuse, qui a coûté à la France beaucoup d'hommes et d'argent, qui exigera encore long-temps des sacrifices ; mais la France est grande, riche et forte. Le gouvernement doit satisfaire à l'opinion que la nation s'est faite de notre conquête ; il doit la garder et éclairer la France sur ses intérêts.* »

DEUXIÈME OPINANT. « *Cette conquête fut un legs onéreux de la restauration à la révolution de juillet. Il est sans aucun doute que, fût-elle à faire avec la certitude d'un égal succès, il ne faudrait pas l'entreprendre.* Il est sans aucun doute non plus que, si nos possessions en Afrique devaient être administrées, les affaires militaires y être conduites comme elles l'ont été jusqu'ici, au risque de la plus rude impopularité, ce serait un devoir impérieux que d'en conseiller l'abandon.

« Notre budget devra pourvoir long-temps sans profit à l'établissement de l'autorité française au milieu de populations indépendantes et belliqueuses.

« Les travaux qu'exigent la défense intérieure et extérieure de nos possessions, leurs moyens de communication, leur assainissement, demanderont pendant long-temps des dépenses que doit prévoir la France, appelant à grands cris l'économie de ses deniers.

« Si la guerre avec une puissance maritime surprenait notre colonie naissante, il y aurait pour elle de vrais dangers, et pour nos efforts une difficulté de plus...

« Résumant mon opinion, *je dirai que la régence d'Alger n'était point une possession désirable pour la France*, mais que la raison politique, *des intérêts qui se sont déjà créés, exigent*, et que les espérances de l'avenir conseillent de la conserver, en s'imposant cependant de sages limites; s'étendre semble avoir été le but jusqu'ici. *Un nouveau système doit avoir pour but de bien administrer une possession restreinte.* Le meilleur moyen de préparer l'exercice de notre souveraineté là où nous ne sommes pas, c'est d'être forts, justes et habiles là où nous sommes.

« A cette conservation, deux conditions impérieuses sont imposées : c'est que le gouvernement entrera dans des voies meilleures que celles qui ont été suivies jusqu'ici, *et que la France, si unanime sur la nécessité de garder sa conquête, n'oubliera pas qu'elle s'est engagée à beaucoup de sacrifices, à beaucoup de patience et de persévérance, en voulant fonder un grand et difficile établissement.* »

Troisième opinant. « Ici tout manque, tout est à créer ; des esprits aventureux peuvent y venir chercher la fortune, ou tout au moins une autre façon d'être et de vivre ; mais existe-t-il *en effet chez nous des populations exubérantes ? N'y a-t-il plus de friches et de marais ? Est-on bien sûr que nos cultivateurs même les plus malheureux se décident à s'expatrier plus aisément qu'ils ne l'ont fait jusqu'à ce jour ?...*

« L'agriculture y gagnera-t-elle ? *Oui sans doute, mais l'agriculture de la colonie seulement ; ses marais seront fertilisés, mais leur fécondité, favorable au colon, exclura de la consommation les produits analogues du Français d'Europe.*

« Vingt années au moins de patience, quelques centaines de millions, une armée d'occupation qui suffirait à garantir la sécurité d'une de nos frontières, *et nous faillirait un jour contre nos ennemis du continent, une plus grande consommation d'hommes dans les rangs de cette armée, des embarras probables dans quelques-unes de nos relations diplomatiques, tels sont les inconvéniens et les charges auxquels il se faut résigner pour des résultats malheureusement incertains...*

« Le conseil de coloniser échappe à des convictions mal assurées. Il faut compter nécessairement sur le hasard ; il peut faire surgir les hommes de cœur ou de génie qui voudront associer leurs noms à la civilisation de l'Afrique du nord. *Les circonstances peuvent être constamment favorables, et les événemens justifier, dans leurs combinaisons inespérées, une concession en quelque sorte arrachée par le cri public. Peut-être, après tout, est-il plus sage et plus utile de ne point froisser l'orgueil national, qui inspire les grandes pensées et enfante les grandes choses; mais l'opinion elle-même ne nous reprochera-t-elle jamais de lui avoir cédé ?* »

Quatrième opinant. «Nous avons la prétention de fonder rapidement une grande colonisation en Afrique, et nous ne voyons pas que nous travaillons depuis un grand nombre de siècles à la compléter en France, sans même être encore parvenus à en fertiliser tous les points, à en éclairer tous les habitans...

« Il est certain que ce serait encore un beau fleuron à attacher à la gloire nationale que la création désintéressée d'un nouveau peuple utile au monde civilisé. *Mais à quel prix! au prix de centaines de millions si nécessaires à l'intérieur de la France, de flots de sang toujours si précieux, et peut-être au prix de la tranquillité de notre avenir, que les nations jalouses pourraient troubler à cette occasion.*

« *Si donc on plaçait dans la balance les avantages et les désavantages, il n'est pas douteux que l'évacuation immédiate ne fût reconnue comme la mesure la plus sage;* c'est celle que la commission devrait conseiller; mais si on réfléchit à la honte d'une retraite, aux conséquences de l'abandon d'une si belle position improductive pour nous, il est vrai, mais livrée alors au premier occupant, et tombant peut-être aux mains exercées des Anglais, déjà si puissans; *si l'on réfléchit à l'aveugle engouement de la France pour sa conquête, au parti que les passions politiques pourraient tirer contre le gouvernement et contre le repos public d'une mesure justifiée cependant par les prévisions les plus simples, on se dit que l'inflexible nécessité nous impose la loi, que la paix intérieure de la France est trop précieuse pour que l'on doive craindre de la payer trop cher, et on conseillera de conserver Alger.*

« Toutefois il appartiendrait peut-être au caractère élevé de la commission d'Afrique d'oser donner le conseil contraire, au risque de soulever contre elle des passions et des haines que le temps et le bon sens public calmeraient certainement, *et il est probable que plus tard la nation se féliciterait et lui saurait bon gré de son courage.* »

CINQUIÈME OPINANT. « Ce qui me paraît le plus difficile, c'est de coloniser. Depuis trois ans que nous sommes établis dans la régence, les progrès de la colonisation sont nuls, car on ne peut pas regarder comme un progrès quelques défrichemens qui ont eu lieu dans les environs de la ville. La France consacre tous les ans plus de 20 millions aux frais de l'occupation; elle entretient vingt-cinq mille hommes. Plus de six mille sont déjà morts ou par le feu de l'ennemi ou par la maladie. *C'est plus de deux mille par an;* car je ne comprends pas dans ce nombre ceux qui ont péri dans la traversée, ceux qui ont succombé en France des suites de la maladie contractée en Afrique. Ces sacrifices sont grands, et cependant ils ne suffisent pas; on en sollicite de nouveaux, et il faut bien les accorder si l'on veut tirer la colonie de l'état de langueur où elle est placée...

« La plupart des colons sont des spéculateurs qui sollicitent vivement une déclaration du gouvernement sur la conservation d'Alger, *dans l'espoir que les terres qu'ils ont achetées à très bas prix augmenteront de valeur;* mais je suis persuadé qu'il y en a peu de capables de diriger avec succès des exploitations rurales. Je ne partage pas non plus leurs espérances sur l'envoi de ces capitaux ni sur l'arrivée des ouvriers qu'ils attendent de France pour les aider dans leurs travaux. En France, on ne l'ignore pas, ce n'est pas l'homme ami de l'ordre, ayant des habitudes laborieuses, ce n'est pas le paysan qui s'expatrie ; ce sont les mauvais sujets des villes, les vagabonds, ces aventuriers qui, indifférens sur les moyens qui conduisent à la fortune, vont la chercher partout où ils espèrent la faire promptement....

« Une guerre avec la Grande-Bretagne est dans l'ordre des choses possibles ; le moindre événement peut l'amener. Alors que deviendrait notre établissement en Afrique ? Habile à nous susciter des ennemis, supérieure à nous par le nombre de ses vaisseaux, elle aurait bientôt intercepté nos communications avec notre colonie. Les rades que nous y possédons, bonnes à la vérité, mais à peine fortifiées, seraient faciles à bloquer, et peu en état de protéger notre marine ; et si les indigènes, sur l'affection desquels nous ne pouvons compter, et qui désireront toujours notre éloignement, séduits par les offres et par les largesses de l'Angleterre, allaient seconder ses dispositions hostiles, ne serions-nous pas exposés à perdre en un instant le fruit de tant de travaux et de tant d'efforts?

« Frappé de tous les inconvéniens attachés à cette possession, des sacrifices d'hommes et d'argent qu'elle nous imposera, je dois le dire, *l'occupation de la régence d'Alger me paraît peu avantageuse à la France. Je sais que cette opinion n'y est pas populaire, mais elle est le résultat de ma conviction, et je ne puis la sacrifier.* »

Sixième opinant. «Entre des considérations si diverses, des intérêts si opposés, *l'anxiété serait grande si le parti à prendre n'était pas déjà fixé dans l'opinion du pays.*

« Fière de sa conquête, préoccupée des avantages qu'elle se promet de sa possession, jalouse de la gloire qui s'attache au succès d'une grande entreprise, trop peu touchée peut-être de ses difficultés et de ses chances, la France ne verrait aujourd'hui dans l'abandon d'Alger qu'un acte de faiblesse, qu'une concession faite à des influences étrangères; sa considération, sa puissance lui paraîtraient affaiblies.

« *Cet état du pays est un fait qui ne peut être méconnu, et dont on voudrait en vain ne pas tenir compte; quelle que soit donc la balance des avantages et des charges, dans mon opinion il y a nécessité de garder Alger.*

« Mais je pense en même temps que cette possession ne peut devenir un jour profitable au pays que par l'emploi immédiat, complet, persévérant, habilement dirigé, de tous les moyens militaires et financiers nécessaires *pour affermir notre domination et fonder l'établissement colonial;* que par des efforts incomplets, des sacrifices insuffisans, par des demi-mesures enfin, ce but ne sera point atteint, et qu'Alger ne cessera pas d'être pour la France ce qu'elle est aujourd'hui, une charge très lourde, sans compensation et sans avantages. »

SEPTIÈME OPINANT. « Pour s'établir dans le pays, il faut d'abord se mettre en sûreté contre les Arabes qui l'habitent, se donner les moyens d'exercer sur eux une grande influence, assurer aux colons qui viendront cultiver la terre la plus grande sécurité. Il faut mettre les points principaux de la côte en état de protéger efficacement nos escadres, et de résister aux attaques régulières que la prospérité future de la colonie pourrait susciter de la part des puissances européennes. Tous ces établissemens ne se feront pas sans de grands frais. L'entretien d'une armée nombreuse pendant longues années entraînera des frais plus grands encore. Les charges sont donc lourdes et présentes. Les avantages ne se manifesteront que dans un avenir plus ou moins éloigné, et l'on ne peut affirmer positivement aujourd'hui qu'ils se réaliseront. *Une extrême prudence pourrait donc conseiller de renoncer à l'espoir de ces avantages, et d'abandonner la conquête.*

« Mais si je considère d'une part que c'est surtout d'une bonne ou mauvaise direction que dépendra la réalisation ou la perte de ces avantages, qu'on ne doit pas présupposer que cette direction sera mauvaise, et que, si elle est bonne, les avantages indiqués balanceront bien la dépense; si je considère qu'une occupation prolongée depuis plus de trois ans a annoncé à l'Europe le désir de conserver la colonie d'Alger, et que l'abandonner aujourd'hui serait exposer la France à la dérision; enfin que cette même occupation et les déclarations, bien que non complétement explicites, du ministère, ont dû persuader aux Français, plus encore qu'à l'Europe, qu'Alger resterait à jamais française; *que plusieurs, dans cette persuasion, sont venus s'y établir et y engager leurs capitaux et leur industrie, et que le gouvernement ne pourrait, sans s'exposer à de justes reproches, tromper leurs espérances en abandonnant le pays:*

« Je suis amené à conclure que la question de la conservation d'Alger ne peut être résolue qu'affirmativement. »

HUITIÈME OPINANT. « L'abandon d'Alger ne se conçoit et ne serait excusable que dans l'hypothèse où le gouvernement aurait acquis et fait partager à la nation la conviction que cette colonie nous serait à toujours onéreuse. Or, pour opérer un pareil revirement dans l'opinion du pays, il ne faudrait rien moins que la non-réussite prouvée d'un essai de colonisation sagement conçu et habilement conduit. Jusque-là, l'immense majorité de la nation, pour laquelle coloniser Alger est une question d'amour-propre national, restera sourde à tous les raisonnemens, à tous les calculs, et renverra à l'œuvre.

« *De l'engagement qui dérive des faits accomplis et de l'expression manifeste du vœu national résulte donc pour le gouvernement l'obligation de coloniser Alger.*

« Mais, nécessaire aujourd'hui et toujours glorieuse, cette vaste entreprise peut devenir un jour féconde en résultats utiles.

« Considérée sous le point de vue politique, la colonisation de cette partie de l'Afrique peut avoir deux buts principaux : le premier d'ouvrir des sources de travail à la population surabondante des grandes villes, à ces classes laborieuses qu'une concurrence de jour en jour progressive entraîne dans la détresse, et de la détresse au désespoir, à la révolte ; le second, d'établir un fort contre-poids dans la Méditerranée à la puissance de l'Angleterre, qui, maîtresse de l'île de Malte et de l'archipel Ionien, peut, à volonté, opposer des obstacles à notre navigation sur la route de l'Égypte, de l'Asie-

Mineure, du Bosphore et de la mer Adriatique.

« La régence d'Alger, devenue colonie française, peut rendre d'immenses services à notre marine ; elle offrira aux vaisseaux de l'État des relâches assurées entre Gibraltar et notre unique port militaire en-deçà du détroit ; aux bâtimens marchands d'alimens, des transports considérables qui augmenteront le nombre de nos matelots.

« Elle sera une école où nos soldats viendront s'exercer aux fatigues des camps, aux dangers des combats.

« Elle peut nous fournir le moyen, comme l'Australie à l'Angleterre, de débarrasser nos bagnes de cette population qui les encombre, et qui croupit au milieu de vices engendrés par un abaissement sans espoir de réhabilitation. »

Le procès-verbal se termine ainsi : « Il résulte des opinions ci-dessus transcrites que, par les divers motifs d'utilité, de convenance, de nécessité qui y sont exprimés, la régence d'Alger doit être définitivement *occupée* par la France. »

La commission avait dit *occupée*, et non *colonisée*. Elle ne pouvait pas aller plus loin ; elle aurait été trop en opposition avec ses opinions. Il est remarquable en effet qu'un seul membre, et nous devons dire que c'est l'honorable député de Marseille, s'est prononcé pour la colonisation sans réserve ; un seul, et c'est l'officier de marine, s'est prononcé contre l'occupation ; et les autres ont conclu à la conservation, non qu'ils la trouvassent bonne et avantageuse pour la France, mais parce que *telle était l'opinion de la France.*

Une ordonnance du 12 décembre 1833 institua une nouvelle commission composée de membres qui étaient allés en Afrique, et de MM. le duc de Cazes, le lieutenant-général comte Guilleminot, baron Mounier, pairs de France, Duchâtel, Dumont, Passy, le comte de Sade, Baude, membres de la chambre des députés, le lieutenant-général Bernard, le vice-amiral de Rosamel, le baron Volland, intendant militaire.

Seconde commission d'enquête établie à Paris.

Cette nouvelle commission, dans cinquante-six séances, examina de nouveau la question, entendit toutes les personnes qui pouvaient lui fournir des lumières; elle eut à sa disposition tous les documens officiels, reçut toutes les communications ministérielles. Vint le rapport de M. le baron Mounier, ouvrage d'une lucidité complète, où les considérations favorables ou contraires sont appréciées avec une haute raison. Toutes les difficultés qui nous attendent en Afrique sont signalées de manière à faire une profonde impression sur un esprit libre; il est difficile ensuite de s'expliquer la conclusion de la commission. Aujourd'hui les événemens ont donné raison aux motifs contre la conclusion.

D'après les motifs, l'occupation n'aurait pu être trop restreinte, et d'après la conclusion elle était beaucoup trop large, surtout à Alger, puisqu'elle devait s'étendre jusqu'à l'Atlas.

Discussion 1834. La discussion qui eut lieu aux Chambres en 1834, se ressentit de l'étude que les membres de ces assemblées avaient faite des documens fournis par les deux commissions d'enquête; un grand nombre furent effrayés du mal qui se préparait; le 2 mai, la Chambre des Députés admit une réduction de 250,000 fr. sur les fonds destinés à la colonisation ou aux desséchemens.

1835. En 1835, une légère réaction se fait sentir dans les débats en faveur de l'Afrique. Le travail de la commission du budget est modifié.

1836. En 1836, les revers que nous avions éprouvés gênèrent la discussion. La Macta, Mascara, Medeah, la Tafna étaient autant d'argumens qui prétendaient nous réduire au silence. Il fallait venger l'honneur de nos armes. Qui l'avait compromis? On ne le dit pas. On vit seulement par le désaccord qui se manifesta entre l'ancien et le nouveau ministère, que les instructions données au gouverneur-général n'avaient pas été suivies, et qu'un *système agité* avait été substitué au *système pacifique* qui avait été prescrit.

Les propositions de la commission du budget tendaient à ce que l'on suivît les indications de la commission d'Afrique; elles furent rejetées par la Chambre. Le ministère crut, dans ce vote, trouver l'approbation du système agité. Toute l'Afrique se mit en mouvement, le calme ne revint qu'à Bone au retour de Constantine, et sur tous les autres points lorsque nous y fûmes bloqués.

Je constate ici un fait important; presque toutes les personnes qui ont étudié à fond cette question, sont arrivées vers l'opinion que je soutiens. Ainsi, les deux commissions d'enquête et toutes les commissions du budget ont également condamné le système d'extension. Puis, lorsque ce jugement en premier ressort est soumis à des personnes qui ont fait une étude moins spéciale, il est infirmé. En 1836, la sous-commission de la guerre qui avait creusé la question, a été unanime sur le système à suivre : huit sur huit. Lorsque nous soumîmes notre travail à la commission générale qui s'en était occupée d'une manière moins approfondie, nous ne fûmes plus que vingt-deux contre neuf, puis à la Chambre nous fûmes en minorité.

Une nouvelle discussion va s'ouvrir. Elle devra amener l'adoption de principes vrais, moraux, basés sur l'expérience, de principes enfin qui ne changent pas; si on persiste à les méconnaître, chaque année nous apportera l'épreuve de nouveaux faits qui viendront infirmer nos décisions.

CHAPITRE XII.

EXAMEN DES SYSTÈMES SUIVIS ET DES MOYENS PROPOSÉS.

Avant d'exposer notre opinion sur le systèm à suivre en Afrique, nous devons rappeler, en peu de mots, le mode de gouvernement des Turcs avant la conquête, et les essais tentés par les Français depuis 1830.

DOMINATION DES TURCS.

<small>Domination des Turcs.</small> Quelque blâme que l'on ait jeté sur le gouvernement des Turcs, il faut qu'il n'ait pas été aussi mauvais qu'on a pu le penser, car il a duré trois cents ans; le pouvoir était soutenu par une milice de 8,000 soldats, et par des moyens pécuniaires bornés, puisque les dépenses de l'État ne s'élevaient pas à cinq millions de francs. Depuis la conquête nous employons 30,000 hommes, nous dépensons quarante millions, et le pays est beaucoup plus malheureux. Les Turcs n'avaient pas le même but que nous; ils voulaient dominer

le pays, et n'avaient pas la prétention de coloniser. Le gouvernement turc n'avait pas à sa suite le colon turc. La propriété arabe n'avait pas été inquiétée. Voilà le nœud de la difficulté. La nationalité arabe n'avait pas été niée, une grande action lui était laissée. Aussi le pouvoir des Turcs était fort borné, il se faisait sentir aux environs de ses points d'appui : là, les tribus étaient soumises et payaient l'impôt. Au loin ce pouvoir était sans cesse contesté, exercé par intervalles au moyen d'excursions militaires, qui rarement échouaient, parce qu'elles étaient combinées dans les possibilités du pays. Sur nombre de points ce pouvoir était nul. Avec nos idées, nous ne saurions admettre une domination aussi imparfaite; nous sommes condamnés à la guerre tant que nous n'aurons pas réduit le pays à une soumission complète et constatée par un mode régulier et permanent de domination; c'est ce que nous n'obtiendrons pas des Arabes.

DOMINATION DES FRANÇAIS.

Cette domination s'est exercée soit directement par eux-mêmes, soit au moyen des Turcs et quelquefois des indigènes. Rarement elle a été intelligente; le but était assez peu déterminé, les moyens employés trop variables, pour que les Arabes aient pu supposer que nous eussions un système; nous leur annoncions un gouvernement réparateur et de protection, et nous avons suivi les erremens des Turcs; nous n'avons pas même su conserver l'ordre dans le pays; en enlevant aux Arabes le gouvernement turc nous leur avons donné l'anarchie. L'Afrique a eu neuf gouverneurs en moins de sept ans. Les Arabes ont vu se succéder tant de personnes et de choses, qu'ils ne doivent pas croire que le Français puisse tenir sur le sol d'Afrique.

§. I. *Domination directe.*

Domination directe.

La domination que nous avons voulu exercer directement sur les Arabes nous a été funeste. Elle s'est présentée avec l'appareil militaire; nos succès n'ont pas eu de résultats, et nos nombreux revers ont dû détruire l'idée que les indigènes avaient de notre force : nous pouvons dire que notre discrédit a été en raison des moyens employés. Aujourd'hui, partout nous sommes bloqués; nos armées en campagne ont été autant de blockhaus ambulans. Nul doute qu'avec de nouveaux efforts nous ne restions vainqueurs sur tous les points; mais quel sera le résultat? Cette force étrangère au pays, quelque développée qu'elle soit dans les momens de crise, se détendra dans les temps ordinaires, et le temps la rendra inférieure à la force de la nationalité arabe.

Nous avons vu que dans le principe on avait porté à 10,000 hommes l'effectif nécessaire pour l'occupation du pays. Cet effectif a été, *Effectif réel des forces employées.*

En 1831 de............................	22,356 homm.
1832 de............................	22,199
1833 de............................	32,030
1834 de............................	31,587
1835 lors de l'expédition de Mascara...	33,226
1836 lors de l'expédition de Constantine.	32,729
1837 même effectif en février.........	32,729
1838 prévisions du budget...........	30,468

Ces différens effectifs n'ont jamais été votés par les Chambres; ils ont été le résultat forcé de la nature des choses. Chaque revers a exigé un nouveau renfort.

La commission d'Afrique, pour l'exécution de son système mixte, avait estimé que les forces entretenues dans la régence devaient être réduites à 21,000 hommes, ainsi repartis : *Système de la commission d'Afrique.*

Pour la défense d'Alger et du territoire compris entre Belida, Colcah et le cap Matifou :

                                        12,000 h.

Pour celle de Bone et du territoire compris entre le lac Felzara et la mer, en passant par Sidi-Damden 4,000

    Pour celle d'Oran 3,000

    Pour celle de Bougie 2,000

                   Total. . . . . 21,000 h.

Le territoire indiqué par la commission comme devant être occupé ne l'a pas été, et l'effectif accordé a été augmenté de moitié.

Nous avons vu au Chap. VI quel avait été le malheureux emploi des moyens militaires mis à la disposition des gouverneurs d'Alger. Les résultats avaient été assez funestes, surtout à la fin de 1835, et au commencement de 1836, pour faire réfléchir sérieusement le gouvernement; cependant c'est à cette époque que cette mauvaise direction des affaires d'Afrique semble se convertir en système. Le système *agité* devint *plus hardi*. Voici ses principales bases :

<small>Système agité.</small>

Alger, Bone et Oran devaient être considérés comme *points de départ*. On y plaçait nos approvisionnemens et nos hôpitaux. Ils devaient être gardés par les malades, les vétérans, les hommes des dépôts, les nouveaux venus et quelques bonnes troupes.

De ces points de départ, nous devions nous porter dans l'intérieur et *occuper des villes et des points militaires*. Dans la province d'Alger et de Titterie nous devions occuper Alger, Medeah, Miliana, et un poste militaire vers le col de la Tenia. — Dans la province d'Oran, nous devions occuper Oran, Mostaganem, Arzew, Mascara, Tlemecen et la Tafna. — Dans la province de Constantine, nous devions occuper Bone, Constantine et Ghelma.

Et pour rallier entre eux tous ces points isolés, *des colonnes mobiles* devaient incessamment parcourir le pays, soumettre les rebelles, protéger nos amis, et rendre justice à chacun ; on proposait ce système comme s'il eût été question de l'Alsace ou de la Champagne. Dans ces provinces, en effet, celui qui occupe les villes est bien près de dominer le pays par suite des intérêts qui, en France, lient les villes et les campagnes. Mais il n'en est pas de même en Afrique, nous en avons fait l'expérience. Sauf Constantine et Miliana, nous avons occupé tout ce qui peut prétendre au nom de ville ; notre puissance n'en a pas été accrue ; la campagne habitée par l'Arabe, et la montagne habitée par le Kabaïle, ne sentent pas ces influences.

Comment donc occuper le pays ? Il faudra construire des forts et des camps retranchés. — Ce n'est pas aisé ; les matériaux manquent, le bois surtout : chaque expédition confirme que tous les points de la régence en sont à peu près privés ; sur la route de Constantine, depuis Ras-el-Ackba jusqu'à cette ville, il n'y en a pas. Nous avons envoyé des blockhaus de France ; c'est bon pour les côtes ; mais leur transport, dans l'intérieur du pays, ne serait pas facile, et transporter des matériaux nécessaires pour des constructions importantes est complétement impossible. Rappelons-nous que, lors de l'expédition de Constantine, on a laissé à

Bone quatre pièces de canon par suite des difficultés de transport. Le 18 décembre dernier, on fait partir un convoi de Bone pour Ghelma, et on est obligé de mettre trente chevaux sur une voiture chargée de biscuit.

Voici le jugement que le général Berthezène, ancien gouverneur d'Alger, portait de ce système de forts appliqué seulement à la Métidja.

« Les forts que l'on propose d'établir seraient fort coûteux, car il faudrait faire venir de France une bonne partie des matériaux, et sur plusieurs points, notamment sur le Hamise, porter de loin des pierres à bâtir. Il est plus que probable qu'avant leur achèvement, ouvriers et soldats destinés à les protéger auraient été dévorés par les maladies.

« Ces forts devraient être très spacieux : car, destinés à rester sans communication avec Alger pendant plusieurs mois (la saison d'hiver), la garnison devrait être pourvue de vres, de munitions, de médicamens, *et même de bois pour tout ce temps, et d'eau pendant l'été.*

« Ils n'arrêteraient pas les courses des Kabaïles, à moins qu'ils ne fussent assez rapprochés pour croiser leurs feux, parce que les montagnes étant accessibles sur tous les points, ils passeraient sans danger dans les intervalles.

« Les constructions que j'ai fait exécuter me prouvent que ce projet augmenterait considérablement les frais d'occupation et plus qu'on ne saurait le calculer. Des baraques en pisé, pour trois bataillons, ont coûté plus de 300,000 fr., et elles touchaient à la ville[1]. »

Nous avons vu que l'effectif réel était, depuis 1833, de plus de trente-deux mille hommes, et nous savons que nous ne sommes maîtres de rien. Le nouveau système devait nécessiter le développement de plus grandes forces, et cependant il reposait sur trente mille hommes de troupes françaises et indigènes réguliers, et cinq mille indigènes irréguliers. C'était donc avec un renfort de trois mille hommes que l'on devait opérer les merveilles promises par le système. Le désastre de Constantine en fut la première conséquence.

Le général Bugeaud, pour une occupation moins étendue, demande quarante-cinq mille hommes; M. le général d'Erlon pense que le système proposé en nécessiterait soixante mille; il le condamne, et je le condamne bien davantage encore après avoir entendu deux honorables généraux évaluer à cent mille hommes l'effectif convenable pour l'exactitude de cette *grande entreprise*.

J'admets que la France, en pesant de tout son poids sur l'Afrique, puisse comprimer ce pays, que ferons-nous au moment d'une guerre continentale qui serait, dans nos possessions, le signal d'une réaction sanglante de la part des indigènes, et qui pour-

Abandon en cas de guerre européenne.

---

[1] Discours à la Chambre des Pairs. *Moniteur* du 18 août 1833.

rait amener notre ennemi sur les côtes de la régence? Le général Valazé nous l'apprend : « Si le pays était attaqué par mer, il faudrait abandonner Belida et tous les points éloignés d'Alger. Les naturels s'empareraient de ces positions abandonnées, et il viendrait peut-être alors cent mille combattans des montagnes; alors, *aucune position ne serait tenable dans l'intérieur du pays*[1]. »

Les auteurs du système *agité* et *hardi* ne contestent nullement cette nécessité de la retraite; nous les avons entendus déclarer que, dans cette circonstance de guerre européenne, il faudrait rappeler en France nos armées d'Afrique qui seraient aguerries; cela ne les inquiète pas. Ils évacueraient tout l'intérieur du pays d'Alger, même au besoin les points militaires de la côte; peu leur importe d'abandonner les colons dont l'extension d'occupation aura encouragé l'établissement; peu leur importe, en s'éloignant de léguer une guerre cruelle aux tribus qui auront été, les unes nos amies, et les autres nos ennemies. C'est de sang-froid qu'ils livreront à la fureur de l'indigène, le colon et l'arabe qui auront mis confiance en nous. Ils se retireront, sauf à revenir après la guerre.

Il est impossible que ces inévitables résultats aient échappé à ces esprits certes clairvoyans.

[1] *Procès-verbal de la commission d'Afrique.* P. 37. Le général Valazé conduisait les travaux du génie lors du siége d'Alger; il est une des personnes qui, depuis lors, ont le mieux étudié la question d'Afrique.

Nous sommes obligé de rechercher quelles peuvent être les raisons que ne nous confient pas ces personnes essentiellement gouvernementales.

En seraient-elles encore à croire qu'il est nécessaire, pour la tranquillité de la France, d'entretenir au loin cette armée, pour y user les imaginations ardentes et les esprits malades qui les importunent ? Le gouvernement y trouverait-il le moyen de répandre des faveurs sur ses amis ? Nous ne voulons pas pousser plus loin nos investigations ; mais lorsque nous nous trouvons en présence d'une explication qui n'explique rien, toute supposition est admissible.

§. II. *Domination indirecte.*

Lorsque nous avons employé les Turcs comme intermédiaires, nous avons prouvé que nous ne comprenions pas le pays. Les Turcs, malgré la droiture ordinaire de leur conduite, n'en étaient pas moins haïs comme conquérans ; loin de nous apporter aucune influence, ils ne nous apportaient que leur impopularité. Les Arabes, en nous voyant avoir recours à de tels agens, ne pouvaient se faire illusion sur nos intentions, nous donnions un démenti aux proclamations par lesquelles nous les avions appelés à l'indépendance. L'emploi du Turc leur a prouvé que nous voulions perpétuer le système turc, et nous n'avions même plus à notre disposition les Turcs

Nous ne devons pas employer les Turcs.

riches et influens qui avaient quitté le pays après la conquête, il ne nous était resté que le rebut de cette population.

Nous avons encore prouvé que nous ne connaissions pas le pays lorsque nous avons voulu imposer aux Arabes la domination de quelques Maures. L'Arabe, qui est l'aristocrate, méprise le Maure qui est l'artisan : il était révolté de l'autorité qu'on attribuait à celui-ci. Enfin, nous avons prouvé que nous ne connaissions pas le pays, lorsque nous avons délégué quelque parcelle de l'autorité française à d'anciens chrétiens devenus musulmans, ou à des transfuges arabes. Les Arabes n'estiment pas ceux qui changent de religion ou de patrie.

Tel a été le personnel des beys dont nous avons couvert la régence; leurs infortunes sont devenues proverbiales.

PETITS BEYS.

Beys locaux.

Le premier dont nous ayons fait l'essai, a été le maure Ben Omar que le maréchal Clausel a nommé bey de Médéah, en 1830. Une expédition l'installe, mais bientôt le malheureux bey ne peut plus sortir de Médéah, puis de sa maison où la crainte le retenait; il écrit au général Berthezène, en juin 1831, que sa position n'est plus tenable, et que s'il ne reçoit de prompts secours, il est un homme perdu; 4,500 hommes vont le délivrer et le ramènent à Alger.

Le général d'Erlon crut que ce même Ben Omar pourrait être de quelque utilité à Belida, il y fut en effet conduit au milieu d'une forte colonne commandée par le colonel Marey, agha des Arabes. Mais les habitans de cette ville refusèrent de le recevoir; l'agha ne pensant pas qu'il fût opportun de les y contraindre, ramena paisiblement Ben Omar à Alger.

Le maréchal Clausel le nomma de nouveau, en 1835, bey à Cherchell; un officier le porta à destination sur un bateau à vapeur. Le mauvais temps ayant contrarié l'expédition, et les dispositions des habitans de Cherchell n'ayant pas paru plus favorables que celles de Belida, le bey est rapporté à Alger où il attend encore le beau temps et des sujets de meilleure composition. C'est un bey en disponibilité perpétuelle; il se contente du titre qu'il promène gravement dans les rues d'Alger, moyennant une pension de 6,000 fr. qu'on lui a accordée, je ne sais à quel titre, avec la croix d'honneur.

L'arrondissement d'Oran et le beylick du chelif attendent encore les titulaires. Nous devrons rendre justice toutefois au vieux Mustapha Ben Ismaël, qui, à soixante-quinze ans, combat en volontaire avec nous. Ce Turc est ce que nous avons de mieux en auxiliaires.

Ibrahim avait été nommé Bey à Mascara, mais lorsqu'il vit l'état où notre expédition avait réduit son beylick, il demanda son transfert à Mostaganem qui, n'étant que dépeuplé, était encore préférable à Mascara qui était incendié. Son installation avait eu lieu avec les cérémonies d'usage; deux piles de têtes coupées figuraient à la porte de sa tente lors de la cérémonie. Ce Turc est brave et honnête.

Le beylick de Mascara était devenu vacant, el Mezary y fut nommé, mais il court la campagne et n'a pas encore pu entrer dans sa résidence.

Moukalleck, nommé à Tlemecen, ne peut sortir de la sienne. Les habitans n'ont pas oublié qu'il était l'un des collecteurs de la contribution dont ils furent frappés. Il doit avoir peu de popularité dans l'endroit.

Le bey dont la position a été la plus intéressante est Mohamed, nommé à Médéah. Le *Moniteur algérien*, du 15 octobre 1835, contient les détails de l'imposante solennité de son installation. 150 chefs de tribus ou notables sont venus à Alger pour faire une garde d'honneur au nouveau dignitaire. Il est accompagné de son lieutenant et de son bourreau, il reçoit l'investiture des mains de M. le maréchal, et part sous la protection du général Rapatel qui le conduit jusqu'au col de Tenia; mais les dispositions des sujets futurs du bey ne paraissent pas assez rassurantes pour qu'il croie devoir aller plus loin. Il revient donc à Alger. Un peu confus de sa mésaventure et voulant tenir ses promesses, le bey revêt l'incognito pour gagner son beylick, il est dévalisé par la tribu des Beni Yacoub; enfin il arrive dans la tribu Hassan-ben-Ali où il avait quelques parens. Ses sujets l'y poursuivent, et il est obligé de se réfugier dans un silo où il reste pendant trois mois, conservé par ses amis pour des jours meilleurs. Ces jours arrivent : le maréchal Clausel était venu à la Tenia, et envoie une division porter secours à l'administrateur reclus; le bey sort de son silo, est établi à Médéah, et on lui laisse 600 fusils, 50,000 cartouches et 6,000 fr. Les Français se retirent; survient un lieutenant d'Ab-el-Kader qui s'empare du bey, des fusils, des cartouches et de l'argent. Abd-el-Kader fait promener, sur un âne, l'infortuné bey, et le livre à la risée de ses soldats.

Le tunisien Joussef, nommé bey de Constantine, est un autre homme. Voici, suivant le général Berthezène, la charte qu'il réservait à ses peuples de Titterie, lorsqu'il en sollicitait le beylickat. « En prenant possession du beylick, je couperai la tête des six habitans les plus riches de Médéah, et confisquerai leurs biens. Ensuite, pour entretenir le pays dans une crainte salutaire, j'en abattrai une toutes les semaines [1]. » Heureusement

[1] *Dix-huit mois à Alger*, par M. le général Berthezène,

que les autorités françaises de Bone ont modifié la politique du bey : mais elles n'ont pu empêcher nombre d'actes sauvages, ni les faits de pillage auxquels se sont bornées les vues administratives de l'homme infligé par la France à cette malheureuse province.

Pour entrer avec honneur dans son gouvernement, Joussef avait fait un emprunt de 20,000 fr. au juif Lassery; et les termes du contrat écrit étaient que ces 20,000 fr. seraient rendus à Lassery en têtes de bétail. Pour acquitter sa dette, Joussef, aussitôt son arrivée à Bone, fait une expédition contre une tribu amie, lui enlève 2,000 têtes de bétail, suivant le *Moniteur algérien,* et peut ainsi acquitter sa dette. Ce bétail, compté à vil prix à Lassery, est par lui vendu au quadruple à l'administration française; une difficulté s'élève sur la suite du marché, et le tribunal de Bone est saisi et épouvanté d'une cause où l'on produit des billets constatant ces hideux traités.

Les *razias* faites par Joussef s'élèvent à des sommes considérables. L'administration du général d'Uzer avait concilié à l'autorité française les tribus qui étaient le plus rapprochées de Bone, et en dehors de l'influence d'Achmet, bey de Constantine; mais les exactions et l'ensemble de la

pair de France, ancien général en chef commandant à Alger. P. 147.

conduite de Joussef les éloignent de nouveau. Le 22 octobre dernier, les tribus, ne pouvant plus supporter un régime aussi odieux, adressèrent une protestation au gouverneur. La guerre éclate de toutes parts.

Nous avons eu, lors de l'expédition de Constantine, une triste preuve de cette désaffection générale; on a vu que les 1500 mulets promis par le bey s'étaient réduits à 125. L'influence du bey devait faire venir 2,000 Turcs de Tunis pour l'aider dans son gouvernement : ils font défaut comme les mulets; quarante seulement paraissent. La mystification pénètre jusque dans les cartons ministériels où s'étaient élaborées les prévisions du budget de l'expédition. 10,000 Arabes, toujours par la même influence, devaient être nos auxiliaires : on leur avait ouvert un crédit, peu se sont présentés; nous aurons au moins de ce côté une forte économie.

J'ai été forcé d'entrer dans ces détails pour bien faire sentir les mécomptes qui ont accompagné l'emploi des beys indigènes. Le blâme ne se reporte pas sur eux, mais sur ceux qui les ont mis à l'œuvre. On a eu tort de croire que l'on pouvait façonner un bey. Le bey est resté ce qu'il était; il a apporté avec lui les vices de son éducation. Je ne sais si ces hommes pouvaient être utiles dans la guerre que la France doit toujours faire, digne et humaine, même à des Arabes que l'on affecte de mépriser; mais certainement, ils ne pouvaient être que nuisibles aussitôt qu'on a voulu les faire participer au gouvernement.

Ce régime de beys ne peut que nous être funeste, les nôtres sont encore plus impopulaires que ceux du Dey; ils sont de plus mauvaise qualité, et institués par des chrétiens.

GRANDS BEYS TUNISIENS.

Beys tunisiens. Le maréchal Clausel avait fait avec le dey de Tunis, deux traités par lesquels il remettait entre les mains de deux princes de cette maison, les beylicks de Constantine et d'Oran. Le premier, relatif à Constantine, était du 18 décembre 1830 et constituait au profit de la France une redevance d'un million de francs; le deuxième, relatif à Oran, du 6 février 1831, nous promettait aussi un million.

Certes, si tel avait dû être le résultat de cette transaction, nous aurions à applaudir; mais le gouvernement ne jugea pas que les choses pussent se passer aussi simplement, et il ne ratifia pas les traités. Il a été sévèrement blâmé à cette époque; les événemens ont prouvé qu'il avait bien jugé.

L'institution des beys tunisiens avait tous les inconvéniens de celle des petits beys dont nous avons parlé. Leur origine tunisienne était pour eux une difficulté de plus. Les Turcs de la régence de Tunis ont la réputation d'être moins braves que ceux des autres États de la Barbarie, et ils sont moins considérés ; cela doit être chez un peuple où le courage est la première vertu, parce que la guerre est la première occupation. Il est évident que ces nouveaux Turcs devaient avoir moins d'autorité que les anciens, et par cette raison d'infériorité personnelle, et parce qu'ils n'avaient aucun lien dans le pays, tandis que les Turcs de la régence tenaient à la population par les Coulouglis, et enfin, parce que les nouveaux dominateurs, au lieu d'avoir, comme les anciens, l'investiture de l'autorité musulmane, étaient une émanation de la puissance chrétienne. C'était vouloir réunir contre soi toutes les chances défavorables.

Ces grands beys, non plus que les petits, ne pouvaient avoir aucune force par eux-mêmes, ne pouvaient se soutenir qu'avec notre appui. La position du khalifat du prince tunisien Ahmed, nommé bey à Oran, fut pendant le peu de temps qu'il résida à Oran, on ne peut plus critique ; sans la protection du 21° de ligne, il n'aurait pas pu tenir un instant ; et lorsque le traité n'étant pas confirmé, les Tunisiens dûrent retourner dans leur pays, « ce fut à leur grande satisfaction ; car ils étaient las, depuis long-temps, de leur position équivoque [1]. »

[1] *Annales algériennes*, T. 1, p. 233.

Il est évident que si une autre autorité que l'autorité arabe, doit gouverner en Afrique, il est bien préférable que nous prenions ce soin, et ne l'abandonnions pas à des gens qui ne peuvent que nous compromettre. Nous saurons peut-être y mettre de la prudence ; car nous nous sentirons responsables.

SYSTÈME DE FUSION.

Système de fusion.

Ce que nous avons dit dans le cours de notre examen, indique assez que nous ne pouvons adopter le système de fusion proposé par M. Pellissier[1]. Nous regardons comme un fait historique, constant, que jamais il n'y eut fusion entre deux nationalités ; l'une a toujours détruit l'autre. L'exemple que cite M. Pellissier, de l'établissement des Francs dans les Gaules, ne peut être applicable. Il ne faut pas confondre les envahissemens violens des conquérans, avec la transmigration insensible d'une nation pacifique de travailleurs.

La première base du système de fusion de M. Pellissier, est l'occupation de la régence par cinquante mille hommes, qui la tiendraient enlacée et sur la côte, et dans l'intérieur, depuis Tlemecen jusqu'à Constantine. M. Pellissier pense qu'avec ce déploiement de force, nous n'aurions

---

[1] *Annales algériennes.* T. II, p. 441.

pas besoin de la mettre en action. « En vivant au milieu des Arabes, sur le pied de l'égalité, en les admettant dans l'intérieur de nos familles et en pénétrant chez eux; en leur faisant partager enfin nos travaux et nos plaisirs, nous amènerions bientôt cette fusion désirable. Le point essentiel, serait de favoriser les alliances mixtes et d'affaiblir les préjugés religieux, sans détruire les croyances; il est possible d'y parvenir [1]. » Nous ne pensons pas que ce soit possible, et M. Pellissier nous le prouve en ajoutant : « Le plus grand obstacle à la fusion viendrait peut-être des Européens. L'expérience prouve malheureusement, que ceux d'entre eux qui s'établissent dans les colonies, ont plus de préventions contre les indigènes, que les gouvernemens, même les moins éclairés; nous en avons eu de tristes exemples. Cela tient à ce que la plupart, sortant d'une position pareille, sont avides, en arrivant dans un pays nouveau, d'avoir à leur tour quelqu'un au-dessous d'eux. Ils sont en outre peu éclairés généralement, et se sentent de l'énergie. Or, rien n'a plus d'orgueil que l'ignorance aventureuse. Il faudrait donc mettre autant de soin à éclairer les Européens que les indigènes eux-mêmes; leur bien faire comprendre que la fusion est autant dans leur intérêt que dans celui des naturels, et n'admettre dans les

---

[1] *Annales algériennes*, T. II, p. 442.

emplois publics, que ceux d'entre eux qui auraient secoué bien franchement les préjugés de race. »

Ainsi, la première nécessité de ce système est l'occupation de l'Afrique par cinquante mille hommes, et la seconde est de civiliser les Arabes, au moyen d'une population dont les dispositions morales, suivant M. Pellissier lui-même, peu propres à cette œuvre, devront subir une modification complète. Commençons donc par cette dernière opération, nous arriverons aux Arabes ensuite.

C'est pour ne rien omettre que je dis quelques mots de deux autres projets dont la Chambre a été ou va être saisie par voie de pétition.

Compagnie de colonisation. Le premier est présenté par M. le général Dubourg qui, déplorant avec raison les pertes que nous faisons à Alger, « propose, comme le seul moyen d'arriver à un heureux et utile résultat, d'employer une compagnie puissante par ses capitaux et par son influence à coloniser une province de la régence.

Cette compagnie serait organisée militairement, et assez nombreuse pour n'avoir rien à redouter des invasions arabes [1]. »

Le gouvernement céderait à la compagnie la province de Constantine pour un certain nombre d'années. La compagnie s'engagerait à faire un

[1] Rapport de M. Poulle à la Chambre des Députés. *Moniteur* du 19 février 1837.

fonds de 100 millions pour être employés à la colonisation de la province. Elle s'engagerait à coloniser, en trois ans au moins, vingt-cinq mille hommes formés en bataillons. Mais le pétitionnaire ne dit pas qui fera la conquête de la province de Constantine, et n'indique pas les garanties qui seraient données pour l'exécution des promesses faites.

La compagnie fournira aux colons, la terre, les outils et les semences. « La culture dans la colonie militaire, se fera en commun pour le compte et profit commun ; chacun touchera sa part suivant son grade et son emploi. » (Art. 10.)

Les outils et les semences seront probablement fournis sur les cent millions futurs de la compagnie ; quant aux terres, le projet porte : « Les naturels du pays qui justifieront qu'ils sont propriétaires, seront maintenus dans leurs propriétés ; » ce qui indique que la compagnie s'établirait juge souverain des revendications de propriété, conservant celles pour lesquelles les réclamations ne lui paraîtraient pas suffisamment justifiées.

La base de ce système est une subvention annuelle de 5 millions de la part du gouvernement.

Un autre projet plus large est annoncé, qui doit être soumis aux Chambres par les colons d'Alger et une société africaine de Paris : celui-là au moins a le mérite de la simplicité ; il consiste dans la réunion de l'Algérie à la France. Nous

Réunion d'Alger à la France.

avons déjà entendu dire que notre soi-disant colonie était une continuation de la Provence, et qu'elle pouvait gagner toute la profondeur de l'Afrique. Les Algériens n'ont plus qu'à faire proclamer qu'*il n'y a plus de Méditerranée;* alors il suffira pour la réalisation de leurs vœux de jeter un pont suspendu ou d'établir un tunnel.

Divers moyens d'action sur les indigènes.
La charte.

M. Genty de Bussy pense que vis-à-vis des indigènes nous avons deux puissans élémens de conviction, *notre religion et notre charte.* Employons-les avec prudence, ne les appelons que lorsque l'heure sera venue ; nos résultats ne seront que plus assurés [1]. Il s'applaudirait beaucoup de l'établissement d'un chemin de fer aux environs d'Alger. « La vue, dit-il, subjuguerait les indigènes par l'admiration [2]. »

Chemin de fer.

Théâtre.

Le Moniteur algérien appelle en aide de la propagande civilisatrice, l'établissement d'un théâtre à Alger. « La civilisation y trouverait un levier puissant qui avancerait de beaucoup la chute de la barbarie qui tient trop long-temps attachée sous son joug cette partie du monde [3]. » Le théâtre est établi, il reçoit une subvention de 3ooo francs par an. Puisque nous payons, nous soumettrons à l'au-

---

[1] *De l'établissement des Français dans la régence d'Alger.* T. I, p. 147.

[2] *Ibidem.* P. 298.

[3] *Moniteur algérien* du 21 juillet 1832.

torité nos doutes sur le bon effet des représentations théâtrales à Alger.

Pour civiliser les indigènes, ne faudrait-il pas que le répertoire fût mieux choisi, et que l'on évitât surtout de calomnier devant les Arabes les mœurs françaises, en découvrant les sales nudités de Robert Macaire?... Quel honneur de pareilles représentations peuvent-elles nous attirer? Quelle confiance peuvent-elles inspirer aux Arabes, et quelle moralisation peuvent-ils y trouver? Telle n'est pas à la vérité l'opinion du *Moniteur algérien;* il fait les plus spirituelles observations sur la représentation de son chef-d'œuvre favori. « Artistes de la rue du Soudan! s'écrie-t-il avec douleur, qu'avez-vous fait de Robert Macaire, de Bertrand et du baron de Wormspire, cette illustre trinité du bagne!... Ils ânonnaient (les acteurs) et estropiaient péniblement *la prose mordante et spirituelle de cette pauvre pièce...* Ils ont transformé une pièce *pleine de situations les plus comiques* en une charge insignifiante [1]. » Nous ne doutons pas que les acteurs n'aient profité de cette critique, et les Arabes auront pu apprécier dans leur pureté classique toutes les beautés de *Robert Macaire.*

Au milieu des luttes sanglantes amenées dans les deux Amériques par le contact des Européens

Propagande religieuse.

---

[1] *Moniteur algérien* du 11 mars 1836.

et des indigènes, la religion a apporté sa bienfaisante intervention. Au Paraguay et dans l'Amérique du Nord, les Jésuites réparaient, autant qu'ils le pouvaient, les maux de la guerre qu'apportaient leurs compatriotes aux habitans de ces contrées. Un grand nombre furent victimes de la fureur et de l'ignorance des hommes qu'ils venaient secourir; mais leur mission venait d'en haut; d'autres les remplaçaient, et ne songeaient à venger la mort de leurs frères qu'en continuant leur œuvre civilisatrice.

Le dévouement à l'humanité, l'influence du sentiment moral et la religion, étaient leurs seules armes; plus puissantes que la dague et le fusil, elles firent des conquêtes plus solides.

Pouvons-nous employer de semblables moyens vis-à-vis des populations de la régence? Sommes-nous encore au temps du prosélytisme, et la barbarie qui n'a pas laissé pénétrer chez elle au seizième siècle les lumières du christianisme, est-elle plus disposée à les appeler aujourd'hui, où elle pourrait à peine trouver chez les chrétiens les convictions qu'elle devrait embrasser?

Influence au moyen des sciences médicales.
Non, aujourd'hui chez tous les peuples la civilisation se propage à l'aide d'autres moyens. Nous verrons dans le Chapitre suivant quelle est l'action que nous pouvons avoir sur la population de la régence. Nous terminerons l'examen de ce qui a été fait ou proposé, en rendant compte d'un essai tenté

en 1834 et 1835 par M. le docteur Pouzin. M. Pouzin avait connu à Paris Clot-Bey, et avait su par lui combien les Arabes étaient ignorans en médecine et en chirurgie. Il voulut éprouver jusqu'à quel point un chrétien pouvait obtenir leur confiance en leur portant le secours d'un art qui leur était inconnu. Aidé de quelques officiers et chirurgiens militaires qui avaient eu le même désir, il se mit bientôt en rapport avec les Arabes, vécut chez eux, fréquenta leurs marchés, et parvint à fonder à Bouffarik un hôpital où les Arabes se présentèrent bientôt en amenant leurs femmes et leurs enfans. Dans les trois premiers mois, l'hôpital reçut dix-huit cent quarante malades; mais les tendances de guerre ayant reparu, M. Pouzin se retira.

M. Giscard, chirurgien militaire, avait fait avec le même succès un essai semblable à Dély-Ibrahim.

Telles sont les seules entreprises qui aient fait bénir le nom français.

CHAPITRE XIII.

CONCLUSION.

SYSTÈME ARABE.

<small>Ce qu'il ne faut pas faire en Afrique.</small> Les développemens qui précèdent avaient pour but d'arriver à ces propositions : — La colonisation par les Européens est impraticable; l'essai en sera funeste pour l'Afrique et pour la France. — Le refoulement des indigènes est impossible. — On peut les exterminer, mais la France s'indignerait de l'entreprise. — Le système *agité* ou *hardi* est analogue au précédent, et nous conduirait à un abandon honteux de nos possessions, en cas de guerre européenne. — La domination par les beys, grands ou petits, est un non-sens, et l'emploi de ces agens est pour nous un embarras de plus. — La fusion est impossible entre les deux nationalités.

<small>Abandon d'Alger.</small> Nous n'avons pas parlé de l'abandon de notre possession. Nous ne pensons pas que nous soyons condamnés à cette mesure, qui blesserait la fierté nationale; nous croyons d'ailleurs que la France peut prendre un parti, sinon très avantageux, au

moins honorable pour elle, par l'influence qu'elle peut avoir sur la civilisation du nord de l'Afrique; mais il faut qu'elle renonce à toute idée de colonisation. Entre l'abandon complet et l'essai de colonisation, je préfèrerais l'abandon, car la tentative de colonisation nous conduit inévitablement à la guerre d'extermination.

Les bases du système à adopter seraient, suivant moi : La reconnaissance de la nationalité arabe; — l'occupation de points maritimes; — la déclaration que la France ne reconnaît pas de colons européens; que ceux qui vont dans la régence le font à leurs risques et périls, et sont soumis au gouvernement du pays[1].

Bases du système à adopter.

J'appellerai ce système le *système arabe*.

Système arabe.

La mise en pratique de ce système est difficile, nous le savons; nous avons presque couvert la régence d'impossibilités. Si cependant quelque chose est possible encore, c'est ce qui est juste, c'est ce qui est humain. Nous avons déploré, dans le cours de cet ouvrage, les tristes résultats d'une administration qui s'est signalée par la haine ou du moins l'oubli de la nationalité arabe; nous allons examiner l'essai d'un système contraire, tenté

---

[1] Il est fâcheux que nos idées et la proximité de l'Afrique ne nous permettent pas d'en interdire les abords aux Européens, ainsi que l'ont fait les Anglais dans l'Inde. En 1830, la permission de résidence n'avait été accordée qu'à deux mille seize individus. (*Histoire financière*, t. II, p. 264.)

dans la province d'Oran par le général Desmichels.

Essai fait par le général Desmichels.

Nous avons vu, au Chapitre III, quels événemens avaient précédé son arrivée à Oran, le 23 avril 1833; son prédécesseur, le général Boyer, après avoir soutenu des luttes nombreuses contre les Arabes, n'en ayant obtenu aucun résultat, maintenait les troupes dans la ville, d'où elles n'étaient pas sorties depuis le combat de Sidi-Chabal, qui s'était livré le 10 novembre 1832, sous le canon de la place.

C'est pendant le commandement du général Boyer que s'était fait connaître Abd-el-Kader. Nous croyons utile de donner ici un extrait de la notice biographique que M. Pellissier a tracée de cet homme remarquable.

Abd-el-Kader.

« Abd-el-Kader (el Hadji) ou Sidi-Mahiddin, appartient à une très ancienne famille de marabouts, qui fait remonter son origine aux kalifes Fatimites. Il naquit à la Guetna, aux environs de Mascara. Cette Guetna est une espèce de séminaire de jeunes gens, pour les instruire dans les lettres, la théologie et la jurisprudence. Abd-el-Kader fut aussi bien élevé qu'un Arabe peut l'être, par son père, qui trouva à exploiter en lui une nature intelligente et vigoureuse..... A vingt ans il se faisait remarquer par toutes les qualités que les hommes aiment à voir dans ceux qu'ils mettent à leur tête..... Sa physionomie est douce, spirituelle et distinguée..... ses manières sont affectueuses et pleines de politesse et de dignité; il se livre rarement à la colère, et reste toujours maître de lui. Toute sa personne est séduisante; il est difficile de le connaître sans l'aimer.

« Abd-el-Kader aime beaucoup l'étude, à laquelle il consacre le peu de momens de loisir que lui laisse sa vie agitée; il a une petite bibliothèque qui le suit dans toutes ses courses.

« Abd-el-Kader paraît avoir des idées religieuses et providentielles, mais il n'est pas fanatique. Il ne craint pas de discuter avec des chrétiens sur des affaires de religion, et il le fait sans aigreur et avec politesse. Il est honnête homme, a des principes de moralité bien établis..... Rien n'est plus éloigné de son caractère que la cruauté..... il s'est toujours montré, lorsqu'il l'a pu, clément et généreux envers ses ennemis.

« Abd-el-Kader est d'une grande bravoure; cependant son esprit est plus organisateur que militaire..... Il ne paraît envier à l'Europe que des perfectionnemens matériels, et il fait peu de cas de notre civilisation..... Ce qu'il admirait le plus en Bonaparte, c'était non ses triomphes militaires, mais l'ordre qu'au sortir d'un bouleversement général il avait su faire régner dans ses états..... *Le plus grand mal que nous ait fait Abd-el-Kader a été de nous mettre dans la nécessité de ne représenter dans ce moment qu'une idée brutale, une idée de destruction; tandis qu'il représente, lui, une idée morale, une idée d'organisation* [1]. »

Le général Desmichels en porte un jugement aussi favorable; mais j'ai préféré donner l'opinion de M. Pellissier, auquel on ne peut reprocher d'être prévenu en faveur de l'émir.

Abd-el-Kader est aujourd'hui âgé de vingt-neuf ans.

Il est, dans la province d'Oran, le représentant de la nationalité arabe.

Nationalité arabe. Dans cette partie de la régence, les Turcs, nos prédécesseurs en conquête, avaient à peu près disparu; ceux qui tenaient à Mascara en avaient été chassés par le père d'Abd-el-Kader. Le général Desmichels, en occupant Arzew le 4 juillet, et Mostaganem le 28, avait détruit le peu d'influence qu'ils avaient conservée de ce côté. Enfin, le Turc n'avait plus d'existence que dans Tlemecen, où il était bloqué par l'Arabe.

Les deux cents Maures et les trois mille cinq cents juifs qui habitaient Oran n'avaient aucune valeur dans le débat politique.

Le général Desmichels se trouvait donc en présence de la nationalité arabe; et, comme son but était la pacification, la position politique était simplifiée.

Le général Desmichels et Abd-el-Kader. Le temps qui s'écoula depuis la prise d'Arzew et de Mostaganem jusqu'au traité signé avec Abd-

[1] *Annales algériennes*. T. II, p. 357.

el-Kader, le 26 février 1834, fut alternativement occupé par la guerre et les négociations. La guerre fut favorable au général Desmichels, et les négociations eurent un résultat favorable ; il est utile d'en suivre les progrès. Elles étaient difficiles à entamer avec un vrai croyant, qui avait toujours présens à l'esprit les préceptes du Koran : *Ne vous reposez qu'après la victoire. Si on ne vous propose pas la paix, ne la cherchez pas, car c'est Dieu qui règle tout.*

Le général ne pouvait, de son côté, mettre un empressement qui aurait été interprété d'une manière fâcheuse par le chef arabe. Il cherchait, hors le cas d'hostilités, à prouver à l'émir son désir de conciliation, par des actes bienveillans vis-à-vis des Arabes ; il traitait bien les prisonniers, et en rendit un grand nombre à leurs familles : ce fut pour obtenir d'Abd-el-Kader la liberté de quatre prisonniers qui étaient entre ses mains, que le général lui écrivit la première fois, lui promettant de lui rendre ceux que le sort de la guerre pourrait lui abandonner. Le caractère sauvage de la réponse d'Ab-el-Kader fait bien connaître les sentimens qui étaient dans son cœur : « Chacun son tour, entre ennemis ; un jour pour vous, un jour pour moi : le moulin tourne pour tous deux, mais toujours en écrasant de nouvelles victimes. Néanmoins, c'est un devoir religieux pour chacun de nous, et il faut l'accomplir. Pour moi, quand vous m'avez fait des prisonniers, je ne vous ai jamais fatigué de démarches en leur faveur. J'ai souffert, comme homme, de leur malheureux sort; mais, comme musulman, je regarde leur mort comme une vie nouvelle, et leur rachat de l'esclavage, au contraire, comme une mort honteuse : aussi n'ai-je jamais demandé leur grâce [1]. »

Un nouveau combat avait remis entre nos mains, le 2 décembre, quelques prisonniers, le général profita de cette circonstance pour proposer un échange à Abd-el-Kader; il lui disait, dans sa lettre du 6 décembre : « Maintenant nous nous sommes vus, je vous laisse à juger qui de vous ou de moi doit rester maître du pays. Cependant vous ne me trouverez jamais sourd à aucun sentiment de générosité, et s'il vous convenait que nous eussions ensemble une entrevue, je suis prêt à y consentir, dans l'espérance que nous pourrions, par des traités solennels et sacrés, arrêter l'effusion du sang de deux peuples qui sont destinés, par les décrets de la providence, à vivre sous la même domination ». Abd-el-Kader avait consulté plusieurs chefs, il s'était décidé à entrer en négociations et avait envoyé à Oran, pour les terminer, un de ses principaux officiers. Les négociations marchèrent vite. Abd-el-

---

[1] *Oran sous le commandement du général Desmichels*, P. 79.

Kader écrivait au général : « En reconnaissant la puissance de la France, nous ne doutons pas de sa générosité à notre égard, et nous espérons qu'elle nous mettra à même de nous soutenir au rang que nous occupons. Nous sommes né d'une famille de princes qui a jadis régné dans ce pays. »

Enfin, le 26 février 1834, fut conclu le traité suivant : *Traité de paix.*

TRAITÉ DE PAIX.

Le général commandant les troupes françaises dans la province d'Oran, et l'émir Abd-el-Kader, ont arrêté les conditions suivantes :

ART. 1er.

« A dater de ce jour, les hostilités entre les Français et les Arabes cesseront.

« Le général commandant les troupes françaises, et l'émir, ne négligeront rien pour faire régner l'union et l'amitié qui doivent exister entre deux peuples que Dieu a destinés à vivre sous la même domination. A cet effet, des représentans de l'émir résideront à Oran, Mostaganem et Arzew; de même que, pour prévenir toute collision entre les Français et les Arabes, des officiers français résideront à Mascara.

ART. 2.

« La religion et les usages musulmans seront respectés et protégés.

Art. 3.

« Les prisonniers seront rendus immédiatement de part et d'autre.

Art. 4.

« La liberté du commerce sera pleine et entière.

Art. 5.

« Les militaires de l'armée française qui abandonneraient leurs drapeaux seront ramenés par les Arabes. De même, les malfaiteurs arabes qui, pour se soustraire à un châtiment mérité, fuiraient leurs tribus et viendraient chercher un refuge auprès des Français, seront immédiatement remis aux représentans de l'émir, résidans dans les trois villes maritimes occupées par les Français.

Art. 6.

« Tout Européen qui serait dans le cas de voyager dans l'intérieur, sera muni d'un passeport visé par le représentant de l'émir à Oran, et approuvé par le général commandant. »

Ce traité fut envoyé de suite à Paris et approuvé par le Roi.

Abd-el-Kader en butte au parti fanatique. L'esprit progressif et supérieur d'Ab-el-Kader était loin de convenir à tous les chefs arabes ; il s'éleva contre lui un parti formé des croyans zélés qui voyaient, dans sa conduite et son alliance avec les chrétiens, un affaiblissement de sa foi religieuse. Ses rivaux politiques et ses ennemis personnels se réunirent au parti fanatique; mais l'habileté et l'énergie d'Abd-el-Kader triomphèrent de tous les obstacles.

Son attention se portait avec une merveilleuse activité sur l'administration intérieure du pays. *Ses vues d'organisation.* « S'étant aperçu que les cadeaux que l'usage permettait aux cadis de recevoir des plaideurs nuisaient à la bonne administration de la justice, il leur défendit, par une ordonnance, de rien accepter, et leur assigna un traitement fixe payé par l'État. Une autre ordonnance abolit la peine de mort pour le crime d'adultère. Le génie de cet homme extraordinaire embrassait tout, et comme il n'avait autour de lui que des gens assez médiocres, il était forcé d'entrer dans tous les détails. Il attira à Mascara quelques ouvriers armuriers qui parvinrent à lui faire d'assez bons fusils sur des modèles français..... Les finances attiraient surtout l'attention de l'émir. Toutes les tribus lui payaient l'achour, impôt prescrit par le Koran et le seul qu'il se crût en droit d'exiger. Pour augmenter ses revenus il fit une recherche exacte de tous les biens du beylick, et les fit administrer pour le compte du trésor [1]. »

---

[1] *Annales algériennes.* T. II, p. 262.

« Le désir d'Abd-el-Kader, de connaître notre législation, nos usages et notre organisation militaire, lui faisait adresser chaque jour de nouvelles questions au commandant Abdalla. Mais comme cet officier ne pouvait pas toujours lui répondre d'une manière assez complète, assez satisfaisante, il fut convenu qu'il serait dressé une série de questions auxquelles nous répondrions par écrit, d'une manière positive, avec les développemens convenables ; de telle sorte que l'émir pût, sans crainte d'erreur, puiser dans ces renseignemens les idées d'améliorations qu'il jugerait applicables à sa nation. Abd-el-Kader, voulant donner lui-même un grand exemple, me fit exprimer le désir qu'il avait de se marier avec une française ; et afin qu'elle pût suivre sa religion, une chapelle aurait été construite à la Kasba de Mascara, desservie par un aumônier. Cette église, disait-il, servira aux chrétiens que des missions politiques ou des affaires particulières appelleront dans cette résidence[1]. »

Que l'on compare ces dispositions favorables, ces vues élevées du chef arabe, à l'esprit borné des beys que nous avons employés ; que l'on pénètre dans cette atmosphère vivifiante dans laquelle s'inspire cette haute intelligence, on y sent la chaleur de la nationalité. A côté de lui, nos beys,

---

[1] *Oran sous le commandement du général Desmichels.* P. 176.

dignes instrumens d'un indigne système, reçoivent froidement un peu d'argent pour tuer ou saluer suivant nos idées du jour.

On pouvait donc tirer un grand parti, pour l'administration de l'intérieur du pays, de la capacité et de la position de cet homme remarquable. Deux causes détruisirent le bien acquis et arrêtèrent les progrès futurs : le défaut d'harmonie entre les administrateurs de l'Afrique, et les prétentions jalouses d'un commerce étroit. *Deux causes empêchèrent le bien de se produire.*

Le général Desmichels avait eu le commandement sous l'intérim du général Avizard et du général Voirol; pendant ce temps, il avait correspondu directement avec le ministre. Lorsque M. le comte d'Erlon fut nommé gouverneur-général, la nouvelle organisation mettait sous ses ordres directs les commandans de Bone et d'Oran. Les idées du commandant d'Oran ne furent pas goûtées à Alger. Le général Desmichels se dévouait au succès d'une entreprise qui lui promettait de bons résultats, sa conduite était approuvée à Paris. *Le défaut d'harmonie chez les autorités françaises.*

La paix et l'ordre qui existaient dans la province d'Oran étaient fortement désirés dans les autres parties de la régence. Abd-el-Kader avait ajouté à sa réputation de sainteté et de bravoure, la réputation d'un homme habile et persévérant. Il venait de vaincre le parti fanatique qui s'opposait aux réformes progressives qu'il introduisait dans l'administration.

CHAPITRE XIII. CONCLUSION.

Les principaux chefs des provinces d'Alger et de Bone, au nombre desquels on remarquait Sidi-ali-ben-Kaladi, grand marabout de Miliana, étaient venus le trouver à Mascara et espéraient, par son intermédiaire et celui du général Desmichels, procurer à leurs provinces la tranquillité dont jouissait celle d'Oran. Ils écrivirent dans ce sens au général; la paix venait au-devant de nous.

Ce moment était décisif et ne se rencontrera peut-être jamais. Mais si les idées des Arabes étaient mûres pour l'exécution d'un grand projet de conciliation, les nôtres ne l'étaient pas. L'administration n'était pas d'accord, et le général Desmichels ne pouvait pas étendre son action hors de son commandement. Il se borna à soumettre ses vues au ministre et au gouverneur-général.

Abd-el-Kader grandit par la force des choses. Les choses prirent donc leur cours naturel, en dehors de l'influence française. Les habitans du beylick de Titterie voulaient sortir de l'anarchie; espérant y parvenir par l'intervention de l'émir, ils l'engageaient à venir chez eux. L'ambition naturelle à un chef comme Abd-el-Kader, le poussait à donner un nouveau développement à sa puissance. Le gouverneur-général lui avait indiqué le Chélif pour limite de son action, et mandait aux tribus que leur soumission à l'émir les mettrait en hostilité avec les Français. Les habitans de Médéah répondaient par une lettre fort sensée, que s'ils désiraient la venue d'Abd-el-Kader, c'était dans l'espérance qu'il tirerait la province de l'anarchie où elle gémissait depuis quatre ans, et que les Français, qui n'avaient pas pu établir l'ordre, ne pouvaient trouver mauvais qu'un autre le fît.

Une circonstance détermina Abd-el-Kader à entrer dans la province de Titterie. Il venait de vaincre dans l'ouest le parti fanatique conduit par Sidi-el-Aribi, lorsqu'il apprit que Mouça, chérif du désert, s'était emparé de Médéah et venait, disait-il, pour exterminer les Français et leurs partisans, à la tête desquels il plaçait Abd-el-Kader; l'émir se porte aussitôt de ce côté, il est reçu avec enthousiasme à Miliana, bat complétement Mouça, et entre à Médéah en libérateur.

Nous ne saurions trop insister sur un fait remarquable. Abd-el-Kader est en butte dans le pays, au parti fanatique, au parti conservateur; Abd-el-Kader est l'homme progressif, l'homme révolutionnaire. La rupture fâcheuse qui nous a séparés de lui l'a rapproché du parti ennemi de tout progrès.

Abd-el-Kader est l'homme progressif.

A cette époque, l'influence d'Abd-el-Kader s'étendait depuis Médéah jusqu'à Tlemecen; l'ordre régnait partout, les officiers français pouvaient traverser en sûreté cette partie de la régence; « les routes devinrent si sûres que, d'après l'expression des Arabes, un enfant pouvait les parcourir avec une couronne d'or sur la tête. » C'est M. Pellissier qui s'exprime ainsi; il voyageait alors dans la province d'Oran en simple curieux.

Nous avons suivi les événemens qui précèdent pour donner une idée de la situation des esprits, et de la valeur des hommes auxquels nous avons affaire. Les événemens postérieurs appartiennent au système d'extermination, et nous les avons traités dans le Chapitre VI.

<small>Abd-el-Kader voulait la paix.</small> Nous rappelons seulement ici que c'est par erreur que l'on a voulu attribuer à Abd-el-Kader la rupture de la paix; il a constamment fait tous ses efforts pour la maintenir. On peut s'en convaincre par les faits rapportés par M. le comte Walewski, dans son ouvrage que nous avons déjà cité, et qui, certes, est l'un des meilleurs que l'on puisse consulter sur la question. (*Un mot sur la question d'Afrique*).

On peut s'en convaincre encore par la correspondance d'Abd-el-Kader et du comte d'Erlon. Nous mettons sous les yeux du lecteur la lettre qu'il écrivait, le 3 juillet, au gouverneur, après notre revers de la Macta.

Abd-el-Kader, etc.

« Je croyais que je pouvais compter sur la parole et l'alliance; mais votre serviteur Trezel, gouverneur à Oran, a agi contrairement et dépasse les limites; et moi je n'ai pas fait attention parce que j'étais dans l'attente de votre réponse.

« Son premier camp était à Mezerguin, pour protéger les Douers et les Zmela; et moi je n'ai pas fait cas de cela à cause de vous. Après, il s'est avancé au Figuier et ensuite à Tlélat, où il a commencé à commettre des dégâts dans les récoltes de nos sujets, les Garabats; et quand il a eu mangé leurs récoltes, alors je me suis mis en marche avec les troupes que j'avais près de moi, et les cavaliers qui sont sous ma dépendance. Nous nous sommes campés sur le ruisseau du Sig, pour attendre de vos nouvelles. Aussitôt qu'il a appris notre arrivée sur le Sig, il s'est mis en route avec l'intention de nous faire du mal; et lorsque nous avons appris qu'il venait sur notre camp, nous nous sommes portés à sa rencontre pour lui faire la guerre; *et alors, est arrivé ce que vous avez appris*. Vous n'ignorez pas la fidélité de ma parole; je ne fais aucun pas pour troubler la paix. Informez-vous de ce qui s'est passé, vous trouverez que je ne vous dis que la vérité. »

Je ne sache personne qui ne puisse s'honorer d'une lettre empreinte d'autant de loyauté et de modération.

Nos relations avec Abd-el-Kader avaient encore été entravées par les prétentions et les susceptibilités d'un commerce étroit. Nous avons ensanglanté jadis les Indes pour savoir qui vendrait les épices. Notre acharnement n'a pas été moins

Entraves apportées par le commerce au système arabe.

grand dans l'Amérique du nord, pour savoir qui vendrait les pelleteries. Il n'y a en Algérie ni épices, ni pelleteries, et nous n'en mettons pas moins sur pied des armées entières, pour savoir qui vendra un peu de laine et quelques olives. Toujours est-il, que le commerce d'Arzew, et Dieu sait ce que c'est que le commerce d'Arzew! vint à jalouser le commerce que faisait Abd-el-Kader. Pendant la guerre, Abd-el-Kader ne pouvait pas faire de commerce, et la paix avait amené sa concurrence aux marchands d'Oran et d'Arzew.

Au traité écrit dans les deux langues, revêtu du sceau des parties contractantes et de la signature du général Desmichels, on oppose un prétendu traité écrit seulement en Arabe, non signé par le commandant d'Oran, et portant seulement son cachet, lequel traité aurait donné à l'émir le monopole du commerce d'Arzew, tandis que l'article 4 du traité du 26 février porte : « La liberté du commerce sera pleine et entière. » Le général Desmichels s'en explique ainsi : « Le prétendu monopole de grains que j'aurais concédé à l'émir, en lui abandonnant le port d'Arzew, est une invention grossière dont l'absurdité sera facilement démontrée par ce seul fait, que cette place gardée par nos troupes est uniquement habitée par des négocians européens, et que les grains qu'Abd-el-Kader y fait apporter, sont soumis comme ceux des autres Arabes, aux taxes des douanes françaises[1]. »

Lorsqu'un lieutenant général s'exprime ainsi, il est inutile de rien ajouter.

Le général Desmichels quitta, en février 1835, le commandement qu'il avait exercé pendant deux ans dans la province d'Oran. La première année fut une année de guerre; avec deux mille cinq cents hommes seulement, il la conduisit assez bien pour amener Abd-el-Kader au traité du 26 février. La seconde année fut une année de paix, pendant laquelle se fit l'essai du seul système que les Français puissent suivre dans la régence. *Le général Desmichels quitte le commandement.*

Il consiste à gouverner le pays par le pays, à trouver dans le pays les élémens de ses progrès. *Le pays doit être gouverné par le pays.*

Nous avons vu que la régence, sur une population de 2 millions 800,000 âmes, ne comptait pas plus de 40,000 Maures et 18,000 Juifs; que le Turc n'avait plus de valeur qu'à Constantine.

L'Arabe et le Kabaïle, malgré la nuance qui les distingue, peuvent être considérés comme formant une seule nationalité ; ils en ont donné la preuve dans toutes les occasions. M. Walewski qui leur a fait la guerre, et qui pendant la paix les a pratiqués dans la province d'Oran, apprécie leur position ainsi qu'il suit : « Les Arabes et les Kabaïles ont à peu près le même caractère, les

[1] *Oran sous le commandement du général Desmichels.* P. 226.

mêmes mœurs, les mêmes préjugés, et leur position par rapport à nous étant absolument identique, je les comprendrai sous la dénomination générale d'Arabes [1]. » C'est cette nationalité qu'il faut aider dans les voies de la civilisation. Mais elle doit marcher par elle-même; ses pas seront plus assurés. Mahmoud, Méhémed-Ali, Runjet-Sing feront progresser les peuples que la Providence leur a confiés avec plus de succès que ne pourrait le faire un gouvernement étranger. L'influence européenne ne perd rien de l'action qui lui appartient, mais elle se fait sentir par les individus, et non par la conquête, qui, quelque modérée qu'on la suppose, est toujours blessante pour les populations. La France a près de ces nouveaux foyers de civilisation, de nombreux délégués qui font honorer son nom. M. de Cerisy, M. Besson, le docteur Clot, le colonel Selves, en Égypte; le général Allard à Lahorre. Si on avait reconnu la nationalité arabe au lieu de chercher à l'étouffer, nous aurions auprès d'elle des esprits élevés qui auraient fait en Algérie ce que nos honorables compatriotes font en Orient.

Les Arabes viendraient en France. L'Égypte et la Turquie envoient leurs enfans à Paris pour puiser à la source les trésors de la civilisation, et s'identifier avec elle, chez elle. Abd-el-Kader avait senti les avantages qui de-

---

[1] *Un mot sur la question d'Alger.* P. 7.

vaient résulter de ce frottement des intelligences.

Comprenant le bien qu'il pouvait faire à son pays, il saisissait avec une haute raison les moyens qui pouvaient le lui obtenir; il voulait le progrès dans l'ordre intellectuel; c'est pour hâter ce progrès qu'il voulait envoyer à Paris les fils et proches parens des personnages les plus considérables de la province; ces jeunes gens, en retournant dans leur patrie, y auraient rapporté quelques idées nouvelles, et leur influence pouvait les propager facilement [1]; c'est toujours par la tête que les nations peuvent progresser, et non au moyen des classes inférieures. Nous avons vu les espérances que l'on avait fondées sur les cent dix-huit prisonniers du général Bugeaud, ce devait être après avoir vu la France autant de missionnaires civilisateurs de l'Afrique; ces gens sont aides-maçons à Marseille, et ne peuvent être autre chose.

Abd-el-Kader comprenait aussi que la pratique des arts et métiers doit marcher de front avec les progrès intellectuels; il voulait entretenir à ses frais une trentaine d'Arabes à Marseille pour y recevoir une éducation industrielle spéciale [1].

Si nous concevons actuellement qu'il faut faire progresser le pays par le pays, nous devons admettre que c'est encore le pays qui doit recon-

Les Arabes doivent conduire leurs affaires.

[1] *Oran sous le commandement du général Desmichels.* P. 176.

naître les intelligences propres à cette mission. Il ne suffit pas de dire à un homme *tu seras bey*, pour qu'il soit bey; s'il n'a pas en lui l'étoffe d'un bey, il va s'enfouir dans un silo. L'homme du pays, au contraire, survit à vingt défaites; il ne peut périr qu'avec le pays, et un pays ne s'anéantit pas facilement.

L'homme destiné au gouvernement doit surgir par les événemens.

Une intelligence supérieure s'était révélée en Afrique; cette intelligence réunissait en elle toutes les conditions qu'exigent les peuples arabes pour en accepter la domination : sainteté, courage, puissance de direction; elle remplissait aussi la condition d'unité, qui est celle des peuples soumis à la loi de Mahomet. « Le Koran étant la loi unique sur toutes les matières et pour tous les cas, et la première réunissant en sa seule personne tous les pouvoirs de la société, sacerdotal, militaire, législatif, judiciaire et exécutif, on conçoit qu'il n'était pas besoin, dans cette société, d'aucun code, d'aucune loi fondamentale ou transitoire [1]. »

Centralisation.

Cette intelligence était Abd-el-Kader; le moyen était la centralisation du pouvoir entre ses mains.

Politique du divide.

Cette centralisation sera vivement repoussée par les partisans de la vieille maxime du *divide*. Quant à nous, nous pensons que c'est un pauvre moyen de gouvernement que celui qui consiste

[1] *Essai sur l'histoire des Arabes*, par M. Viardot, p. II, p. 62.

à opposer les populations les unes aux autres ; que c'est une triste puissance que celle qui ne peut se soutenir que par les semences de division qu'elle répand sur ses administrés ; que c'est un temps bien mal employé que celui consacré à l'étude de toutes les mauvaises passions des individus, et de tous les intérêts ennemis d'une multitude de tribus ignorantes. Il nous paraît plus moral et plus conforme aux destinées de l'humanité de réunir tous ces intérêts vers un but commun de prospérité.

C'est à cause de cette idée de centralisation complète que nous n'admettons pas l'institution de plusieurs chefs. Des circonstances que nous ne pouvons déterminer, mais inévitables, amèneraient bientôt des difficultés entre eux, il nous faudrait intervenir : de là la guerre. La conséquence du principe que nous proposons est la force de la nationalité arabe, il ne faut pas l'entraver en lui donnant l'essor. Ayant à sa tête un chef national, elle aura bientôt réuni tous les intérêts, et il ne lui faudra pas appeler une armée d'outre-mer pour chasser de Constantine la dernière expression de la puissance turque dans la régence.

Les résultats pour la France, de l'adoption du *système arabe*, seraient ceux-ci : {Résultats du système arabe.}

Le maintien de la destruction de la piraterie.

La possession paisible sur la côte d'Afrique de deux ou trois points qui, en cas de guerre maritime, pourraient, d'après l'opinion du plus grand nombre des marins, être utiles à nos flottes.

La dépense réduite à 4 millions.

L'assurance des avantages que notre commerce peut raisonnablement espérer en Afrique.

Enfin, et avant tout, la gloire pour la France, en propageant la civilisation, de faire pour elle-même quelque chose d'honorable.

Le maintien de la destruction de la piraterie.

<small>Maintien de la destruction de la piraterie.</small> La destruction de la piraterie avait été annoncée par la Restauration, comme l'un des résultats de l'expédition qu'elle entreprenait. La révolution de juillet doit maintenir cette noble détermination. Les puissances qui pourraient jalouser notre position en Afrique doivent se rappeler que la France avait agi noblement, car elle n'était pas inquiétée par la piraterie. Sa générosité affranchit plusieurs états du tribut qu'ils payaient au dey d'Alger pour sauver leurs sujets de l'esclavage, et leur commerce des dangers qu'il courait dans la Mediterranée. L'occupation de deux ou trois points est plus que suffisante pour maintenir ces résultats.

<small>Possession paisible de points maritimes.</small> *La possession paisible sur la côte d'Afrique de deux ou trois points qui, en cas de guerre maritime, pourraient être utiles à nos flottes.*

Dans le Chap. IX. nous avons combattu l'idée de l'occupation de toute la côte, reliée avec l'occupation de l'intérieur du pays. Nous avons combattu les idées d'extension démesurée de la puissance maritime de la France. Mais l'occupation de certains points de la côte, au jugement d'un grand nombre de marins, est avantageuse en cas de guerre maritime. Nous ne voyons pas dans cette occupation, si elle est bien définie, les dangers qui nous inquiétaient dans l'autre système, et nous lui donnons d'autant plus volontiers notre assentiment, que la Méditerranée est appelée, à une époque plus ou moins éloignée, à être le théâtre de la politique européenne dans la question d'Orient.

Les deux systèmes de la politique européenne, en ce qui touche l'empire ottoman, ne peuvent considérer l'Algérie que comme une branche retranchée, depuis longues années, du vieux tronc auquel elle appartenait. La chute de Hussein Dey a consommé cette séparation. Ainsi, soit que le système russe prévaille dans les futures destinées du monde, soit que celui qui tend à opposer à ses envahissemens une barrière puissante par l'union des grands états européens doive l'emporter, Alger ne paraîtra plus dans la question comme faisant partie de la puissance ottomane.

Question d'Orient.

Bien loin d'abandonner la part d'action que la France doit prendre dans ces débats, nous peusons qu'elle doit d'avance se mettre en mesure. La direction que nous donnerons à nos affaires d'Afrique nous sera comptée à cette époque. Si nous éloignons de nous la nationalité arabe, elle sera l'alliée de notre ennemi; si, au contraire, nous obtenons ses sympathies par une conduite noble, généreuse et éclairée, nous nous serons assuré une amie dont l'intérêt sera lié au nôtre.

Possession paisible de points maritimes.

Nous avons vu, dans le Chapitre précédent, que dans le système d'occupation du territoire de la régence, nous étions forcés, dans le cas de guerre européenne, par suite de l'état hostile qui serait l'état normal de notre position, d'abandonner le pays et de faire rentrer nos troupes en France. Nous ne pourrions même pas conserver les points maritimes : d'un côté nous n'y aurions pas fait les travaux qui ressortiraient du système que nous proposons; d'un autre, l'inimitié des indigènes qui nous aurait suivis jusque sur la côte nous y inquiéterait, nous priverait des ravitaillemens qui devraient être d'autant plus considérables que les troupes seraient nombreuses au moment où elles afflueraient de l'intérieur.

Si au contraire, en n'occupant que des points maritimes (que les Arabes ambitionnent peu, car ils ne sauraient les conserver aussi bien que nous), nous avons conservé avec eux de bonnes relations; si leurs chefs, familiarisés avec la France, ont contracté des liens avec elle; quelle raison, quelle passion politique trouveront accès dans l'esprit arabe pour nous susciter des difficultés en temps de guerre européenne ?

Alors même que le chef arabe méconnaîtrait l'intérêt qu'il aurait à se maintenir en bonne intelligence avec la France, quel moyen aurait-il de nous inquiéter dans nos points fortifiés ? Faire un siége n'est pas faire une campagne; c'est une œuvre de temps, une œuvre de science, et les Arabes n'ont ni l'un ni l'autre. Les chefs ne peuvent jamais conserver leurs cavaliers plus de quinze jours sous les armes; cela ne peut s'accorder avec leur organisation sociale et avec leur défaut d'organisation militaire. Ainsi le temps leur manque. La science et les moyens matériels qui doivent l'accompagner leur manquent également. Pour changer leur organisation militaire il faut des moyens financiers réguliers et considérables que le pays ne comporte pas, il faut un personnel qui sache se plier à la discipline militaire : et les Arabes répugnent à toute régularité.

En admettant toutes les chances contraires, que pourrait-il arriver à nos garnisons ? ne plus recevoir de vivres frais du pays ? De petites garnisons sur deux ou trois points peuvent toujours avoir des approvisionnemens complets. Ravitaillées par mer, elles ne seront, même en temps de guerre, jamais aussi dépourvues que le sont notre garnison de Tlemecen, réduite à tiers de ration de pain d'orge; notre garnison de la Tafna, réduite à manger son dernier cheval; notre armée d'Oran, réduite à attendre de la viande d'Espagne ou des bœufs que, par l'intervention de Durand, Abd-el-Kader aura l'humanité de nous fournir.

Nous sommes donc plus forts et mieux établis en Afrique par l'occupation de quelques points maritimes que par la prétendue occupation de tout le territoire.

<small>Quels points seraient à occuper.</small> Quant aux points à occuper, ce sont les gens de l'art qui doivent les déterminer. Les opinions se réunissent en faveur d'Oran ou plutôt de Mers-el-Kebir dans l'ouest. Dans l'est, la baie de Stora paraît présenter une position avantageuse. La position d'Alger est des moins favorables, mais il paraît difficile de ne pas en conserver l'occupation. Dans tous les cas, les villes devraient rester en dehors des travaux militaires, mais soumises à leur influence.

Quoi que l'on en dise, si l'on a mis de côté l'intérêt colonial, si l'on choisit des officiers prudens, si le gouvernement ne veut pas la guerre et veut se faire obéir, il n'y aura pas de guerre, non plus que les Anglais ne l'ont avec les Espagnols à Gibraltar, non plus que nous ne l'avons avec les Italiens à Ancône, non plus que nous ne l'avions en Grèce pendant l'occupation française.

<small>Dépenses dans ce système.</small> *Notre dépense pourrait être réduite par ce système à 4 millions.*

En admettant l'occupation de trois points, ce qui serait plus que suffisant pour notre système, chacun d'eux ne pourrait exiger un effectif plus considérable que celui d'Ancône qui est de 1500 hommes. Nous aurions aussi en Afrique tout au plus 4,500 hommes, et la dépense pourrait s'élever à environ 4 millions.

Les travaux à faire pour notre établissement maritime et militaire coûteraient 30 millions. C'est beaucoup sans doute, mais c'est une dépense une fois faite ; et par le système suivi nous sommes menacés d'en faire une plus considérable chaque année, et de sacrifier en outre deux ou trois mille de nos concitoyens, et sans arriver à aucun but.

Pour diminuer ces dépenses, nous ne pouvons compter de la part des Arabes sur aucun tribut. Ceux que le dey retirait des provinces étaient peu importans, ravis presque toujours par la violence, par ses délégués. Nous avons une difficulté de plus pour les obtenir ; nous sommes chrétiens, et la loi de Mahomet défend de payer tribut aux chrétiens. « A Alger, un musulman ayant été dans l'obligation d'acquitter une redevance au fisc, ne se crut réellement libéré de sa dette qu'après l'avoir acquittée de nouveau entre les mains d'un marabout [1]. » Le rapport fait à la commission d'Alger sur les tributs à

---

[1] *Oran sous le commandement du général Desmichels.* P. 224.

percevoir sur les Arabes, s'exprime ainsi : « Les tributs, envisagés comme moyens de produits, seront, sinon toujours, du moins long-temps, plus onéreux que profitables [1]. »

Le seul produit auquel nous pourrions prétendre pour nous indemniser d'une partie de nos frais d'occupation, serait celui de la douane. Nous nous réserverions l'établissement et la perception de cet impôt; ce serait un moyen d'action vis-à-vis des indigènes; mais il ne faudrait pas nous faire illusion sur son peu d'importance, et surtout il faudrait avoir la ferme résolution de l'établir avec modération, de sorte qu'il ne devînt pas sujet de discussions.

Avantages pour le commerce. — *L'assurance des avantages que notre commerce peut espérer en Afrique.*

Dans nos libres rapports avec la nationalité arabe, nous ne pouvons prétendre à aucun privilége pour nous, de même que nous ne pouvons lui en accorder. Nous avons vu que partout et toujours ces combinaisons produisent des difficultés. Dans le système arabe, nous sommes certains d'obtenir tout ce que la raison peut accorder; nous sommes certains que les relations internationales dont nous avons parlé amèneront les relations commerciales et industrielles.

[1] Rapport sur les tributs à percevoir sur les Arabes, lu à la commission d'Alger, le 12 janvier 1834. P. 1.

Enfin, et avant tout, la gloire pour la France, Seul système honorable pour la France. *en propageant la civilisation, de faire pour elle-même quelque chose d'honorable.*

Qu'on lise les journaux étrangers ; quels jugemens portent-ils sur nos affaires d'Afrique ?

La France, dont les systèmes et les méthodes scientifiques sont adoptés au loin ; dont la langue est parlée par ses amis et ses ennemis ; dont la langue écrite accompagne dans l'empire ottoman les publications progressives d'une civilisation qui se porte vers l'Occident ; la France, dont les idées libérales, chaque fois qu'elles fermentent, remuent la vieille Europe ; la France, dont la générosité s'est associée à tout ce qui s'est fait de beau et de bien dans les Deux-Mondes, la France ne peut continuer ce qu'elle fait en Afrique.

Qu'elle ne se laisse pas abuser davantage par les spéculateurs en toutes choses, qui exploitent l'Algérie. Aujourd'hui, pour couvrir leurs passions cupides, ils invoquent l'honneur de la France, et font un appel à ses vues humanitaires ; qu'elle entre hardiment dans l'application de ces vues, et le spéculateur se retirera : tout ce qui n'est pas or le glace.

Déjà, abandonnant sa doctrine humanitaire, il nous dit : Votre système sera onéreux pour la France, qui n'a aucun espoir d'être indemnisée des sacrifices que vous voulez lui imposer.

Nous lui répondons : Il vous convenait de nous faire dépenser 40 millions pour faire monter vos actions d'Afrique ; il vous convenait, pour engraisser vos terres, d'y enfouir chaque année deux ou trois mille citoyens français, et des indigènes à merci ; il vous convenait de nous pousser dans un système où la dignité de la France était compromise ; aujourd'hui il nous convient de ne plus dépenser que 3 ou 4 millions, de ne plus faire périr ni Français ni Arabes, et de faire en Afrique une propagande honorable.

FIN.

TABLE ANALYTIQUE.

CHAPITRE I.

OPINION PUBLIQUE.

Elle a souvent été abusée par les intéressés. *Page* 1. — Exemples nombreux de déceptions analogues à celles que nous subissons en Afrique, 2. — Dans la question d'Alger, les intéressés ont invoqué l'honneur national, 8. — Ils ont établi entre la restauration et la révolution de juillet un parallèle injurieux à cette dernière, 9. — Ils ont excité nos jalousies contre l'Angleterre, 10. — Ils ont promis à la France puissance et richesse, là où elle doit perdre sa force et son bien-être, 12. — Ils ont présenté un appât trompeur à l'agriculture et au commerce, 13.

CHAPITRE II.

CONSIDÉRATIONS GÉNÉRALES SUR L'ANCIENNE RÉGENCE.

Aperçu géographique, 16. — Notions historiques, 17. — Population, 18. — État politique et gouvernement turc, 22. — Finances et commerce, 24. — Propriété, 25. — Religion, 26.

CHAPITRE III.

OCCUPATION FRANÇAISE.

Expédition et conquête. Le général de Bourmont, 27. — Le général Clausel, 29. — Le général Berthezène, 31. —

Le duc de Rovigo et le baron Pichon, intendant civil, 31. — M. Genty de Bussy, intendant civil, le général Avizard et le général Voirol, commandans par intérim, 32. — Le général d'Erlon, gouverneur, et M. Lepasquier, intendant civil, 33. — Le maréchal Clausel et le général Damremont, gouverneurs, et M. Bresson, intendant civil, 34. — Événemens d'Oran, 35. — Événemens de Bone, 36. — État actuel du pays, 37.

CHAPITRE IV.

LA COLONISATION PRÉSENTE DES DIFFICULTÉS PARTICULIÈRES A LA FRANCE.

Le Français est-il colonisateur, 38. — Le gouvernement représentatif est-il un obstacle à la colonisation, 42. — La discussion empêche-t-elle les grandes choses ou seulement les grandes folies, 43.

CHAPITRE V.

COLONISATION.

Différens systèmes des colonistes pour Alger, 45. — Nous ne pouvons coloniser comme faisaient les Grecs, 46. — Comme faisaient les Romains, 47. — Il n'y a aucune application à faire du mode de gouvernement des Anglais dans l'Inde, 48. — Alger ne possède aucun des élémens de colonisation qui font la prospérité des États-Unis, 57. — Aucune comparaison ne peut être établie entre Alger et l'Égypte, 65. — Le régime colonial croule de toutes parts; on ne peut le reconstituer à Alger, 69. — Les colonies pénales sont aujourd'hui condamnées comme moyen pénitentiaire : Étude sur Botany-Bay, 80.

CHAPITRE VI.

COLONISATION. DIFFICULTÉS POUR ALGER.

Pour coloniser, il faut des cultivateurs ou indigènes ou étrangers, 83. — Les indigènes ne changeront pas leurs habitudes, 84. — Il faut avoir recours aux étrangers, et, pour les établir, il faut refouler les indigènes ou les exterminer, 86. — Le refoulement est impossible, 91. — L'extermination est possible, la guerre entre les deux nationalités peut la produire, 94. — Quels seront le caractère et la nature de cette guerre, 95. — Application du système d'expédition dans la province centrale de la régence Médéah, 100. — Application du système d'expédition dans la province d'Oran, Mascara, 103. — Tlemecen, 106. — La Tafna, 108. — Application du système d'expédition dans la province de Constantine, 111. — Similitude de cette expédition avec celle de Mascara, 112. — Événemens de Bougie depuis son occupation, 116. — Résultats du système d'expéditions, 118.

Si les indigènes sont exterminés, qui les remplacera, 120. — Résultats obtenus, 120. — Illusions sur une progression rapide d'accroissement de la population, exemples pris sur tout le globe, 124.

Sol de la régence, 127. — Quels produits à espérer, 130. — Bestiaux, 130. — Blé, 131. — Vignes, 134. — Tabac, 134. — Denrées coloniales, 135. — Oliviers, 139. — Mûriers, 139. — Bois, 141. — Influence du loyer dans la culture, 141. — Causes du prix des fermages, 143. — Quelle peut être la valeur de la terre à Alger, 145. — Quelle sera la position des nouveaux colons, 145. — L'état n'a pas de domaines à concéder, 146. — Quels seront les colons qui viendront, 146. — Difficultés de leur établissement, 147. — Comment se logeront-ils, 149. — Quels ouvriers auront-ils, 150. — Comment construiront-ils leurs bâtimens, 150. — Le gouvernement construira-t-il pour eux, 151. — Cet avantage ne leur suffit pas, 151. — Le personnel est difficile à organiser en France, 152. — Il sera impossible en Afrique, 153. — On n'a pas fait de culture, mais de la spéculation, 155. — Prétentions des spéculateurs, 158. — Quelques colons sérieux, 159. — État actuel de la colonie agricole, 159.

CHAPITRE VII.

COMMERCE AVEC LA RÉGENCE.

On veut y créer des consommateurs, 161. — Et l'on perd ceux que l'on a ou peut avoir en France, 162. — État du commerce à Alger en 1835, 165. — Les produits importés à Alger sont en grande partie étrangers, 166. — C'est l'armée française qui les consomme, 166. — Résultat funeste pour le commerce français, 167. — Quels seront les produits obtenus, 170. — Ils seront analogues à ceux de France, et leur feront une concurrence fâcheuse, 170. — Surtout dans le Midi qui commence à s'en apercevoir, 171. — Ou ces produits seront exotiques, et les colons voudront être protégés, 172. — Ce qui se fera en sacrifiant notre recette de douanes ou en grevant notre industrie d'une nouvelle charge, 178. — Alger sera un foyer de contrebande contre la France, 179. — *Commerce de transit.* Alger est une impasse, 182. — Caravanes, 183. — Commerce de l'intérieur de l'Afrique; le chameau, 186. — Importation de l'intérieur de l'Afrique, 187. — Commerce avec le Levant, 189. — Entrepôt réel à Alger, 189. — Marseille, entrepôt forcé du commerce de la Méditerranée, 190. — Commerce après la conquête, 190. — Il diminue, 191. — Vœux des chambres de commerce, 192. — Tableaux, 195.

CHAPITRE VIII.

NAVIGATION.

La navigation se fait par navires étrangers, 198. — Tableau de la navigation en 1835, 199. — Statistique, 201.

CHAPITRE IX.

L'OCCUPATION DU TERRITOIRE D'ALGER EST POUR LA FRANCE CAUSE DE FAIBLESSE.

L'occupation du territoire d'Alger augmente-t-elle notre force, 202. — Est-elle utile à notre armée de terre, 202. — Toulon est préférable comme centre d'opérations militaires, 203. — On ne peut employer l'armée d'Afrique à ces opérations, 204. — L'occupation d'un territoire étranger affaiblit un pays, 205.

Faut-il faire de l'Afrique un champ d'essai pour la guerre, 209. — Ce système fait périr trop de soldats, 210, et cause trop de maladies, 211. — La guerre d'Afrique ne forme pas le soldat, 213, et le démoralise par ses excès, 217.

Les 220 lieues de côtes de la régence augmentent-elles notre puissance maritime, 221. — La France est une puissance continentale, 221. — Description de la côte de la régence, 223. — Corse, 226. — Positions maritimes de l'Angleterre, 227. — Elle pense à diminuer le nombre de ses possessions étrangères, 229.

CHAPITRE X.

DÉPENSES ET RECETTES.

Dépenses de l'effectif de l'armée d'Afrique, 235. — Dépenses accessoires ordinaires au budget de la guerre, 238. — Dépenses extraordinaires au même budget, 239. — Pensions militaires, 240. — Dépenses de la marine, 240. — Perte sur la recette des impôts de consommation, 241. — Construction de ports, 248. — Dépenses de colonisation, 249. — Construction de villes et villages, 249. — Un conseil municipal et Alger, 251. — Récapitulation, 253. — Travaux négligés en France, 253.

Recettes, 257. — Tributs, 258. — Contributions forcées, 258. — Bastonnade, 259. — Produit des terres domaniales, 260. — Danger des concessions pour l'avenir, 260. — Dépenses totales d'Alger, 361.

CHAPITRE XI.

ÉTAT PARLEMENTAIRE DE LA QUESTION.

Vues de la restauration, 262. — Discussion parlementaire, 1832 et 1833, 262. — Commission d'enquête envoyée en Afrique, 263. — Commission d'enquête établie à Paris, 277. — Discussion parlementaire, 1834, 1835, 1836, 278.

CHAPITRE XII.

EXAMEN DES SYSTÈMES SUIVIS ET DES MOYENS PROPOSÉS.

Aperçu de la domination des Turcs, 280. — Domination des Français, 281. — Domination directe, 282. — Effectifs réels depuis 1831, 283. — Système de la commission d'Afrique, 283. — Système agité. Occupation générale de la régence, 284. — Domination indirecte, 289. — Petits beys, 290. — Grands beys, 296. — Système de fusion, 298. — Colonisation par compagnie, 300. — Réunion d'Alger à la France, 301. — La charte. Chemin de fer. Théâtre, 302. — Propagande religieuse, 303. — Influence au moyen des sciences médicales, 304.

CHAPITRE XIII.

CONCLUSION. SYSTÈME ARABE.

Ce qu'il ne faut pas faire en Afrique, 306. — Système à adopter. *Système arabe*, 307. — Essai fait par le général Desmichels, 308. — Abd-el-Kader. Son portrait, 308. — Nationalité arabe, 310. — Traité de paix, 313. — Abd-el-Kader est l'homme progressif; révolutionnaire, 319. — Abd-el-Kader en butte au parti fanatique, 314. — Ses vues d'organisation, 315. — Il grandit par la force des choses, 318. — Veut conserver la paix. Sa lettre après la Macta, 320. — Le général Desmichels quitte le commandement d'Oran, 323. *Bases du système arabe*. Le pays doit être gouverné par le pays, 323. — L'homme destiné au gouvernement doit surgir par les événemens, 326. — Centralisation, 326. — Fausseté de la politique du *divide*, 326. — *Résultats du système arabe*, 327. — Maintien de la destruction de la piraterie, 328. — Possession paisible, sur la côte d'Afrique, de deux ou trois points maritimes, 328. — Question d'Orient, 329. — Notre dépense serait réduite à 4 millions, 332. — Notre commerce obtiendrait tout ce qu'il peut espérer, 334. — Enfin la France, par la propagande de la civilisation, remplirait son honorable destinée, 334.

FIN DE LA TABLE.

EXTRAIT DU CATALOGUE

DE LA

LIBRAIRIE DE P. DUFART,

QUAI MALAQUAIS, N° 7.

OUVRAGES RÉCEMMENT PUBLIÉS :

PILLET-WILL (M. le Comte DE). — Du Produit et de la Dépense des Ponts et des Canaux; de l'Influence des voies de communication sur la prospérité industrielle de la France, 1 vol. in-4 avec 36 planches, br.   32 fr.

Cet ouvrage est divisé en trois parties qui comprennent, la première : *Dépenses des Canaux exécutés en vertu des lois de 1821 et 1822.* — La seconde : *Produits probables ou actuels des Canaux exécutés en vertu des lois de 1821 et 1822.* — La troisième : *Questions financières et économiques qui se rattachent aux Canaux ; et Observations sur les Chemins de fer.*

Du même. — Examen analytique de l'Usine de Decazeville, département de l'Aveyron. Paris, 1832, 1 vol. in-4 orné de 20 planches ou tableaux. br.   25 fr.

DESJOBERT. — La Question d'Alger. — Politique. Colonisation. Commerce. 1 vol. in-8, br.   6 fr.

KLAPROTH. — Carte de l'Asie centrale, dressée d'après les cartes levées par ordre de l'empereur Khian-Loung, par les missionnaires de Peking, et d'après un grand nombre de notions extraites et traduites des livres chinois. Paris, 1836. 4 feuilles grand-aigle, coloriées avec soin.   25 fr.

NAVILLE. — De la Charité légale, de ses effets, de ses causes, et spécialement des maisons de travail, et de la proscription de la mendicité. Paris, 1836, 2 vol. in-8, avec tableaux, br.   15 fr.

Du même. — De l'Éducation publique considérée dans ses rapports avec le développement des facultés, la marche progressive de la civilisation, et les besoins actuels de la France. Seconde édition. Paris, 1833, 1 vol. in-8, avec tableaux, br.   7 fr.

MONTIGNY. — Odes d'Horace, traduites en vers, le texte en regard. Paris, imprimerie de Jules Didot, 1836, 1 vol. in-8, papier fin, br.   8 fr.

COURS D'HISTOIRE RACONTÉE AUX ENFANS,

PAR M. LAMÉ FLEURY;

ADOPTÉ POUR LA MÉTHODE ÉLÉMENTAIRE DE M. LÉVI.

L'Histoire Sainte, 2ᵉ édition. Paris, 1836. 1 vol. in-18, br.   2 fr.
L'Histoire ancienne, 3ᵉ édition. Paris, 1836. 1 vol. in-18, br. 2 fr.
L'Histoire grecque, 3ᵉ édition. Paris, 1835. 1 vol. in-18, br. 2 fr.
L'Histoire romaine. Première partie : la République, 3ᵉ édition. Paris, 1835. 1 vol. in-18, br.   2 fr.
L'Histoire romaine. Deuxième partie : l'Empire, 2ᵉ édition. Paris, 1835. 1 vol. in-18, br.   2 fr.
La Mythologie, 2ᵉ édition. Paris, 1837. 1 vol. in-18, avec figures, br.   3 fr.
L'Histoire du moyen âge. Paris, 1834. 2 vol. in-18, br.   4 fr.
L'Histoire moderne. Paris, 1836. 2 vol. in-18, br.   4 fr.
L'Histoire de France, 4ᵉ édition. Paris, 1836. 2 vol. in-18, br. 4 fr.
L'Histoire d'Angleterre. Paris, 1835. 2 vol. in-18, br.   4 fr.
L'Histoire de la Découverte de l'Amérique. Paris, 1836. 1 vol. in-18, br.   2 fr.
Carte géographique et chronologique de l'ancien monde, pour l'intelligence des Histoires racontées aux enfans. Coloriée.   2 fr.
Précis de l'Histoire civile et politique des Français, pour servir à l'enseignement élémentaire. Paris, 1833. 1 vol. in-8, br.   7 fr.

Pour paraître incessamment, du même Auteur :

Questionnaire général et méthodique du Cours d'Histoire racontée aux Enfans, ou Choix de Questions historiques, géographiques, mythologiques et biographiques, pouvant être adressées aux élèves qui ont étudié ce Cours.

Atlas géographique, chronologique et généalogique, *spécialement destiné* à l'intelligence du Cours d'Histoire racontée aux Enfans.

Répondre à un besoin de notre époque en facilitant à la jeunesse les études historiques dont tous les bons esprits, depuis quelques années, ont apprécié la nécessité, tel a été le but que nous nous sommes proposé en publiant, il y a huit ans, les premiers volumes de notre *Cours d'Histoire racontée aux Enfans.*

Aujourd'hui, que des succès toujours croissans et surpassant de beaucoup notre attente, ne permettent plus de révoquer en doute l'utilité de notre collection pour l'instruction élémentaire, nous croyons devoir appeler l'attention publique sur les importantes améliorations dont elle n'a cessé d'être l'objet, et pour lesquelles, il faut le dire, les encouragemens ne nous ont pas manqué.

Accueillis, dès le principe, par les mères de famille, comme un moyen certain d'intéresser les plus jeunes enfans, en substituant à des contes de fées ou à des fables, des récits de faits véritables mis à la portée de leur intelligence; bientôt après, adoptés *en France et à l'étranger, sans distinction de méthode*, par un grand nombre d'habiles professeurs et d'instituteurs des deux sexes, nos ouvrages ont été progressivement introduits dans plusieurs colléges royaux, où les classes élémentaires ont obtenu de leur usage les meilleurs effets.

Toutes les publications nouvelles ou les réimpressions successives que l'achèvement de notre Cours a rendues indispensables, ont été l'objet d'une sollicitude infatigable signalée par des développemens importans, et en ce moment encore l'usage des Questionnaires, si utilement employés dans l'enseignement par nos voisins d'outre-mer, nous décide à publier l'un après l'autre, pour les diverses parties de notre Cours, des *Questionnaires méthodiques et raisonnés* dont l'emploi ne peut produire que les plus heureux résultats.

Cependant, fidèle à l'ingénieuse méthode de M. le professeur Lévi, si habile à procéder de la synthèse à l'analyse, nous ne nous sommes point borné à une série de questions plus ou moins propres à résumer chaque leçon ; mais nous avons fait en sorte de présenter en quelques pages des notions suffisantes quoiqu'abrégées, sur tous les personnages, les lieux, les objets mêmes qui, dans chaque chapitre, se rapportent à la période qu'il embrasse. Nous nous efforcerons particulièrement, dans ces petits ouvrages, de donner des notions exactes, mais succinctes, sur les inventions des arts et de l'industrie, les découvertes des sciences, l'origine et le développement du commerce et de la navigation, et en général sur tous les faits qui sont de nature à caractériser la marche de l'esprit humain et les progrès de la civilisation.

Enfin, un Atlas tout spécial, à la fois géographique, chronologique et généalogique, achèvera, nous l'espérons, de compléter notre enseignement, et de nous mériter les suffrages flatteurs que tant de personnes éclairées et amies du progrès ont bien voulu nous accorder.

OUVRAGES DE M. LÉVI.

Éphémérides classiques. 4 vol. in-12, br.	12 fr.
Nouveaux élémens d'Histoire générale. 1 vol. in-18, br.	3 fr. 50 c.
Énigmes historiques. 1 vol. in-18, br.	1 fr. 50 c.
Études géographiques. 1 vol. in-18, br.	3 fr. 50 c.
Questionnaire géographique. 1 vol. in-18, br.	75 c.
Mnémosyne classique. 1 vol. in-18, br.	2 fr. 50 c.
La Physique popularisée, ou les Pourquoi et les Parce que. 1 vol. in-64, br.	60 c.
L'Omnibus du Langage. 1 vol. in-18, br.	75 c.
Esquisses historiques. 1 vol. in-18, br.	2 fr. 50 c.
Reines de France. 1 vol. in-18, br.	2 fr. 50 c.
Manuel de la méthode historique et géographique adoptée pour les Ouvrages élémentaires racontés aux enfans. Brochure in-8.	1 fr.
Échelle des Peuples, depuis la création jusqu'à nos jours. Grand tableau.	1 fr. 50 c.
Géographie racontée à la Jeunesse. 2 vol. in-18, br.	4 fr.

Tour du Monde, ou les Premières Études géographiques. 1 vol. in-18, br. 1 fr.

Esquisses littéraires. 1 vol. in-18, br. 2 fr. 50 c.

Revue chronologique de l'Histoire de France. 1 vol. in-18, br. 75 c.

Manuel historique des Peuples anciens et modernes. 1 vol. in-18, br. 1 fr. 25 c.

Leçons premières de Littérature, 1 vol. br. 1 fr. 50 c.

La Mère institutrice, ou Lectures religieuses, morales et littéraires pour les jeunes personnes. Journal d'éducation et d'instruction. Par an. 10 fr.

Les Tableaux historiques suivans, composés pour l'enseignement des Histoires racontées, de M. Lamé Fleury :

Histoire Sainte.—Histoire ancienne.—Histoire grecque.—Mythologie. Histoire romaine.—Histoire du Moyen âge.—Histoire de la Découverte de l'Amérique.—Histoire moderne.—Histoire de France.—Histoire d'Angleterre.—Géographie.—Mœurs et coutumes des Égyptiens.—Mœurs et coutumes des Grecs.—Mœurs et coutumes des Romains.

Chaque Tableau se vend séparément 50 centimes.

BONIFACE. — Analyse chronologique de l'Histoire ancienne jusqu'à la chute de l'empire romain en Occident, suivie de quatre périodes géographiques correspondantes. Ouvrage destiné à servir de sommaire aux leçons des professeurs, et de mémorial à leurs élèves. Paris, 1831. 1 vol. in-18, br. 2 fr. 50 c.

Du même. — Exercices grammaticaux, ou Cours pratique de Langue française. Paris, 1832. 2 vol. in-12, cartonnés. 4 fr.

Du même. — Corrigé des Exercices grammaticaux. Paris, 1833. 1 vol. in-12, br. 2 fr. 50 c.

Du même. — Géographie élémentaire descriptive, ou Leçons graduées de Géographie à l'usage des Écoles normales, des Collèges et Maisons d'éducation. Paris, 1833. 2 vol. in-12, avec tableaux et cartes coloriées, br. en carton. 4 fr.

Du même. — Grammaire française, méthodique et raisonnée, rédigée d'après un nouveau plan. 4º édition. Paris, 1834. 1 vol. in-12, br. 2 fr. 50 c.

Du même. — Une Lecture par jour; mosaïque littéraire, historique, morale et religieuse. 4 vol. in-8, br. 24 fr.

MULHAUSER de Genève. — Enseignement gradué de l'écriture. Paris, 1831. 1 vol. petit in-8, br. 1 fr. 50 c.

Du même. — Collection de 48 modèles d'écriture, exécutés d'après la méthode de cet auteur, par M. Warin. 2 fr. 70 c.

Du même.—Modèles élémentaires tirés de la Collection ci-dessus, et donnant la connaissance de toutes les lettres. 50 c.

Du même.—Tableaux de Règles. Nos 1 à 16. 80 c.

Du même.—Manuel d'Écriture à l'usage du maître et de l'inspecteur. Paris, 1834, 1 vol. in-18, br. 75 c.

Ces ouvrages de M. Mulhauser, adoptés par plusieurs comités suisses pour l'enseignement élémentaire, ont été approuvés en France par le Conseil royal de l'instruction publique.

LES ROSES, PEINTES PAR P.-J. REDOUTÉ,

DÉCRITES ET CLASSÉES D'APRÈS LEUR ORDRE NATUREL,

PAR C.-A. THORY ;

TROISIÈME ÉDITION, PUBLIÉE SOUS LA DIRECTION DE M. PIROLLE.

Trois volumes format grand in-8, papier vélin, ornés de 184 planches imprimées en couleur, et soigneusement terminées au pinceau.
Cartonnage à l'anglaise. 100 fr.
Demi-reliure, veau à nerfs, non rogné. 115 fr.
Idem, en maroquin, avec mosaïques. 140 fr.

Cette nouvelle édition des Roses de M. Redouté, dont l'exécution est trouvée si parfaite, a été augmentée : 1°. d'une Classification que les auteurs ont distribuée, d'après le système le plus généralement adopté, en 26 espèces ou familles, autour desquelles se groupent les principales variétés qui s'y rattachent ; 2°. d'un Traité sur la culture du Rosier, avec les dessins de ses divers organes ; 3°. d'une addition de 22 planches et descriptions de roses nouvelles ; 4°. enfin, d'un Tableau général des groupes, accompagné de deux Tables alphabétiques et par ordre de matières, qui concourent, avec d'autres nombreuses augmentations dans le texte, à compléter utilement cet ouvrage, et à lui assurer de nouveaux titres à l'accueil de toutes les classes d'amateurs.

LANZI.—Histoire de la Peinture en Italie, depuis la renaissance des beaux-arts jusque vers la fin du 18ᵉ siècle, traduite de l'italien sur la troisième édition, par madame A. Dieudé. Paris, 1824. 5 vol. in-8, br. 25 fr.

BOTTA (Charles).—Histoire d'Italie, de 1789 à 1814. Paris, 1824. 5 vol. in-8, br. 25 fr.

GALLAIS (V.).—Élémens d'Arithmétique, d'Algèbre et de Géométrie, à l'usage de la jeunesse. Paris, 1835. 1 vol. in-8, fig., br. 5 fr.

CONDILLAC.—Traité de l'Art d'écrire. Paris, 1821. 1 vol. in-12, br. 2 fr. 50 c.

LAS-CASES (Comte de). — Grand Atlas historique, généalogique, chronologique et géographique de Le Sage. *Édition complète*, formée de 35 cartes sur papier fort, et coloriées avec soin. Paris, 1835. In-fol., demi-rel., dos de veau, non rogné. 120 fr.

Du même. — Atlas élémentaire, géographique, historique, chronologique et généalogique, ou Choix de 10 Cartes les plus classiques du grand Atlas de Le Sage. Adopté par l'Université. 1 vol. pet. in-fol., cartonné. 16 fr.

PLATER (le Comte). — Atlas historique de la Pologne, colorié, accompagné d'un tableau comparatif des expéditions militaires dans ce pays pendant les 17e, 18e et 19e siècles. Posen, 1828. In-fol. oblong, br. 7 fr. 50 c.

Du même. — Plans des siéges et batailles qui ont eu lieu en Pologne pendant les 17e et 18e siècles, avec un texte explicatif pour servir de suite à l'Atlas historique du même auteur. Posen, 1828, in-fol. oblong, br. 7 fr. 50 c.

BOURGOING (A. de). — L'Espagne, Souvenirs de 1823 et de 1833. Paris, 1834. 1 vol. in-8, br. 6 fr.

THORY (C.-A.). — Monographie ou Histoire naturelle du genre groseillier, contenant la description, l'histoire, la culture et les usages de toutes les groseilles. Paris, 1829. 1 vol. in-8 orné de 24 planches, br. Noires, 8 fr.
Coloriées, 10 fr.

Du même. — Prodrome de la Monographie des espèces et variétés connues du genre rosier, divisées suivant leur ordre naturel, avec la synonymie, les noms vulgaires, un tableau synoptique et deux planches gravées en couleur. Paris, 1820. 1 vol. in-12, br. 3 fr.

Du même. — *Acta Latomorum*, ou Chronologie de l'Histoire de la Franche-Maçonnerie française et étrangère. Paris, 1816. 2 vol. in-8, fig., br. 15 fr.

MORGAN (Lady). — L'Italie, traduit de l'anglais. Paris, 1821. 4 vol. in-8, br. 24 fr.

MORGAN (sir Charles). — Essai historique sur les phénomènes de la vie; traduit de l'anglais. Paris, 1819. 1 vol. in-8, br. 7 fr.

CUREL. — De la nature des Sciences morales, ou de la Raison et de la Conscience dans leurs rapports avec la loi et le précepte. Paris, 1829. 1 vol. in-8, br. 6 fr.

BOTTA (Carlo). — Storia d'Italia, dal 1789 al 1814. Parigi, per Giulio Didot il maggiore. 1824. 4 vol. in-4, papier vélin, édition imprimée à 250 exempl. seulement. 60 fr.

GINGUENÉ. — Histoire littéraire d'Italie; deuxième édition, continuée par Salfi. Paris, 1824. 10 vol. in-8, br. 70 fr.

HUBER. — Aperçu statistique de l'île de Cuba, précédé de quelques lettres sur la Havane, etc. Paris, 1826. 1 vol. in-8, avec 2 cartes, br. 7 fr.

VISCONTI. Mémoires sur les ouvrages de sculpture du Parthénon et de quelques édifices de l'Acropole, à Athènes, et sur une épigraphe grecque en l'honneur des Athéniens morts devant Potidée. Paris, 1818. 1 vol. in-8, br. 3 fr. 75 c.

MORILLO (général). Ses Mémoires, relatifs aux principaux événemens de ses campagnes en Amérique, de 1815 à 1821, suivis de deux Précis de D. Jose Domingo Diaz et du général D. Miguel de La Torre. Paris, 1826. 1 vol. in-8, br. 7 fr.

BERGMANN. — Manuel des Maladies de la peau et de celles qui peuvent aussi affecter les cheveux, la barbe, les ongles, etc.; traduit de l'allemand par M. R..., médecin. Paris, 1827. 1 vol. in-18, br. 2 fr.

BRANCIA. — Antologia italiana. Paris, 1828. 1 fort vol. in-8, papier fin, br. 10 fr.

GRAHAM (Maria). — Mémoires sur la vie de Nicolas Poussin, traduits de l'anglais. Paris, 1821. 1 vol. in-8, fig., br. 4 fr.

BENJAMIN CONSTANT. — Commentaire sur Filangieri. Paris, 1824. 1 vol. in-8, br. 8 fr.

JONKAIRE (A. DE LA). — Considérations sur la pêche de la baleine. Paris, 1830. Brochure in-8. 2 fr.

NOÉ (Comte DE). — Mémoires relatifs à l'expédition anglaise partie du Bengale en 1800, pour aller combattre en Égypte l'armée d'Orient. Paris, 1826. 1 vol. in-8, avec 19 planches coloriées et 2 cartes, br. 15 fr.

TREIZE VIGNETTES pour les OEuvres de Regnard, exécutées par MM. Lefèvre, Burdet, Leroux, Blanchard, Fauchery, Bein et Müller, d'après les dessins de Desenne.

Épreuves avant la lettre, et eaux-fortes sur pap. de Chine. 40 fr.

Idem, avec lettres grises, sur papier de Chine, tirées, ainsi que les épreuves avant la lettre, à très-petit nombre. 20 fr.

Idem, avec lettre sur papier blanc. 10 fr.

Cette charmante Collection, destinée à faire désormais l'ornement de toutes les éditions in-8 de Regnard, est la dernière production d'Alexandre Desenne, et son chef-d'œuvre, au jugement de tous les artistes.

VOYAGES EN FRANCE et autres pays, en prose et en vers, par Racine, La Fontaine, Regnard, Chapelle et Bachaumont, Hamilton, Voltaire, Piron, Gresset, Fléchier, Le Franc de Pompignan, Bertin, Desmahis, Béranger, Bret, Bernardin de Saint-Pierre, Parny, Boufflers, etc. 3ᵉ édition. Paris, 1818. 5 vol. in-18, ornés de 36 jolies vignettes. 10 fr.

RÉPERTOIRE DU THÉATRE-FRANÇAIS, avec des Commentaires par Voltaire, Racine, La Harpe, etc., et des Notices par MM. B. Picart et Peyrot. Paris, 1829. 4 vol. grand in-8 à deux colonnes. Papier vélin, portraits, br. 60 fr.

DESCOURTILZ.—Voyage d'un Naturaliste au continent de l'Amérique septentrionale, à Saint-Domingue, etc., etc. Paris, 1809. 3 vol in-8, avec beaucoup de planches, br. Noires, 15 fr. Coloriées, 25 fr.

DELILLE. Ses OEuvres, avec Notice par M. Tissot. Paris, Furne, 1833. 10 vol. in-8, avec 12 jolies vignettes d'Alfred et Tony Johannot, br. 33 fr.

FLORIAN. — Ses OEuvres complètes. Édition ornée de 2 portraits et de 80 jolies vignettes de Desenne. Paris, 1829. 16 vol. in-18, grand raisin vélin, br. 40 fr.

NORVINS. — Essais sur la Révolution française. Paris, 1832. 2 vol. in-8, br. 10 fr.

LAMARTINE (DE). — Ses OEuvres complètes. Nouvelle édition ornée de 400 vignettes, culs-de-lampe, etc. Paris, 1836-1837. 10 vol. in-8 divisés en 150 livraisons. Par souscription, chaque livraison. 50 c.

LINGARD. — Histoire d'Angleterre traduite par M. le baron de Roujoux. Seconde édition. Paris, 1833. 17 vol. in-8, br. 68 fr.

PRÉCIS des notions historiques sur la formation du corps des lois russes. Saint-Pétersbourg, 1833. In-8, br. 3 fr.

SÉGUR. — OEuvres complètes. Paris, 1826. 33 vol. in-8, papier vélin, br. 150 fr.

SÉVIGNÉ (Madame DE).—Ses Lettres, publiées par M. Gault de Saint-Germain. Paris, 1823. 12 vol. in-8, avec 25 portraits, br. 36 fr.

V*** (Madame la Vicomtesse DE). —L'Histoire d'Angleterre racontée aux Enfans, traduite en français et augmentée de plusieurs chapitres. Seconde édition. Paris, 1833. 1 vol. in-18, br. 2 fr.

THIERRY (Augustin). — Histoire de la conquête de l'Angleterre par les Normands. Quatrième édition. Paris, 1836. 4 vol. in-8 et atlas, br. 31 fr.

LE SAGE. — Histoire de Gil Blas de Santillane. Paris, 1836. 1 vol. grand in-8, avec 600 vignettes par Jean Gigoux, br. 15 fr.

MOLIÈRE. — OEuvres complètes, précédées d'une Notice sur sa vie et ses ouvrages, par M. Sainte-Beuve. Paris, Dubochet et Cⁱᵉ, 1836. 2 vol. grand in-8, ornés de 600 vignettes par T. Johannot, br. 30 fr.

DICTIONNAIRE DE L'ACADÉMIE FRANÇAISE. Sixième édition. Paris, Firmin Didot frères, 1835. 2 vol. in-4, br. 36 fr.

BARANTE (Baron DE).— Histoire des Ducs de Bourgogne de la maison de Valois (1361-1477). Cinquième édition, ornée d'une grande quantité de vignettes et de cartes géographiques. Paris, Dufey. 13 vol. in-8 divisés en 150 livraisons par souscription. Chaque livraison, 50 c.

DE L'IMPRIMERIE DE CRAPELET, RUE DE VAUGIRARD, N° 9.

www.ingramcontent.com/pod-product-compliance
Lightning Source LLC
Chambersburg PA
CBHW070908170426
43202CB00012B/2241